初年次教育でなぜ学生が成長するのか

全国大学調査からみえてきたこと

■河合塾――編著

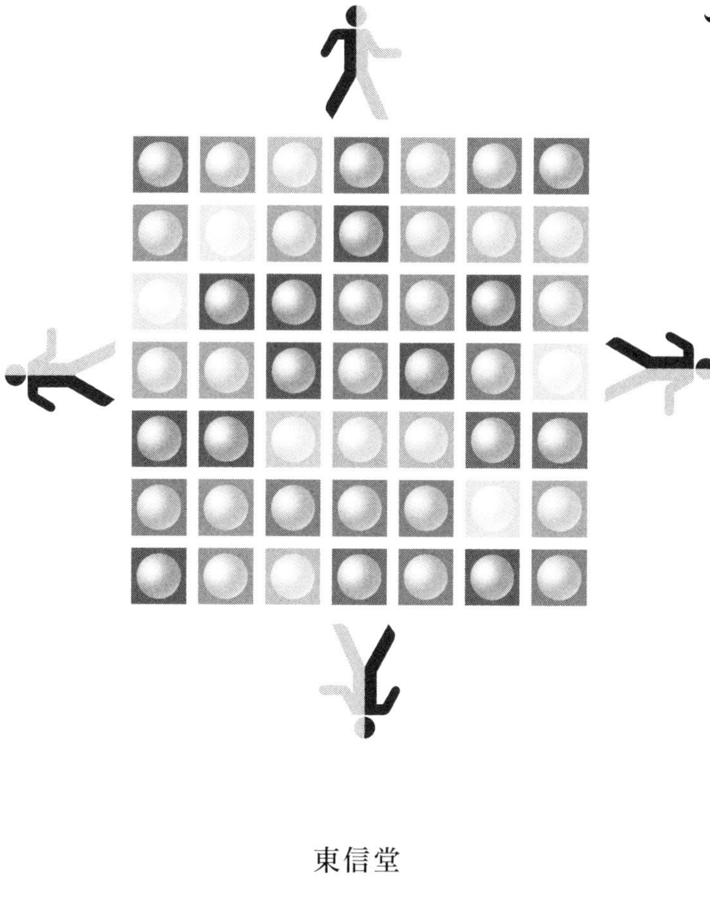

東信堂

はじめに

本書は、河合塾が2009年に行った「全国大学初年次教育調査」と、それに基づくシンポジウムの記録をまとめたものです。

まず、本書の冒頭にあたって「なぜ河合塾が初年次教育調査に取り組むのか？」という疑問にお答えする必要があるかもしれません。周知のごとく、河合塾は大学受験の予備校であり、偏差値での大学ランキング等も行なっています。戦後、大学のマス化の中で偏差値によって序列化が進んだ日本の大学ですが、しかし現在では、全入時代の到来やユニバーサル化、そして日本の産業構造の転換も含むうねりの中で大きな転機を迎えています。大学の入り口だけが問題となるのではなく、大学で学生に対してどのような付加価値が与えられているのかが問題となってきています。つまり、単なる偏差値だけでの進路指導ではなく、大学の教育力を視点とした大学選びも重要となってきていること、それに応えることが受験生を送り出す河合塾の社会的な使命でもあるという認識に立って、本調査は行われました。

その上で本書の説明に立ち戻れば、日本でも大学のユニバーサル化の進展に伴い、初年次教育はかつてないほど重要度が増しています。ただ、現状ではその初年次教育の取り組み段階も様々で、どのような初年次教育が求められているのかについても、多様な見解が存在しています。

本調査では、初年次教育に求められることを3つの視点で捉えています。それは、①高校までの命題知の暗記型の学習から、大学で求められる実践知・活用知への学びの転換。受動的な学びから能動的な学びへの態度転換。②そうした転換をもたらす初年次教育をすべての学生に一定レベルで保証していること。③学生が自律的にPDCA（計画・実行・評価・改善）サイクルを回していけるように自律・自立化を促していること、です。

大学での学びに必要なスタディスキルや、大学生活で必要なスチューデントスキルの習得に焦点を当てた初年次教育調査はこれまでにも行われてきましたが、本調査では学生の態度転換と自立化を問題とし、それをすべての学生に促しているかを、全大学を俯瞰しつつ問うた点に独自性があります。

そして、本調査を基に 2009 年 12 月 25 日には名古屋で、2010 年 1 月 7 日には大阪、1 月 8 日には東京で、シンポジウム「学生を変容させる初年次教育―河合塾の初年次教育調査から見えてきたもの―」が開催され、3 会場合計で 300 名近くの参加がありました。

このシンポジウムでは、①河合塾からの初年次教育調査報告、②大学の事例報告（高知大学（農)、金沢工業大学、信州大学（繊維)、嘉悦大学（経営経済)、三重大学、名古屋商科大学)、③問題提起（名古屋会場：松下佳代－京都大学－「新しい評価のパラダイム―パフォーマンス評価の観点から―」、大阪会場：三宅なほみ－東京大学－「知の活用のためのコラボレーション―認知科学、学習科学を基盤にした新しい学びの創造を目指して―」、東京会場：山田礼子－同志社大学－「日本における初年次教育 10 年を踏まえ、次の展望は」)、④質疑応答が行われました。

本書は、このシンポジウムの記録を中心に、第 1 部、第 2 部、第 3 部と 2 つの巻末資料で構成されています。

第 1 部：①河合塾からの調査報告、②初年次教育のグッドプラクティスの事例 [岩手県立大学（ソフトウェア情報)、東北福祉大学（総合マネジメント)、駿河台大学（経済)、大東文化大学（国際関係)、淑徳大学（国際コミュニケーション学部)、嘉悦大学（経営経済)、産業能率大学（経営／情報マネジメント)、多摩大学（経営情報)、玉川大学（全学)、神奈川大学（全学)、文教大学（国際)、新潟大学（農―生産環境科)、信州大学（繊維―化学・材料系)、金沢工業大学（全学)、愛知学院大学（総合政策)、名古屋商科大学（全学)、星城大学（経営)、三重大学（全学)、同志社大学（法―法律)、京都ノートルダム女子大学（生活福祉文化)、大阪成蹊大学（現代経営情報)、近畿大学（理工)、関西国際大学（全学)、神戸学院大学（薬学)、愛媛大学（医／教育)、高知大学（農)、九州産業大学（経営)、日本文理大学（全学)]

第２部：大学の事例報告＋質疑応答

第３部：問題提起

巻末資料：①質問紙全文、② 2008 年度初年次教育調査アンケートによる大学・学部別ポイント

本書が、初年次教育に取り組まれている大学関係者にとって、より優れた初年次教育を実現するための、新たな視点や素材の提供となれば幸いです。また、高校で生徒の進路指導に携わっておられる方々にとっても、大学教育を評価する新たな視点や価値基準の提供となることを願ってやみません。

※本書で紹介する河合塾の初年次教育調査報告は、巻末資料 p. 271 に掲載の「2008 年度初年次教育調査」のアンケート（質問紙）と 2009 年度に訪問ヒアリング調査を行った内容に基づいています。

※シンポジウムでの各大学の事例報告は 2009 年度の取り組みについてのものです。

※本書の肩書きはいずれも取材当時のものです。

※本書に掲載された図表で出典が明記されていないものは、発表者（報告者）作成のものです。

大目次

詳細目次

■図表一覧

初年次教育でなぜ学生が成長するのか

—全国大学調査からみえてきたこと—

第1部

河合塾からの初年次教育調査報告

学生を変容させる初年次教育はいかにあるべきか

河合塾からの初年次教育調査報告
—学生を変容させる初年次教育はいかにあるべきか—

河合塾教育研究部　谷口哲也

ライター・ジャーナリスト　友野伸一郎
（河合塾初年次教育調査プロジェクトメンバー）

1．河合塾がなぜ大学の「初年次教育」を調査したのか？

近年、大学での学びに適応できない学生が増加し、全国の大学で問題となっています。背景には、大学の大衆化・ユニバーサル化によりこれまでは大学に入学してこなかった層が大量に大学に進学するようになったことだけでなく、家庭・地域教育の変容など多様な要因があると考えられます。そこで、学生の適応不全への包括的な対応として重視されているのが、大学入学後の最初の１年間の教育、すなわち「初年次教育」です。

河合塾はこれまで受験生や高校・父母の大学選びの指針の一つとして「大学の教育力」に着目すべきだと訴えてきました。その「大学の教育力」を調査するためにはこの「初年次教育」が鍵となるのではないかという仮説を立てました。大学にはこの「初年次教育」の専門家はほとんどいないのですから、すべての教員が自分の「専門」以外の教育に立ち向かわざるを得ないわけです。つまり、入学してくる大学生の変化に大学・学部としてどう対応しようとするのか、教育力の差が最も表出するポイントだと考えたからです。

河合塾では、2009年度に全国立大学、公立大学、私立大学の全学部を対象に、初年次教育調査を実施しました。以下、その調査の概要と結果、その分析を報告し、それに基づいて今後の初年次教育の在り方についての提言を行いたいと思います。同時に、本調査によって明らかとなった優れた教育力をもつ大学とそのグッドプラクティスを、社会に広く伝えたいと考えています。

初年次教育の目的

初年次教育とは何でしょうか。初年次教育学会では、**図表１**のとおり初年

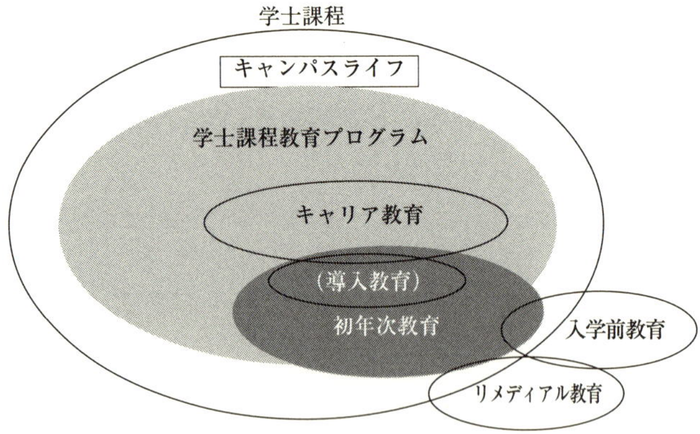

出典：初年次教育学会第２回年次大会資料（関西国際大学　濱名 篤　学長）より

図表１　初年次教育とは？

次教育を導入教育などの「学士課程教育プログラム」の中だけではなく、オリエンテーション、履修指導、サークルなどの「キャンパスライフ」にもその教育場面があるとしています。つまり入学前教育も含めた学士課程の最初であり、いわゆる大学の教育環境への適応のための教育と言ってよいと思われます。

それでは初年次教育の目的とは何でしょうか？学説や立場によって様々に語られますが、ここでは初年次教育の目的を以下の８点と定義します。

①学生生活や学習習慣などの自己管理・時間管理能力をつくる
②高校までの不足分を補習する
③大学という場を理解する
④人としての守るべき規範を理解させる
⑤大学の中に人間関係を構築する
⑥レポートの書き方、文献探索方法など、大学で学ぶためのスタディスキルやアカデミックスキルを獲得する
⑦クリティカルシンキング・コミュニケーション力など大学で学ぶための思考方法を身につける
⑧高校までの受動的な学習態度から、能動的で自立的・自律的な学習態度への転換を図る

本調査の狙いは大学「教育力」の調査と評価で、そのグッドプラクティス

を探すことです。目的②③④については重要だと考えるものの、本来の大学の教育力がここに表現されているものではないと考え、今回の調査から除外しました。

また、目的⑤⑥⑦については、大学によってレベルや個性が多様でありその比重のかけ方が違うはずです。たとえば、マーチン・トロウ（アメリカの教育学者）の分類になぞらえれば、現代の日本の大学はエリート型（大学進学率15％以下の時代）、マス型（大学進学率15％～50％時代）、ユニバーサルアクセス型（大学進学率50％以上の時代）の３類型が並存しており、いずれのタイプでも、初年次教育では人間関係の構築としての友人の獲得（⑤に相当）、スタディスキルやアカデミックスキルの習得（⑥に相当）、思考方法やロジカルシンキングなどの知の技法の習得（⑦に相当）が中心課題となっているようです。しかしタイプ別にみると、ユニバーサルアクセス型では３つのうちの⑤に比重が置かれ、マス型では⑤と⑥の比重が大きく、そしてエリート型では⑦の比重が大きくなっていく傾向があります。しかし、すべての類型の大学にとって共通して課題となっているのが、①＋⑧の受動的な学習から能動的・自律的（自己管理・時間管理を含む）な学習への転換ではないでしょうか。

初年次教育調査において「初年次ゼミ」を重視する理由

我々のプロジェクトでは、受動的な学習から能動的・自律的な学習への転換を促す取り組みをみるために、大学の正課のカリキュラムとして組み込まれている「初年次ゼミ」を中心に調査しました。

なぜ「初年次ゼミ」を対象としたのでしょうか？それは、能動的・自律的な学習への転換は双方向的、協働的な活動を通して身につき、それを繰り返し体験させる場面の多くは正課の「初年次ゼミ」にビルトインされていると考えたからです。

高校までの学びは「X は Y である」という形での命題を暗記することが中心となっています。すなわち命題知の学習です（このような学習が中心となっている大きな要因は大学の入学選抜のための学力試験が、命題知の正確さや量をチェックする方向で行われているためです）。これに対して、実際の社会で求められるのは、命題知のみではなく、命題知を基礎にした実践知・活用知です。命題知と実践知・活用知についてすこし例示しておくと、以下のようなことです。

命題知とは、「水の沸点は1気圧で100℃である」ということを覚えている力。

実践知・活用知とは、高度3000m程度の山で飯盒でコメを炊きながら「この辺じゃ沸点はどのくらいだろう」と問われて、例えば「吹きこぼれないように蓋に石でも載せておきましょう」と、飯盒内の圧力を高めることで沸点を高くするように行動できるような力。（参考：『学力問題のウソ』PHP文庫　小笠原喜康著　118ページ）

社会生活の中におけるこのような場面では、「水の沸点は1気圧で100℃である」という命題知を覚えていただけでは何の役にも立ちません。社会の中で実際に活用できる知へと変容させていくことが、大学の教育には求められているはずです。命題知を得るための学習は、受動的に講義を聴くことで実現されますが、実践知・活用知を身につけるための学習は、一方向的な講義によっては実現しえません。何らかの協働体に参加し、実践的に活動することにおいて身につく能力なのです。したがって初年次教育は、必然的に能動的な学習態度を促すような取り組みの中で具現化されなければならないはずだと考えます。

2．初年次教育アンケートの視点とポイント化

初年次教育アンケート調査の概要

2009年5月に全国の約2000学部の学部長を対象に「初年次教育アンケート（巻末271ページ）」を発送し、1092学部（一部学科、全学機構を含む）からの回答を得ました。回収率は54.6％です。アンケートの質問内容は大きく分けて3つの部分で構成しました。

(1) 第一の質問群は、学生の態度変容や自律・自立化に関わる初年次ゼミの内容に関してです。初年次ゼミが「設定されている」場合に、ゼミ時間内外でどの程度課されているかを聞きました。

【A】グループ学習の有無・頻度

【B】グループ宿題の有無・頻度、

【C】プレゼンテーションの有無・頻度

【D】レポート提出の有無・頻度

【E】フィールドワークの有無・頻度

【F】ディベートの有無・頻度

【G】振り返りシート（学習の記録、ポートフォリオなど）の有無・頻度

これらは、いずれも協働的・双方向的な態度に関わる項目ですので、評価基準を設定しポイント化しました。これ以外に、初年次ゼミの内容として「図書館の使い方の有無」「日本語表現としてのレポートの書き方の有無」「アカデミックスキルとしてのレポートの書き方の有無」も質問しましたが、今回の調査目的に直接影響するものではないという考えから、ポイント化の対象にはしませんでした。

(2) 第二の質問群は、初年次ゼミのシステム＝外形的要素に関してです。具体的には

【H】初期把握（入学後の学生実態調査）の有無

【I】初年次ゼミのカバー率（全員必須～ 30％未満）

【J】初年次ゼミのボリューム（90 分 1 コマとして、通年×週 2 コマ～半期×週 1 コマ）

【K】初年次ゼミで教員一人当たりの担当生徒数（10 人以下 ～ 31 人以上）

(3) 第三の質問群は、運営に関わる条件整備の項目です。具体的には

【L】初年次教育の効果測定の有無

【M】初年次ゼミの平準化・レベル向上（シラバスの有無、ガイドラインやマニュアルの有無、共通テキストの有無、FD またはコーディネータ制度の有無）

【N】初年次教育の組織活動評価の有無

【O】初年次教育を担当することの教員に対するインセンティブの有無

また、2 年次以上の先輩学生を初年次教育のオリエンテーションや履修指導で活用している大学は多いのですが、初年次ゼミでスチューデントアシスタントとして活用している場合は、さらにポイント化しました。それは、教員と学生だけの関係だけでなく先輩学生と 1 年生との関係においても双方向

的、協働的な活動が展開させている場合に１年生の態度変容が促進されやすいのではないか、と考えたからです。

さらにこれら三つの質問群のどれにも属さないものですが、大学・学部のスタンスに関わるものとして、「レベルをある程度犠牲にしてでも脱落を出さないことを重視する」か、「脱落が出てもレベルを守るほうを重視する」か、「そのいずれでもないか」を質問しました。

アンケート項目のポイント化

(1) ～ (3) の16項目について、**図表２**の評価基準をもとにポイント化しました。大学・学部別ポイントは巻末資料281ページのとおりですが、ここではそにお全体傾向を分析します。

初年次ゼミが「設定されている」のは879件ですのでアンケート回答大学の約８割がその評価対象となります。「学生の態度変容（28点満点）」「外形的な要素（14点満点）」「運営に関わる条件整備（14点満点）」「初年次ゼミでのSA活用（2点満点）」の評価満点は58ポイントで、平均は**図表３**のとおり19.3ポイント（得点率33.3%）でした。大項目別にみると「学生の態度変

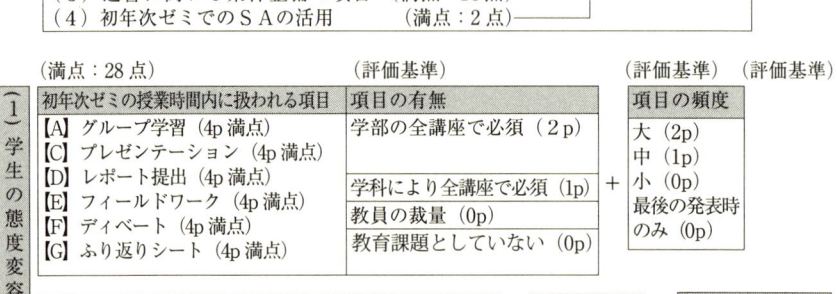

図表２　アンケート項目のポイント化―評価基準

（１）学生の態度変容に関わる項目	（満点：28点）	（合計：58点）
（２）外形的な要素の項目	（満点：14点）	
（３）運営に関わる条件整備の項目	（満点：14点）	
（４）初年次ゼミでのＳＡの活用	（満点：２点）	

（１）学生の態度変容に関わる項目　（満点：28点）

初年次ゼミの授業時間内に扱われる項目	項目の有無（評価基準）		項目の頻度（評価基準）
【A】グループ学習（4p満点） 【C】プレゼンテーション（4p満点） 【D】レポート提出（4p満点） 【E】フィールドワーク（4p満点） 【F】ディベート（4p満点） 【G】ふり返りシート（4p満点）	学部の全講座で必須（２p） 学科により全講座で必須（1p） 教員の裁量（0p） 教育課題としていない（0p）	＋	大（2p） 中（1p） 小（0p） 最後の発表時のみ（0p）

初年次ゼミの授業時間外の項目	項目の有無		項目の頻度		グループでの頻度（評価基準）
【B】初年次ゼミの授業外の宿題（4p満点）	学部の全講座で必須（1p） 学科により全講座で必須（1p） 教員の裁量（0p） 与えないことにしている（0p）	＋	大（1p） 中（1p） 小（0p） 最後の発表時のみ（0p）	＋	全てがグループ宿題（2p） 2～3回に1回（1p） 時々（2p） 最後の発表時のみ（1p） 教員裁量（0p）

（2）外形的な要素の評価項目

（満点：14点）	（評価基準）
【H】初期把握（2p満点）	全ての新入生に対して行っている（2p） 一部の新入生に対して行っている（1p） 行っていない（0p）
【I】初年次ゼミのカバー率（4p満点）	学部全体に必修（4p） 学部全体に選択または、学科により異なっている70%～100%未満（3p） 30%～70%未満（2p） 30%未満（1p）
【J】初年次ゼミのボリューム（4p満点）	半期×週1コマ（90分）＝（1p） 半期×週2コマ（90分×2）＝（2p） 通年×週1コマ（90分）＝（2p） 通年×週2コマ（90分×2）＝（4p）
【K】初年次ゼミで教員一人あたりの担当生徒数（4p満点） （※「教室に入る授業サポート」を教員としてカウントした場合も考慮）	10人以下（4p） 11～20人（3p） 21～30人（2p） 31人以上（1p）

（3）運営に関わる条件整備

（満点：14点）	（評価基準）
【L】初年次教育の効果測定（6p満点）	下記の6項目の○の該当数をポイント化 [ ] 学生の授業評価を基に行っている [ ] 学生調査を基に行っている [ ] 学生の成績を基に行っている [ ] 教員が記入するここの学生カルテまたは類似のものを基に行っている [ ] 学生が自ら記入する､成長を促す「ふり返りシート」や「ポートフォリオ」を基に行っている [ ] その他（具体的に　　　　　　　　　）
【M】初年次ゼミの平準化・レベル向上（4p）	シラバス有（1p） 共通テキスト有（1p） ガイドライン有（1p） FD研修またはコーディネーター制度有（1p）
【N】初年次教育の計画・実施組織の活動評価（2p）	下記の項目のどれかに○があれば（2p） [ ] 第三者評価の中で行われている [ ] 自己評価を行っている [ ] 学内の他者評価機関によって行われている [ ] その他（具体的に　　　　　　　　　） ※その他は内容をみて判断
【O】初年次教育を担当することのインセンティブ（2p）	下記の項目のどれかに○があれば（2p） [ ] 昇任の際の評価の一部としている [ ] FD活動上の評価の一部としている [ ] その他（具体的に　　　　　　　　　） ※その他は内容をみて判断

（満点：14点）	（評価基準）
（4）初年次ゼミでのSAの活用	活用している（2p）

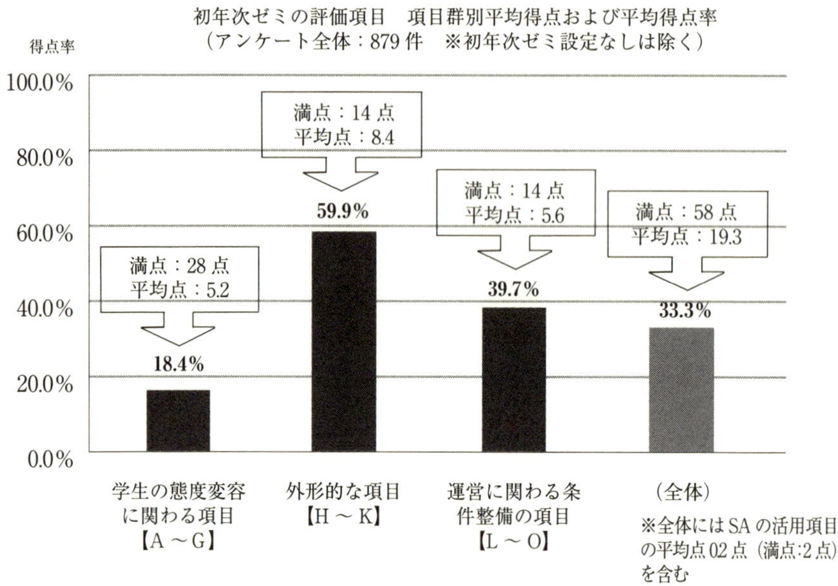

図表 3　アンケート項目のポイント化―項目群別分析

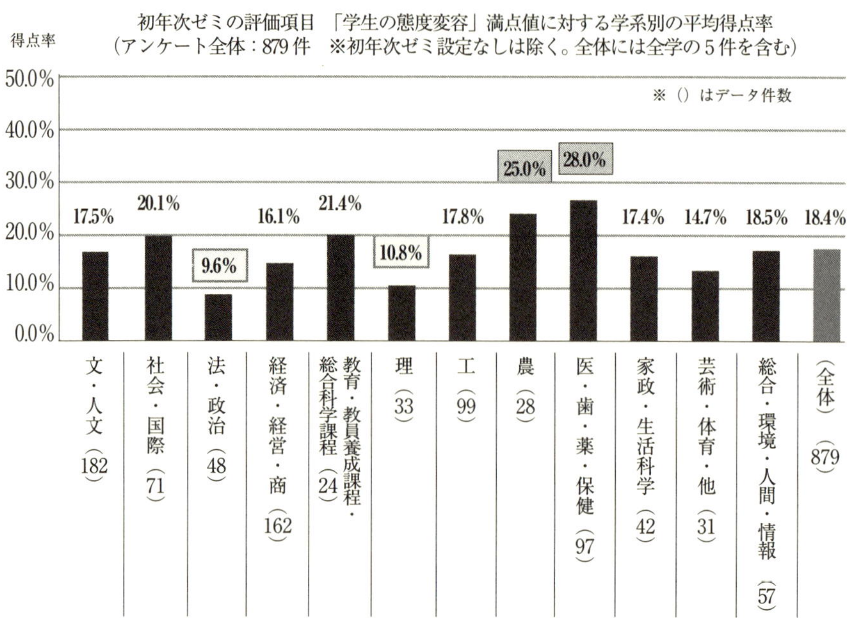

図表 4　アンケート項目のポイント化―①学系別分析

容」に関する項目【A～G】が得点率18.4%と圧倒的に低いことがわかります。つまり、「外形的な要素」や「運営に関わる条件整備」は次第に進んできたものの、肝心の内容に関しては、手付かずであったり後回しになったりしている現状がうかがえます。

この「学生の態度変容」をさらに学部系統別にみると学部系統により違いがみられました。**図表4**のとおり全体平均が5.2ポイント（18.4%）であったのに対して、医・歯・薬・保健学部系が7.8ポイント（28.0%）、農学部系が7.0ポイント（25.0%）と高く、法・政治学部系が2.7ポイント（9.6%）、理学部系が3.0ポイント（10.8%）と低い結果を示しました。医・歯・薬・保健学部系のポイントが高い理由は、国家試験をクリアして医療現場に出るためには学生を早い時期からの態度変容を促す必要性に迫られているものと思われます。また、農学部系のポイントの高さは、教員一人当たりの学生数が少なく、初年次教育がやりやすい環境が整っている要因もあるようです。それでは、法・政治学部系や理学部系は初年次教育の態度変容にあまり熱心でないのはなぜでしょうか。はっきりした原因は不明ですが、社会に送りだす人材イメージが学部で統一しにくく、初年次教育への意識がまとまらないのかもしれません。あるいはこの2つの学部は入学偏差値が比較的高いところが多く、まだ初年次教育への切迫感がうすいのかもしれません。

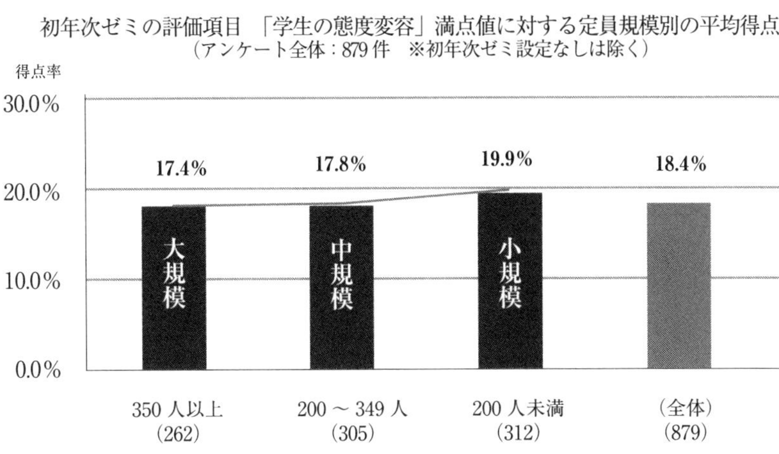

図表5　アンケート項目のポイント化―②規模別分析

初年次ゼミの評価項目　「3 項目群」満点値に対する入試難易度別平均得点率
（アンケート全体：874 件　※全学の 5 件および初年次ゼミ設定なしは除く）

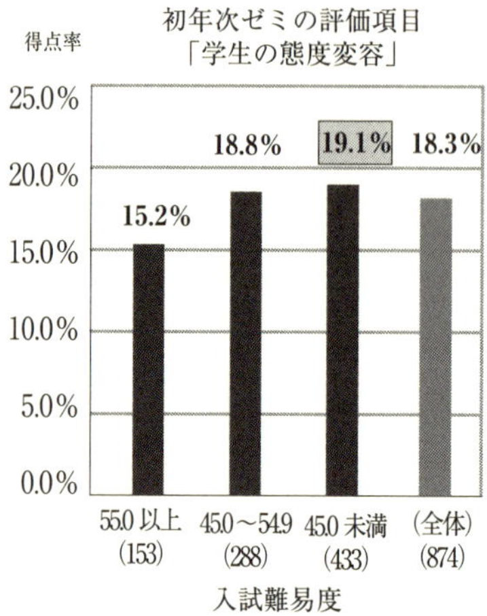

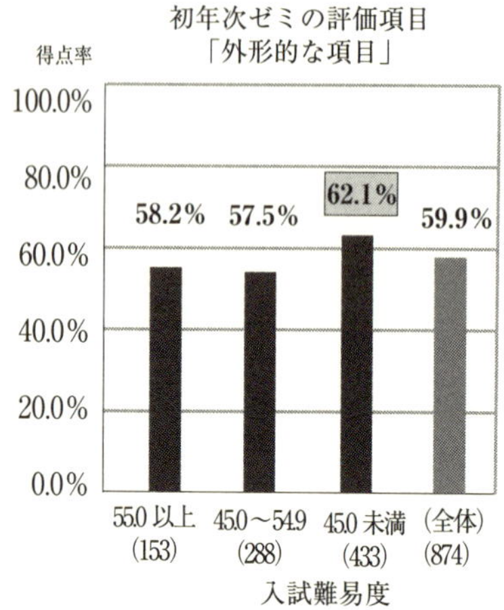

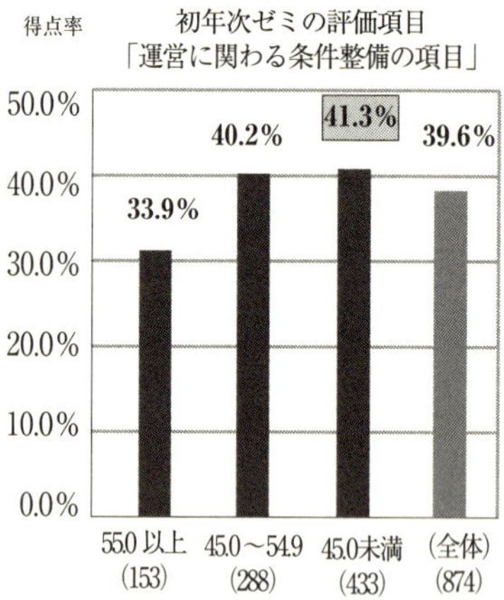

図表 6　アンケート項目のポイント化―③入試難易度別分析

つぎに定員規模別で見ると、**図表 5** のとおり、確かに 1 学部 200 人未満の小規模学部ほどポイントは高いですが、意外に 350 人以上の規模の学部でもそれほど大きな差が生じていないことがわかります。規模が大きいからできない、ということはなさそうです。

さらに入試難易度別にみますと、**図表 6** のとおり、「学生の態度変容」「外形的な要素」「運営に関わる条件整備」のいずれも偏差値 45.0 未満の学部が

初年次ゼミの評価項目「3項目群」満点値に対する設立区分別平均得点率
（アンケート全体：879件　※初年次ゼミ設定なしは除く）（ ）はデータ件数

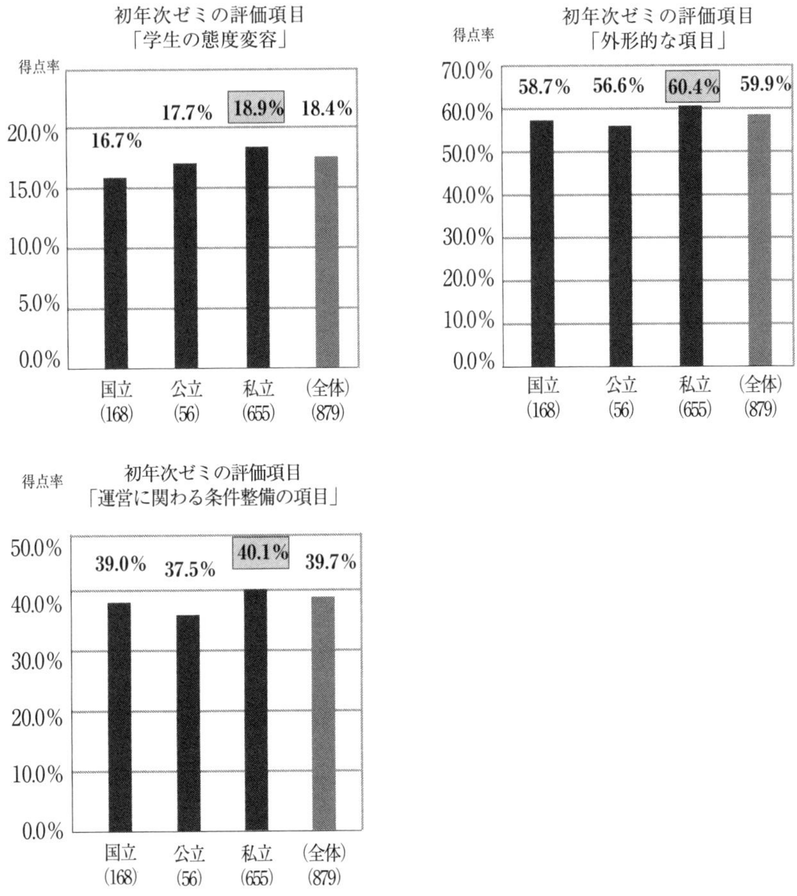

図表7　アンケート項目のポイント化—④設立区分別分析

とくに初年次教育に力を入れていることがわかります。しかしながら、入試偏差値45.0～54.9の学部と45.0未満の学部でそれほど大きな違いがないのも事実です。一部の難関大学を除けば、入試レベルとは関係なく取り組みが行われているようです。

さらに設置区分別に見たものが**図表7**です。私立大学は資金的に困難な条件でありながら、国立大学や公立大学より初年次教育に注力しているようで

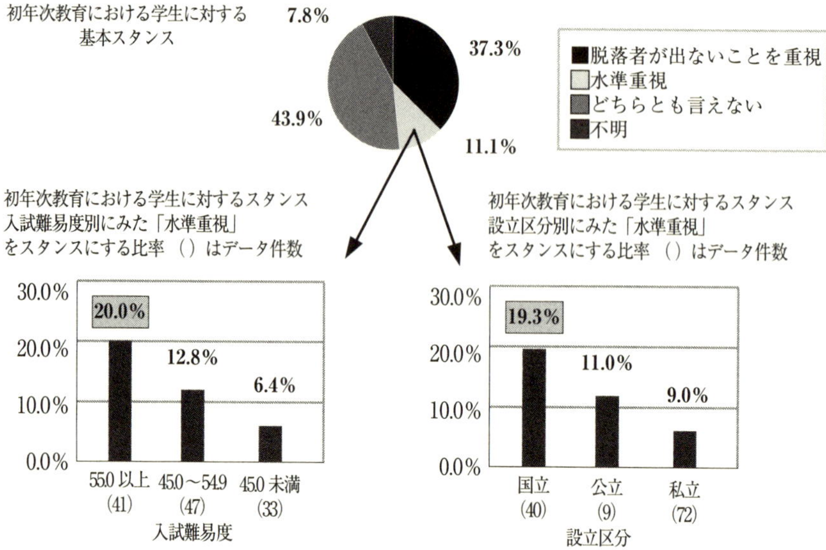

図表 8　アンケート項目のポイント化—⑤大学のスタンス（脱落者救済重視か水準重視か）の分析

す。

また、**図表 8** のとおり初年次教育における大学・学部のスタンスとして、「脱落が出ないことを重視」が 37.3%、「水準重視」が 11.1%、「どちらとも言えない」が 43.9%でした。「水準重視」という大学・学部は予想通り少ないのですが、その 11.1%（121 学部）を入試難易度別にみると、[偏差値 55.0 以上] が 20.0%と最も高く、設立区分別では、国立大学が 19.3%と最いことがわかります。図表 6 や図表 7 の分析結果で一部の難関大学や国立大学が初年次教育に注力する割合が低いのは、単なる意識の問題だけでなく、そもそも「水準重視」という大学のスタンスがあるためかもしれません。

3．実地調査大学の事例と評価

訪問ヒアリングの概要

アンケート調査だけでは、全体的な傾向を捉えることはできるものの、どのような優れた初年次教育が行われているのか、具体的なグッドプラクティスの在り方までは把握することができません。そこで、さらに訪問ヒアリング調査を行うことで、そのことを明らかにすることにしました。訪問大学の選抜方法は以下のとおりです。

初年次ゼミが全員必修もしくは、事実上90％以上の学生が履修し、必修と同等となっていることを前提条件としたうえで（58点満点で平均が19.3点であることから）、アンケートによるポイントが30点以上の大学・学部を抽出しました。そのうち、さらに次の2つの条件を加え意図的に絞り込みました。

○私立大学の場合は入学定員200人以上（中規模）の学部

（少人数だから可能な教育について明らかにする意義はあるものの、中規模の学部でどのような初年次教育が可能であるのかを見出すため）

○医・歯・薬・保健学部系の資格系学部については、医学部1大学、薬学部1大学のみ

（医療系は教育目的が明確であり、またPBLやオスキー〈OSCE=Objective Structured Clinical Examination＝客観的臨床技能試験〉等のプログラムが確立しているため、網羅的でなくその代表を見ることによって、グッドプラクティスを見いだせると判断したため）

訪問日程など各大学との折衝のうえ、最終的に以下の32大学・33学部（愛媛大学のみ2学部扱い）をプロジェクトメンバー3人全員が同時に訪問しました。

岩手県立大学（ソフトウェア情報学部）、東北福祉大学（総合マネジメント学部）、駿河台大学（経済学部）、大東文化大学（国際関係学部）、淑徳大学（国際コミュニケーション学部）、嘉悦大学（経営経済学部）、産業能率大学（経営学部／情報マネジメント学部）、清泉女子大学（文学部）、多摩大学（経営情報学部）、玉川大学（全学）、神奈川大学（全学）、文教大学（国際学部）、新潟大学（農学部生産環境科学科）、信州大学（繊維学部化学・材料系）、金沢工業大学（全学）、愛知学院大学（総合政策学部）、名古屋商科大学（全学）、星城大学（経営学部）、三重大学（全学）、同志社大学（法学部法律学科）、京都ノートルダム女子大学（生活福祉文化学部）、京都文教大学（人間学部／臨床心理学部）、大阪成蹊大学（現代経営情報学部）、近畿大学（理工学

部)、関西国際大学（全学)、神戸学院大学（薬学部)、愛媛大学（医学部)(教育学部)、高知大学（農学部)、九州産業大学（経営学部)、長崎大学（工学部)、立命館アジア太平洋大学（全学)、日本文理大学（全学)

われわれ（プロジェクトメンバー3人）はこれらの大学・学部の責任者に対して、アンケートの結果を確認するだけでなく、3つの「評価の視点」を持って具体的な説明とエビデンス（証拠）の提示を求めました。評価方法としては、プロジェクトメンバー各自が3段階で評価し、訪問ヒアリング後合議して評価結果を出します。その3つの評価の視点は以下のとおりです。

〈評価の視点A〉

まず、評価の視点Aは「受動的な学びから能動的な学びへの転換」「命題知の習得から実践知・活用知の習得への学び方の転換」に関してどの程度取り組まれているかです。

具体的には、A－①～③の以下の3つの視点です。

A－①　初年次ゼミの中でPBL（Problem/Project Based Learning）で問題発見・解決型の取り組みがどの程度導入されているか。

A－②　初年次ゼミの中でグループワークが、どの程度、どのように導入されているか。

A－③　初年次ゼミ以外で、「命題知から活用知への転換を促進する取り組み」が、どのように、どの程度あるか。具体的には

・初年次ゼミと有機的に関連する科目等が設定されているか。

・4年間のゼミや研究室活動の連続の中に初年次ゼミが位置づけられているか。

・同期や上級生の活用が意図的に行われているか。

視点Aの評価結果

A－①　初年次ゼミの中でPBL（Problem/Project Based Learning）で問題発見・解決型の取り組みがどの程度導入されているか。

「非常に進んでいる」「やや進んでいる」「普通」「やや遅れている」「非常

に遅れている」の5段階評価で、「非常に進んでいる」という評価だったのは33学部中19学部（57.6%）でした。問題発見・解決型で重要なのは、学生に厳しい経験をさせ、壁を乗り越えさせるようなプログラムを組んでいるか否かです。さらに、取り組むテーマの解は予め用意されたものや簡単な答ではなく、教員も一緒に考えざるを得ないような問題であることが望ましいです。それは、学生の実践知・活用知は学生と教員が共に向き合い、相互作用の中でよりよく身につくはずだからと考えるからです。評価の高い学部では、PBLを教員の裁量に任せるのではなく、必須条件として全学生に経験させていました。

A－②　初年次ゼミの中でグループワークが、どの程度、どのように導入されているか。

「非常に進んでいる」評価だったのは33学部中20学部（60.6%）でした。グループに参加させ、協働させる仕組みの重要性を認識し、頻度も多くしている大学を高く評価しました。学生の態度変容は、学生がグループに参加し、協働を通じて解決すべきテーマを見出し、その手法を探っていくなかで生じるものだと考えるからです。

A－③　初年次ゼミ以外で、「命題知から活用知への転換を促進する取り組み」が、どのように、どの程度あるか

・初年次ゼミと有機的に関連する科目等が設定されているか
・4年間のゼミや研究室活動の連続の中に初年次ゼミが位置づけられているか
・同期や上級生の活用が意図的に行われているか

「非常に進んでいる」という評価だったのは33学部中22学部（66.7%）でした。取り組みが進んでいる大学・学部では初年次ゼミを通年開講して前期にスタディスキルを学ばせ、後期にそれを活かした実践を行わせるというパターンが多くみられました。また、前期と後期のつながりだけでなく、4年間を通じてゼミを連続させ、その入り口として初年次ゼミを位置づけている大学・学部もありました。さらには、「縦・横・斜め」の人間関係を組み込むことも重要です。縦とは教員との関係、横とは同期との関係、そして斜めとは上級生と下級生との関係です。大学に居場所がつくれずリタイアしていく学生が多い中で、縦と横だけでなく、斜めの関係も構築し、重層的なネットワークの中に学生を置くことが有効だと感じました。そして、この斜めの関係は居場所だけでなく学びの場面においても効果を発揮するのではないかと思われます。

視点Aの「非常に進んでいる」例

〈評価の視点 A〉に関する具体的なグッドプラクティスの事例は、40 ～ 67 ページに掲載しています。ここでは、その中から岩手県立大学（ソフトウェア情報学部）をとりあげます。

岩手県立大学（ソフトウェア情報学部）

(1) 初年次ゼミの PBL とグループワーク

1 年前期に開講される「基礎教養入門」では、学科横断型のクラス編成とし、1 学年 10 クラスで所属講座とは関係なく 1 クラス 20 人です。この授業の目的は、後期に「学の世界入門」を受講する際に必要な個々のスキルを上げることです。故に、グループ学習ではなく、自分でテー

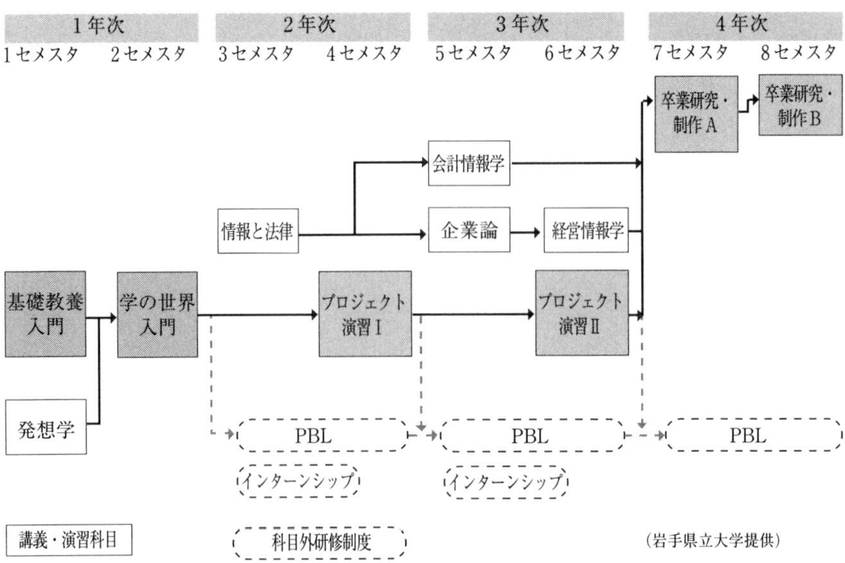

図表 9　岩手県立大学（ソフトウェア情報学部）の講座制

マを設定（ソフトウェアに関するテーマに限定）し、開発し、レポートで発表します。この自分のテーマを見つけるという時点で、先輩達の卒業論文のテーマを見させています（この時のテーマ設定が卒論テーマにもつながる場合もあるといいます）。ここで重視しているのは、「問題をいかに発見させるか」です。どこかから拾ってきたようなテーマでは意味がなく、自分の意見がどうなのかを徹底的に問題にされます。授業の進め方として試みられていることは、学生がテーマについて教員に報告するのではなく、隣の学生に報告します。そして、教員はその報告を受けた学生に質問をするというやり方です。報告をする学生と質問をする教員だけの関係だけでなく、周囲の学生も巻き込んだ緊張感が生み出されています。

1年後期に開講される「学の世界入門」では、前期開講の「基礎教養入門」で培ったスキルを前提にしてグループワークに入ります。グループでのテーマは自分たちで設定します。講座ごとにテーマの柱があり、それに関連するテーマを学生に考えさせますが、ここでは学生の主体性を重視し、教員はいかに「口を出さないか」を課題としています。また、毎回、学生たちは自分たちで次回の授業までに調べてくることを決め、その報告レポートを綴じていきます。最後のプレゼンでは学生が投票して上位チームを表彰するしくみとなっています。

(2)「縦・横・斜め」とゼミの連続性

ここで重要なのは、1年後期の「学の世界入門」が、2年次後期の「プロジェクト演習Ⅰ」および3年次後期の「プロジェクト演習Ⅱ」との合同授業となっていることです。この合同授業には1年生8人が所属し、2年生、3年生も同じ人数で1クラス24人となっています。・授業のチーム編成方法は縦割りで、各学年2人×3学年＝6人でチームを編成されますので、上級生が下級生の面倒を見ながらグループワークを行い、コミュニケーション力を高めていくという仕組みが実現されているわけです。

一般には3年次以降から講座所属となることが多いのですが、4年生までに半分の学部生を学会で発表させるという目標を掲げ、1年次から大学への適応とスキルと人間性を同時に伸ばすためにこの講座制を導入しています。仲間ができる、自分の居場所ができるためドロップアウトする学生が少ないという効果も現れています。

〈評価の視点Ｂ〉

次に評価の視点Ｂは学生の自律・自立化の促進がどの程度意識的にとり組まれているか、です。面倒見が良いことはユニバーサルアクセス型大学にとって必須事項ですが、それだけにとどまれば社会人として不可欠な資質を形成できないことになってしまいます。自律的で自立した社会人になるためには、いわゆるソーシャルスキルと呼ばれる時間管理や自己管理能力の形成なども含まれますが、もっと重要なことは、学生が自分の学んだことを言語化することで確認し、それを通じて次の目標を設定しながら、それらを通して計画→実施→評価→改善のPDCAサイクルを自分自身の成長のために自律的に身につけていくということです。このサイクルの確立のプロセスが初年次教育の中に組み込まれていることが大切だという視点です。従って、ここでは手厚い面倒見を通じながら、学生が個人としてPDCAサイクルを確立できるように援助を行っているかを評価の基準としました。具体的には、以下の３つの視点から評価しました。

①振り返りシートの有無、内容

②目標設定、そのレビューを受けての、次の目標設定にまでなされているか

③そのプロセスへの教員の関わりの度合い

視点Ｂの評価結果

訪問ヒアリング大学において「非常に進んでいる」という評価だったのは33学部中６学部（18.2％）のみで、逆に23学部（69.7％）が「やや遅れている」という評価でした。1,092学部の初年次教育アンケート調査でも「初年次ゼミでの振り返りシートが必須」と答えている学部は12.5％でしたので、やはり、ほとんどの大学が実施できていないという現状だと考えられます。ある大学の学生振り返りシートを見させてもらいましたが、目標に「この１週間は勉強をがんばる」と書いてあって次の週には「バイトに忙しくてだめだった、次はがんばる」とだけ書いてあり、また「今週もだめだった」と繰り返すばかりです。教員のコミットメントがなく、なぜダメだったのかを追求していな

いのです。また、ゼミや体験型学習を終えた感想として「なんとなく面白かった」「いい経験ができた」などと獲得した成果や能力が具体的に言語化されていないのです。振り返りシートを導入していてもこうした例が多く、視点Aの結果とは対照的に遅れていました。その理由は、学生一人ひとりの「伸びしろ」に大学として関与すべきという発想が希薄であること、教員が一人ひとりの学生に向き合うためのマンパワーの不足などが考えられます。

一方で、次に挙げる「非常に進んでいる」例のように、振り返りシートで、自分が経験したこと、学んだこと、できるようになったことを言語化させている大学もあります。言語化しなければ、自分が何を経験したかを意識化＝対自化することもできません。経験したことや学んだことは、それを対自化することで、定着していくと思われます。

視点Bの「非常に進んでいる」例

〈評価の視点B〉に関する具体的なグッドプラクティスの事例は、68～72ページに掲載しています。ここではその中から東北福祉大学（総合マネジメント学部）、神戸学院大学（薬学部）、関西国際大学をとりあげます。

東北福祉大学（総合マネジメント学部）

平成19年度現代GPに採択された「総合的リエゾン」というキャリア教育の中で自立促進の要素が盛り込まれています。総合的リエゾンとは、縦軸（キャリア教育講座による「講座型リエゾン」）と横軸（ボランティア活動、インターンシップ研修、各種実習など「実践型リエゾン」）、さらに企業などの外部機関との連携による「外部とのリエゾン」の3つのリエゾン系からなる総合的リエゾンを形成し、学生の「社会力」視点からのキャリア教育を行うものです。「総合的リエゾン」のプログラムには目標設定が組み込まれており、学習の軌跡は1年生から「キャリアリエゾンノート」に記入させています。

「キャリアリエゾンノート」は基礎ゼミである「人間基礎論」の担任に提出します。その「人間基礎論」には振り返りシートが導入されており、**図表10**のように、PBL、思考力、問題解決力について「～できるようになりましたか」という問いになっています。

「人間基礎論」振り返りシート

クラス:　　学籍番号:　　氏名:

■PBL(Project/Problem Based Learning)、思考力、問題解決能力について

Q. 先入観やこれまでの信条、行動にとらわれず、情報やデータに基づき帰納的に仮説を形成することができるようになりましたか？
5— 4— 3— 2— 1

Q. 物事をデータ・数字で定量的にとらえ、数式やグラフなどに表現して判断や問題解決に利用することができるようになりましたか？
5— 4— 3— 2— 1

Q. 情報を情報源の信頼性、調査デザイン、標本数から吟味し、判断、評価することができるようになりましたか？
5— 4— 3— 2— 1

Q. 自分の主張と他者の意見のバランスをとりながら話し合い、結論を導き出すことができるようになりましたか？
5— 4— 3— 2— 1

Q. ディスカッション、ディベートを通して、多様性を理解、尊重しながら自分の考えをわかりやすく説得力をもって伝え、相手の考えを理解し、建設的な議論を進めることができましたか？
5— 4— 3— 2— 1

Q. 他者と協調しながら、チームの中で自分の役割や責任を果たすことができましたか？
5— 4— 3— 2— 1

Q. あなたはPBLでリーダーとしての役割を発揮できましたか？
5— 4— 3— 2— 1

Q. 課題を認識し、必要な情報を収集・分析・活用し、論理的思考、批判的思考、創造的思考を用いて問題を解決する手がかりを得たと感じていますか？
5— 4— 3— 2— 1

・ 人間基礎論で接した先輩学生についてあなたの考えを書いてください。

・ PBLにおいて達成できたと思うこととあなたのこれからの課題を書いてください。

■山寺歩禅について

・ 山寺歩禅を通してあなたが感じたこと、考えたことを書いてください。

（東北福祉大学提供）

図表 10　東北福祉大学（総合マネジメント学部）の振り返りシート

神戸学院大学（薬学部）

1年前期の基礎ゼミ「演習実習」ではクラス全体の到達目標を示すと同時に、合わせて個人目標を決めさせています。そして、全体の到達目標には必ず知識、技能、態度の3つの側面を含めるようにしているのです。それらの目標について実習の各項目が終了してから「達成できたと思うもの」「改善すべきだと考えること」「今の気持ち、感想」を記入させています。そして教員は、これにコメントして学生にフィードバックします。

たとえばグループ討論を行った授業では、「グループ討論自己評価表」を記入させ、ディベートの回には「ディベート自己評価表」を記入させるわけです。

さらに、前期と後期の終了後に、「演習実習」だけでなく全体のふり返りを行わせています。項目は目標の再確認、できるようになったこと、教員からのメッセージとなっています。このように学生に振り返らせ、自己評価をさせ、そして次の目標を設定させることで、学生の自律・自立化が進んでいるようで、学生の自己評価をみると「……ができるよう

になった」と書けるようになっていました。

関西国際大学

学生が自分の学習履歴や振り返りを行うための、eポートフォリオが設けられています。振り返りと同時に、次の目標設定までさせているのが特徴です。これらは学生が自分で書いていき、それに教員がコメントを付して学生に返します（**図表11**）。

さらに関西国際大学では、学生の涵養すべき５つの能力（自律できる、社会に貢献できる、世界市民、問題解決力、コミュニケーション能力）に関するベンチマークが開発されています。個々人に達成度をチェックさせ、それをポートフォリオに落とし込むことで、自分の成長を確認できるようになっているのです。

こうした結果として、明らかに学生のスタディスキルは向上していると言います。レポートを書く能力などは世間で言われる学力低下を感じないレベルを維持しているとうのが実感です。ただ、学生がそこで学ん

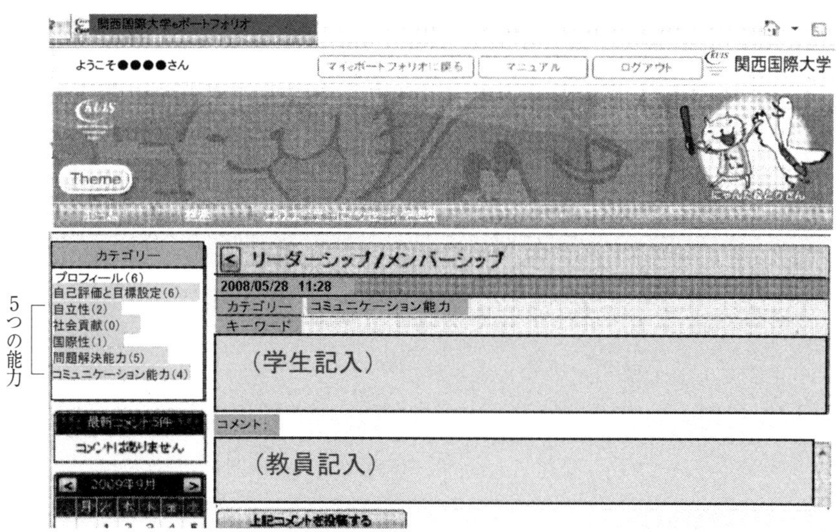

（関西国際大学提供）

図表11　関西国際大学のｅポートフォリオ

だことを自分で卒論用にカスタマイズできていない現状があり、現在では、1年次だけでなく高学年でもう一度、レポートの書き方等を導入することが検討されています。

〈評価の視点C〉

次に評価の視点Cは、全学生に一定水準以上の初年次教育を保証しているか、です。いくらすばらしい取り組みであっても、それが一部の学生を対象にした取り組みでは、担保しているといえません。たとえば文部科学省の教育GP（質の高い大学教育推進プログラム）の多くが一部の学生を対象にした「選択」の取り組みなのです。訓練や経験が必要な学生ほど、選択科目にすれば「選択しない」という現実があります。つまり「すべての学生」を対象としていることが、不可欠の要素として注目されるわけです。

もう一つが「一定水準以上の初年次教育を担保している」という点です。初年次ゼミを全学生に提供しようとすれば、多くの教員が授業を担当することになります。そうなると、初年次ゼミの中で何を教えるのか、どのように教えるのかがある程度、平準化されていく必要があります。そこで何が平準化されているのかが問題になるわけです。具体的には以下の5点を評価しました。

①マニュアル、ガイドラインの有無
②共通テキストの有無
③ FDまたはコーディネータ制度の有無
④新任教員の初年次研修の有無
⑤教員の全学出動への積極的度合い

視点Cの評価結果

「全学生に一定水準以上の質の担保」については、訪問ヒアリング大学で「非常に進んでいる」という評価だったのは33学部中12学部（36.4%）でした。

視点Cの「非常に進んでいる」例

〈評価の視点C〉に関する具体的なグッドプラクティスの事例は、72～81ページに掲載しています。ここでは、その中から産業能率大学、神奈川大学、京都ノートルダム女子大学（生活福祉文化学部）、愛媛大学（教育学部）をとりあげます。

産業能率大学

［マニュアル・ガイドライン＝有、共通テキスト＝有、FDまたはコーディネータ＝有、新任研修＝有　全学［部］出動＝非常に積極的］

「初年次ゼミ」は科目主務者が共通テキスト、レクチャーノート（指導要領）(**図表12**) を準備し、教員にその都度配布します。

- 春休みには「初年次ゼミ」担当教員全員が集まって打ち合わせを行います。新たに担当する教員は別個に内容を確認し、授業もFD委員が参観します。ただし、制度としてのピアチェックはありません。
- 新任の教員は、どんなに実績のある社会的地位の高い人でも、必ず初年次ゼミを担当することになっています。これは、同大の教育に対する考え方と、学生の現状を知ってもらうという意図があるからです。ちなみに同大の教員には元来、社会人経験者、特に経営コンサルタント出身の人が多いので、スムーズに受け入れられています。
- 専任教員は30人弱で、13人が初年次ゼミを担当し、毎年3人くらいが

・科目主務者が共通テキスト、レクチャーノート（指導要領）などを準備し、教員にその都度配布する。

コミュニケーションゲーム　時間配分（目安）とポイント

1．コミュニケーションの大切さを教員の経験を交えて導入の講義をする。■5分

2．資料を配布して「情報伝達ゲーム」を展開する。ゲーム終了後、配布シート・PPTによりコミュニケーションの定義、言葉の大切さ（イメージを表現する豊かな語彙の存在、共通語の存在、etc.）基本はツーウェイ・コミュニケーションであることなど簡易講義をする。

■ゲーム説明4分　■説明役指名し伝達図形確認4分　■ワンウェイ実施3分
■ツーウェイ実施3分　■描画作業2分　■簡易講義10分

3．資料を配布して「協力ゲーム」を展開する。全体の6〜7割が終わったらゲームを中断する。基礎ゼミに限らずグループ活動の成果を得ていくため（将来、組織の中での活動も同じこと）「協力」は必須の条件であり、このためにはコミュニケーションは欠かせない手段である。このゲームを通じて協力のためにいかにコミュニケーションが大切かを確認する。

■ゲーム説明4分　■型紙用紙配布・準備4分　■ゲーム展開5分

4．資料を配布して「無視と傾聴」を展開する。これによりコミュニケーションは基本的に話す人と聴く人という役割がなければならないこと、単に聞くのではなく「聴く」ことが大切であることを確認する。
■ゲーム説明4分　■ゲーム展開9分　■簡易講義3分

5．振り返りシートを配布してチェックしてもらう。全体のまとめをする。
■チェック記入5分　■まとめ講義5分

（産業能率大学提供）

図表12　産業能率大学のレクチャーノート（指導要領）

入れ替わります。10人は経験者ですので質は安定しています。

神奈川大学（全学）

［マニュアル・ガイドライン＝有、共通テキスト＝有、FDまたはコーディネーター＝有、新任研修＝無　全学［部］出動＝非常に積極的］

・初年次ゼミ＝「FYS（First Year Seminar）」のマニュアルが2006年から作成されています。ワークシート（共通テキスト）もマニュアルと対応したものが作成され、それ以外に読本としてのオリジナルの「知の作法」が毎年更新され、入学前に配布する「大学で何を学ぶか」も毎年更新となっています。マニュアル・テキスト作成面では、他大と比較しても特に進んでいると思われます。

・教員は400人もいるマンモス大学ですが、マニュアル導入当初の教員アンケートでは、「マニュアルを使用した」という回答は少なかったのですが、現在では多くの教員が使用しています。アンケートでも「全面的に使用」、「一部使用」を合わせると、7割に達します。

・FD研修は、全学FD委員会のもとに行われています。模擬授業も行われていますが、毎年出席するのは400人のうちの3分の1程度です。

・平均すると、学部教員の半数が「FYS」を担当することになっていて、2年に1度は「FYS」を担当することになります。これまでは役職教員は免除されていましたが、今年から学長も「FYS」を担当して来年から免除を廃止する方向です。

・学生数が多く、非常勤も「FYS」を担当させることを検討しましたが、「FYS」の理念からずれるという理由で、現在では専任教員のみとしています。一方で、法学部と経済学部は「FYS」を担当する教員の数が足りず、例えば法学部は工学部の教員に応援を頼んでいる状況です。

・教員採用に当たっては「FYS」担当してもらうことを前提として採用しています。

京都ノートルダム女子大学（生活福祉文化学部）

［マニュアル・ガイドライン＝有、共通テキスト＝無、FDまたはコーディネーター＝有、新任研修＝無　全学［部］出動＝非常に積極的］

・学部ができて3年目。もともと人間文化学部の生活福祉文化学科だったのですが、学部昇格時に初年次教育を導入しました。教員18人を半分に分けて、9人ずつ2年に1回、全員で担当するようにしました。新しい学部なので自由に設計できたという面もあります。

・各クラスの進行状況は、統一することを原則にしています。これに教員は大変な労力を費やし、毎回30分以上もミーティングをして足並みを揃えています。授業はどのクラスも同じ内容のため、進行がずれると、他のクラスの学生から情報を得て「ズル」をする学生が出るためです。ゼミは9コマで同時進行するように毎回綿密に打ち合わせを行い、授業終了後も毎回反省会を行っています。

・新任教員採用の面接時に基礎ゼミの説明をしていますが、実質的にはオン・ザ・ジョブ・トレーニングです。

愛媛大学（教育学部）

［マニュアル・ガイドライン＝有、共通テキスト＝有、FDまたはコーディネーター＝有、新任研修＝無　全学［部］出動＝非常に積極的］

・愛媛大学としての共通テキスト『学び入門』を使っています。

・ガイドラインは導入されていますが、グループワークの中身については教員に一任されています。必要に応じて教務委員が援助します。

・助教以上の専任教員の107人のうち28人がグループワークを担当します。このグループは4年間持ち上がり、全教員に4年に1度は担当が回ってきます。ただし、小グループが4年まで持ち上がり、密度が濃くなりすぎる弊害も指摘されています。このため副専修を強化し、複数免許を取らせる動きもあります。

・FD冊子があり、活用されています。毎月何回かセミナーがあり、参加するとポイント化されて給与にも反映されます。

・教員同士のピアチェック＝公開授業が義務づけられています。

このようなA～Cの評価の視点で、訪問した32大学・33学部の評価結果は**図表13**のとおりです。

※印は国公立大学

	大学（学部）	評価の視点				
		A-①	A-②	A-③	B	C
※	岩手県立（ソフトウェア情報）	a	a	a	a	a
	東北福祉（総合マネジメント）	a	a	b	a	b
	駿河台（経済）	a	b	a	b	b
	大東文化（国際関係）	c	c	a	c	a
	淑徳（国際コミュニケーション）	b	b	b	c	a
	嘉悦（経営経済）	b	a	a	b	b
	産業能率(経営／情報マネジメント)	b	a	a	c	a
	清泉女子（文）	b	b	a	c	c
	多摩（経営情報）	a	b	b	c	a
	玉川（全学）	c	b	c	c	b
	神奈川（全学）	c	b	c	c	a
	文教（国際）	a	a	a	c	a
※	新潟（農－生産環境）	b	b	c	c	b
※	信州（繊維－化学・材料系）	a	a	a	c	b
	金沢工業（全学）	a	a	a	a	b
	愛知学院（総合政策）	b	b	a	c	b
	名古屋商科（全学）	a	a	a	b	a
	星城（経営）	c	b	a	c	b
※	三重（全学）	a	a	a	c	b
	同志社（法－法律）	a	a	b	c	b
	京都ノートルダム女子（生活福祉文化）	a	a	a	b	a
	京都文教（人間／臨床心理）	b	b	a	c	c
	大阪成蹊（現代経営情報）	b	b	a	c	c
	近畿（理工）	a	a	a	c	b
	関西国際（全学）	a	a	a	a	a
	神戸学院（薬）	a	a	a	a	c
※	愛媛（医）	a	a	a	c	b
※	愛媛（教育）	a	a	c	c	a
※	高知（農）	a	a	a	a	a
	九州産業（経営）	c	b	c	c	b
※	長崎（工）	a	a	b	c	b
	立命館APU（全学）	b	a	c	c	b
	日本文理（全学）	a	a	a	c	b

評価
a：非常に進んでいる
b：やや進んでいる
c：普通

評価の視点
A-① 学生の態度変容を促す取り組み（初年次ゼミでの課題発見・解決型学習）
A-② 学生の態度変容を促す取り組み（初年次ゼミでのグループワーク活用）
A-③ 学生の態度変容を促す取り組み（初年次ゼミ以外での取り組み）
B　学生の自律・自立化を促す取り組み
C　初年次教育に一定水準以上を担保する取り組み

図表13　初年次教育の訪問調査の評価結果

嘉悦大学や三重大学のような一部の教員を中心とした出動体制は？

訪問した大学の中では、ほとんどの大学が全学［部］出動をめざしていました。たとえ今は全学［部］出動になっていなくても、それは現実との妥協の産物であり、基本的な理念としては全学［部］出動であるべきと考えている大学が多かったです。しかし、確信を持って一部の教員のみで行っている大学も少数ながら存在しました。それが嘉悦大学と三重大学です。

嘉悦大学に関しては、大学全体の改革を目指しており、その方向性が共有できる教員のみで初年次ゼミを担っています。その方向性が共有できるのであれば、専任教員である必要すらない、という立場であり、非常勤講師にも担当させています。

三重大学も、先に述べたように全学の初年次ゼミ「スタートアップセミナー」は中心となる3人の特任教員が担っています。教育開発は高等教育センターが担っていますが、現場での教育は、この3人の特任教員を中心とするスタッフにゆだねています。別途、学部でも初年次教育「PBL セミナー」が行われていますが、こちらには、各々の学部の専門性を重視できるというメリットがあります。

しかも、その結果として両大学ともに、評価の視点Aの「学生を変容させる取り組み」についても、また評価の視点C「一定水準以上を担保する」点についても、進んだレベルを実現しています。

ただ、両大学とも、このような手法が最良であるとしているわけではなく、どちらも過渡的な次善の策であると位置づけている点も共通しています。嘉悦大学は、「このような一部の教員のみが先鋭的に初年次ゼミを担うのは、大学改革の過程における過渡的な方法である」という位置づけで、三重大学は「全学的な意識改革を待ってから初年次教育を充実させるのではなく、まず進んだ初年次教育を行って、その成果を全学に認識させることで全学的な意識変革が可能になる」との立場です。

このように初年次ゼミを一部の教員に固定化する在り方が、ゴールではなく過渡的なものとして位置付けられているならば、効果的な選択なのではないでしょうか。

教育の効果測定

それでは、このような取り組みをした結果、その効果はどうでしょうか。教員の感覚だけでなく学生が能動的になった、あるいは学生のスキルや態度が向上し、成績に反映されてきた証拠（エビデンス）があるのか気になる点です。ここでは、訪問した大学の中から効果測定の事例をご紹介します。

事例①

金沢工業大学では104ページに報告があるように、日々の学習の成果を逐一キャッチし、学生と教員がその成果と反省を確認していくプロセスこそ効果測定になると考え、様々なポートフォリオ（学習活動履歴）を活用しています。そのポートフォリオの蓄積と評価こそ効果測定になりえると思います。成績も全体として上がってきているようです。具体的には115ページの表をごらんください。教育改革を行った平成16年度入学生の1年次から2年次へのQPA（Quality Point Averageの略。「評価ポイント×単位数」を履修科目の総単位数で割ったもの。一般大学のGPAと同意）がアップしてきています。それまでは、下がっていましたので明らかに全体効果として変化が認められます。

事例②

信州大学繊維学部の化学・材料系は通年4単位でグループワーク、PBLが必修となっています（その内容は128ページに紹介されています）。その他の応用生物学系、創造工学系はそこには紹介されていませんが、実は前期2単位のみで、初年次教育でグループワーク、PBLが必修化されていません。もともと入学時の人数構成は、化学・材料系が39.2%、応用生物学系が26.8%、創造工学系が34.0%という割合なのですが、1年終了時のGPAが3.1以上（成績優秀者）の割合は、化学・材料系が61.0%、応用生物学系が26.0%、創造工学系が13.0%と圧倒的に化学・材料系の人数が多いという結果が出ています。GPA平均をみても、化学・材料系が最も高いのです。

事例③

日本文理大学の初年次ゼミの評価は、労働行政研究所の「EQ能力アセスメント」と学生の自己評価を併用しています。「EQ能力アセスメント」では10のEQ能力群があり（**図表14**）、入学当初と2年次進級時に能力スコアがアップしていることが確認されています。ただし、「EQ能力アセスメント」の測定結果と自己評価の結果は必ずしも一致していない、ということも課題となっています。この「学生による自己評価」は、実は多くの大学で効果測定として利用されています。

事例④

図表15は高知大学農学部の基礎ゼミ「大学基礎論」の自己分析シートの結果です。コミュニケーション能力について、第1週の自己評価では、農学部は他学部とくらべて低かったのですが、最終週（第15週）ではかなりの成長を自覚し、他学部より高くなっていることがわかります。

このように事例③の「能力テスト」以外の教育効果測定には3つの方法があります。

・金沢工業大のような定点観測……学習活動履歴（ポートフォリオ）。

・信州大学繊維学部のような実施クラスと未実施クラスの比較。

・高知大学農学部のような受講後の「学生自己評価」。

3番目の「学生自己評価」についてはその信憑性はあるのでしょうか？『ジェネリックスキルの習得とその評価手法の探索的研究～自己評価・他者評価の可能性～（濱名篤、川嶋太津夫、吉田文、濱名陽子、吉原惠子、杉谷祐美子、香川順子、白川優治、佐藤広志、吉田武大、末富芳、杉本和弘、小島佐恵子）』（2009年度　日本高等教育学会）によりますと、6大学の3～4年生のゼミ128名の学生にゼミ教員が質問紙を配布して、自己評価と友人評価と教員評価をほぼ同時実施したそうです。そして、知識、技能、能力、態度23項目に関する4段階評定を行った結果、学習場面において見えやすい行動については、比較的評価がしやすく、おおむね学生の自己評価と教員評価の値は近いものとなった、ということです。この研究が示すとおり、きちんと教員が見ておけば、学生の自己評価も信頼できる可能性があります。

入学当初と２年進級時のＥＱテスト比較
対象：入学当初と２年進級時のＥＱテストを両方受け、かつ回答結果に信頼性が確認できている（質問項目に無回答やマークミスがない）学生
合計３０８人（工学部１７４人、経営経済学部１３４人）
内容：ＥＱ能力アセスメント（労務行政研究所）による１０のＥＱ能力群のスコア比較
※スコアはいわゆる偏差値で、全国テスト（学生版）の統計値に基づく
※１年生平均で４８点程度といわれている

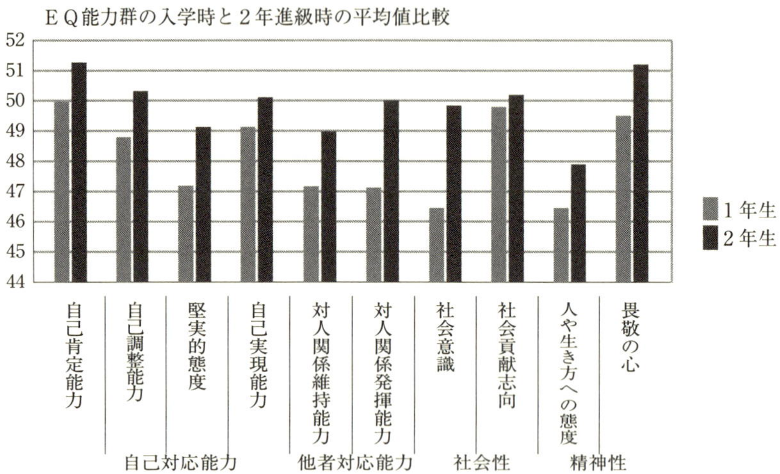

（日本文理大学提供）

図表 14　日本文理大学の教育効果測定

４．まとめと提言

以上、初年次教育の調査と分析、そして「学生を変容させる」という視点からの評価を行ってきました。提言を行う前に、この調査を始めるにあたって立てた仮説を検証しておきたいと思います。

第一に、「命題知の暗記から実践知・活用知の習得への転換」は、グループワークと PBL を通じて、学生に調べさせ、考えさせ、討議させ、レポートや発表などを行わせ、その活動を振り返らせていく、という経験を通じて実現されるという点です。この点については、各大学教員の実感や学習成果の効果測定により証明されたといえるでしょう。スタディスキルの習得や居場所づくりも重要ですが、「命題知の暗記から実践知・活用知の習得への転

コミュニケーション能力　自分の考えを伝える

Q. グループや仲間たちと何かをしようとする時、自分の考え方や意見を相手に理解してもらえるように話ができますか

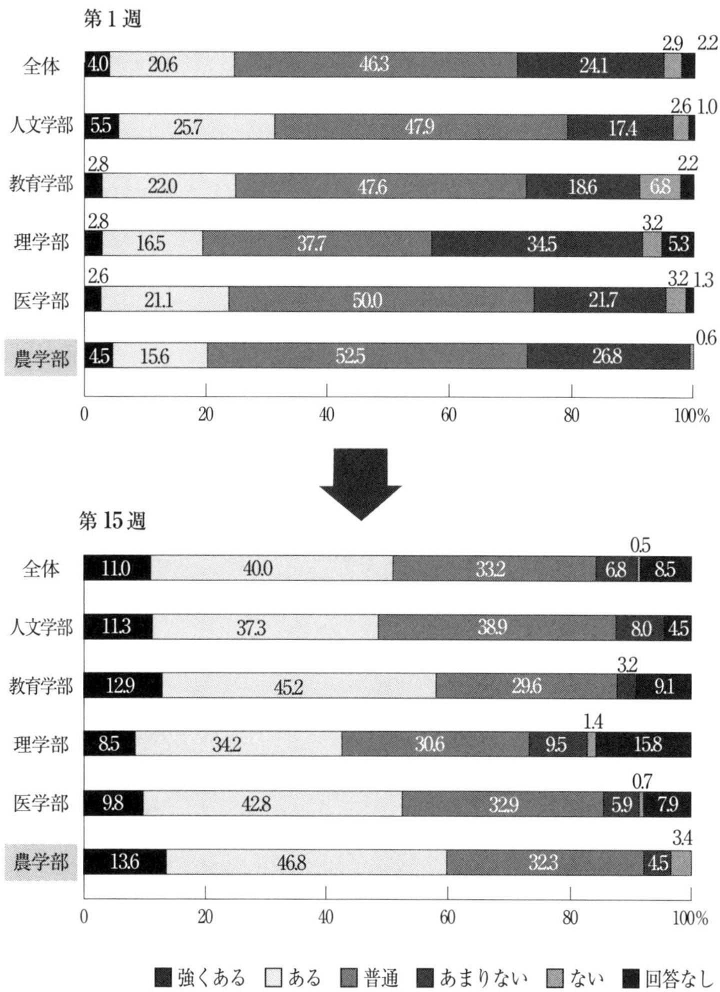

（朝日新書「対決！大学の教育力」から転載）

図表15　高知大学（農学部）の教育効果測定

換」あるいは「受動的な学習態度から能動的な学習態度への転換」に向けた初年次ゼミを行うことこそが､求められています。このような初年次ゼミが、学生のどのような成長を促すのか。ここでは､ある大学の学生の「振り返り」を紹介しておきましょう。

「私はどちらかというと、一人で行動することが好きなため、連帯的な責任を感じるという経験は今まであまりしてこなかった。その方が楽であるという考えであったからである。しかしセミナーでグループ活動をするなかで連帯責任をおうこととなった。毎回、課題が出され、それをグループ活動で利用するため、一人として欠ける訳にはいかない学習であった。したがって、自分のためにというよりはグループ全体のために課題に取り組んできた。そこで気づいたことは、自分のためのみならいい加減に取り組んでしまうことも、グループ全体のためならば、真面目に深く掘り下げて課題に取り組むことができるということだ。疲れて、普段なら絶対寝てしまうような時も、セミナーのために調べものをしたりした。それは一種の負けん気といってもよいだろう。メンバーのみんなもやっていることなのだから、という思いに駆られた。このように、当たり前のことではあるが、一人ではなく、グループで活動を行うことの方が自己を発展させることができることがあると再確認した。このことが、私にとっての成長ではないかと思う」

さらに、加えて重要なのは、初年次教育プログラムが上記の諸内容を有していたとしても、他の科目との有機的な連関を欠いたものであれば、その効果は低いということです。その点で、ゼミの４年間の連続や、他の科目との有機的な連関を意識的に行っていくことが、これからの初年次教育においては必要です。

また､「縦・横・斜め」の人間関係を駆使することは、大学での居場所づくりだけでなく、学びの相乗効果を実現する上でも効果的です。

第二の問題は､「学生の自律・自立化」についてです。当プロジェクトが問題にしている「自律・自立化」とは単なる自己管理や時間管理だけではなく、自分でPDCAを回して、自発自展していける主体性のことです。それを獲得するには、目標を立て、実践し、それを振り返り、次の目標を立てる、というサイクルを繰り返し経験し、その意味を体得していくしかありません。その意味では、「学生に振り返りシートを書かせているか」、「振り返りに基づいて次の目標を立てさせているか」、「そのプロセスに教員が関与しているか」は一定の教育効果測定の指標となりえているはずです。本調査では、この点で進んだ取り組みを行っている大学・学部は少数でした。しかし、金沢工業大学や関西国際大学など、他大に先行して取り組んでいる大学では大きな成果を挙げています。こうした振り返りシートの導入や、それに基づく次の目標設定、それへの教員の関与が、初年次教育において導入されていくべきでしょう。

第三の問題は、「全学生に対する一定水準以上の初年次教育の質保証」です。教育の質保証は直接測定することはできないため、本調査では「ガイドライン・マニュアル」「共通テキスト」「FD・コーディネータ制度」「初任者の初年次教育研修」「全学［部］出動」の有無によって評価することにしました。一定水準以上の初年次教育を保証している大学・学部であれば、これらの要素が満たされているに違いない、というのがその仮説でした。

結論から言えば、一部では仮説は当たっていましたが、一部では必ずしもそうではありませんでした。ガイドラインやティーチングマニュアル、共通テキストは、教員の意識と教育内容を一定レベルに保つためにはそれなりに有効ですが、教員の意識改革なしにそれらにもたれかかるだけでは逆効果というケースがあったからです。そうした弊害を意識して、あえてガイドラインやティーチングマニュアルを作らない大学・学部もありました。しかし、それらを作らないのでは教育の質保証にならないので、作らない代わりに何をするのかが問題となります。

ガイドラインやティーチングマニュアル、共通テキストに代替するものとしては、たとえば同志社大学（法学部）や近畿大学（理工学部）に見られるように、実際の授業方法は教員裁量としつつも必ず盛り込むべき項目を明確にする方法も有効であるでしょう。また嘉悦大学（経営経済学部）で行われていた毎回の模擬授業での検証も、注目すべき取り組みだと思われます。いずれにせよ、大学・学部の実情に応じた取り組みが求められているのであって、初年次教育の一定水準以上の質保証は、重要な課題であると思います。

もう一つ、教育の質保証については、全学［部］出動の問題があります。これについては、全学［部］出動が行われていれば、それだけ教員間で意識が共有され、それに基づいた実践がなされているはずであるという仮説でしたが、調査の結果は必ずしもそうではありませんでした。教員の意識改革が遅れている場合、そうした教員に無理に初年次教育を担当させる弊害も大きいからです。しかし同時に、教員の意識改革を彼岸化してしまうのでは初年次教育という大きな問題に、持てる教育資源を有効に投入することができなくなってしまいます。その点で、過渡的には意識を共有できない教員にはあえて初年次教育を担当させず、一部の精鋭が初年次教育を担当することも、将来的には全学で意識の共有を目指すという目標のもとでは効果的であると思われました。

では、どうして、求められている初年次教育がすべての大学で実現できないのでしょうか。それは、大学が学生と向き合っていない、すなわち教員を学生と向き合わせていないからではないでしょうか。今回の訪問ヒアリング調査で痛感したことは、一部の教員のみの努力によって初年次教育が支えられている大学・学部のなんと多いことか、ということでした。つまり、多くの教員が自校の学生の現実に向き合っていない現状があるということです。これまでの大学では、教員は研究者としての評価が優先されてきました。専門分野での業績で評価され、教養教育や初年次教育での活動は評価されないか、されたとしても専門分野よりもはるかに低いものとして扱われてきました。その結果、多くの大学で、初年次教育を自分の問題とは考えない教員、できれば避けて通りたいと考えている教員が多数を占めることになったのではないでしょうか。

今回の大学訪問ヒアリングで、一つ、大変重要なことを感じました。それは、学生のことを恥じている大学と、誇りに思っている大学があるということです。入試難易度の問題ではありません。入試難易度で言えば、それほど違わない大学でも、そのような違いが感じられたのです。誇りに思っている大学は、自分たちは現実の学生と向き合っているという自信があり、恥じている大学は、自分の大学の学生はあるべき学生の姿ではないというギャップを恥じているように思われました。それは、学生としっかりと向き合い、必要な教育を行っていないことを恥じているということに他なりません。

大学は何のために存在するのでしょうか。存在意義の1つは紛れもなく、「学生が成長する場」としての存在するはずです。良くも悪くも現実の生身の学生と向き合い、彼らにとって必要と思われる教育を行ってください。それができない大学は退場するしかありません。本調査では、学生を変容させる、ということを初年次教育の重要なキーワードとしましたが、学生を変容させる初年次教育を行うためには、大学が、そして教員自身が変容する必要があるのではないでしょうか。

初年次教育はその試金石だと思います。

〈評価の視点A～C〉別にみたグッドプラクティスの事例集

※河合塾の初年次教育調査報告の中で紹介されている事例も含めて、各視点ごとに評価の高かった取り組み事例を一覧できるようにしました。

〈評価の視点A〉：「受動的な学びから能動的な学びへの転換」「命題知の習得から実践知・活用知の習得への学び方の転換」

岩手県立大学（ソフトウェア情報学部）

同学部が初年次教育で重視しているのは学生のコミュニケーション能力。同学部の教育の最大の特徴は、1年生から講座に所属し、先輩とともに学ぶことにある。これは、学年を超えた交流を通して、アメリカの全寮制大学のような人間性涵養の場とするとともに、技術のプロを育成することを目標としたものである。「全寮制」は無理だが、それに代わる「共同生活」を大学教育に内包させることが必要で、そのために、講座制の良い所を活用していくというコンセプトで教育プログラムを設計した。

従来の大学では教員の研究室に学生が行きにくい現状があったため、岩手県立大学ソフトウェア情報学部ではまず、同じ講座の教員研究室と学生研究室を隣接させて配置し、常に学生と教員が一緒にいるような環境を作り、同時に常に上級生が下級生を、院生が学部生を指導するような講座づくりを行った。これを岩手県立大学方式の講座制と呼んでいる。しかし、次第に希薄化して来た面もあり、3年前から教育プログラムとして制度化して、現在の初年次教育システムとした。

具体的にはまず、上述したように、1年生から講座に所属させる。ただし、1年前期に配当される初年次ゼミである「基礎教養入門」では、講座の中に閉じこもってしまわないように学部内学科横断型のセミナーとし、シラバスに目的を明記している。クラス編成は、所属講座とは関係なく1クラス20人で、1学年10クラスとなる。この授業の目的は、1年後期の「学の世界入門」（プロジェクト演習の入門としての位置づけ）において、プロジェクトを遂行する上で必要なスキルを個々に身につけることである。よって、「基礎教養入門」ではグループ学習ではなく、自分でテーマを設定（ソフトウェアに関するテーマに限定）し、レポートを作成して、発表することになっている。テーマを設定する際には、先輩の卒業論文のテーマを見せることにしており、この時のテーマ設定が卒論のテーマにつながる場合もある。ここで重視しているのは、「問題をいかに発見させるか」である。「どこかで見たようなテーマ」ではダメであることを自覚させ、学生自身の意見を徹底的に追究していく。授業の進め方は、たとえば、学生は教員に報告するのではなく、隣の学生に報告する。そして教員は、報告を受けた学生に質問をする。これによって、学生に緊張感のある授業が可能になるという。ただし、こうした手法をガイドラインとしてまとめるのは、今後の作業となる。スキル的には技術論文を書くために必要な、事実に基づいた考察の仕方を教えている。

1年後期の「学の世界入門」では、「基礎教養入門」でスキルアップを行っているので、それを前提としてグループワークに入る。テーマは、講座のテーマの柱に関連するものを自分たちで考えさせるが、学生の主体性を重視するために、教員にとっては、「いかに口を出さないか」が課題となる。また、毎回自分たちで次回の授業までに調べてくることを決め、そのレポートを綴じていく。最後のプレゼンテーションでは、学生間相互投票により上位チームを表彰する。

この授業を成功させるためには、「基礎教養入門」では、高校までの受動的な学びをいかに能動的な学びに変えられるかがポイントとなる。そのためには「やりたいことをやる」のが一番であり、建前ではない「本当にやりたいこと」を引き出すと、やる気になるケースが多い。全員がすぐにやる気になるわけではないが、何人かやる気を出すと、他の学生にも影響を与える。教員は、そうなるようにサポートする。

注目すべきこととしては、「学の世界入門」は、実質的には2年次の「プロジェクト演習Ⅰ」、3年次の「プロジェクト演習Ⅱ」との合同授業、すなわち1年生、2年生、3年生の合同授業であり、3年生がリーダーとしての役割を担う。スタディスキルも磨くが、全寮制のイメージでお互いの人間性も高めていく。1講座には各学年8人ずつが所属、1学年160人が20講座に所属する。授業は3学年なので1講座24人となる。グループワークでは各学年2人×3学年＝6人でチームを編成する。これによって、学部上級生が下級生の面倒を見ながらコミュニケーション力を高めていくという仕組みが実現されている。また、4年生や大学院生がTAとして指導やアドバイスを行うことで縦に大きなつながりを作っている。

嘉悦大学（経営経済学部）

嘉悦大学経営経済学部では、初年次ゼミを通年で行っている。その1～4回目は「カタリバ」というテーマで、まず先輩に現在何を勉強しているか、何に熱中しているかについてプレゼンしてもらい、そのことについて先輩と話す。そして次に自分たちが何をするかを先輩たちが問うてくる。これが自分の未来について考えるきっかけとなる。この「カタリバ」は4回で終了するが、希望者はNPO法人カタリバで活動を継続し、今度は自分が高校に行って同じことをする。半学半教の徹底でもある。

初年次ゼミでは次に、コーチングスキルについて学習を行う。これはグループワークの基本となる「聴くスキル」を身につけるためのものである。「聴くスキル」は人間関係構築の第一歩でもあり、ロールシミュレーションを繰り返し行う。さらに、ロジカルシンキングとして、学生同士で話を聞いてロジックツリーに落とす作業を行う。さらにグループワークでは、全クラスが必ず学園祭において模擬店を出店する。原価計算、経費の記帳や、どのような役職、仕事が必要となるかを、模擬店の経験を通じて学ぶ。グループワークの楽しみと経営の基礎を学ぶことになるのである。

嘉悦大学の校訓は「怒るな働け」だが、その「働け」をまず模擬店で体験する。そして、終了後の報告書で学部の専門教育に結び付けている。最初に「簿記とは何か」を講義するよりもはるかに効果的であるという。

また、初年次ゼミでは、まずコミュニケーション力を身につけるべきであるとの考えから「聴く」「話す」を中心にプログラムを構成し、「読む」「書く」は他の初年次科目に託している。

初年次ゼミは、コンピュータの授業を除けばできる限り宿題を出さないことを基本とし、できなければ補講をする。「抜け」をつくらせず、最後には必ずすべてをクリアさせるようにしている。

さらに、初年次ゼミで使用する教室では、机もキャスターで移動できるものに入れ替え、グループワークが容易にできるようにした。教壇は撤去している。

なお、初年次ゼミでは、出席点制度を廃止した。理由は、学生が出席したくなるような面白い授業にすることが先決と考えたからである。「授業に来させる」と言う発想では、授業が面白くないまま放置される恐れもある。

この初年次教育が本格化した2009年の前期終了時点で、2008年までは30人程度あった中退者が0人になった。

SA（スチューデント・アシスタント）については、キーになる回に4～5人のグループに1人が付くようにしている。SAは新入生がレポートや提出物を書いているその場でアドバイスするなど、授業に積極的に関わる。中身の薄いレポートを書いて提出し、次回に教員の赤字やコメントが入ったものが返却されるよりも達成感があり、それが次回へのモチベーションにつながるという考えからだ。

最初はSAを教員が指名していたが、現在では黙っていても希望者が集まるほどになった。SAは「授業を一緒に作る」という位置づけで、SAに対しては各授業の前にミーティングをもって狙いと役割を明確化する。さらに学期前に研修を行い、終了後には反省会を持つ。

なお、同大学では上級生のSAをメンターとして強制的に新入生に付ける手法は採用していない。「今日から私があなたのメンターです」と言われても新入生はすぐには受け入れられないという考えからだ。一方で、現在同期同士による「バディ」を試行中である。欠席の際にはバディから連絡させるなど、同期同士で助け合うシステムである。

このSAを束ねるのがヒューマン・リソース・センター（HRC）である。HRCは、キャリアセンターの下に設けられた学生運営による学生人材の活用のための組織であり、現在、2年生の女子学生がセンター長をし、研修もマニュアル作りも学生が行っている。学生職員として、給与を支給し、「学内で仕事を体験させる」という位置づけである。ここでの勤務はインターンシップ以上の就業経験となり、ここで経験を積んだ学生は、放っておいても就職できるという。

オープンキャンパスの学生スタッフも、以前は教員が自分の知っている学生に個別に声をかけていたが、現在はHRCに依頼して揃えてもらう。また、コンピュータや簿記のヘルプデスクにはHRCから派遣された学生が「学生職員」として常駐している。さらに、大学は学生組織である学友会の活動も積極的に支援している。学友会はイベントを企画・開催したり、フリーペーパーの発行、ポスターやチラシ作りなどを行ったりしている。学生は、学友会の活動を通じて、会計知識の必要性などを感じ、自主的に収支計画書のつくり方を勉強したり、教員に質問したりするようになっていく。

産業能率大学（経営学部／情報マネジメント学部）

経営学部は、2000年度の学部開設時から初年次ゼミ＝「基礎ゼミ」を通年の授業として展開している。一方、情報マネジメント学部の初年次ゼミは、前期に「学び方修得ゼミ」、後期に「チーム学習ゼミ」を履修する。前期と後期ではクラス編成も教員も変わる。

経営学部と情報マネジメント学部形式が異なる理由は、経営学部は年間を通して学生と向き合うことをねらいとしており、そのため基礎ゼミ担当教員はそのままそのクラスのアカデミック・アドバイザーとなる。一方、情報マネジメント学部では、前期に、大学での学び方を理解し、必要な学習スキルを習得することを狙いとし、後期に、そのスキルをグループワークを通じて実践することを狙いとしている。どちらも基本的には年間を通じたプログラムであることは変わらない。

初年次ゼミはオリエンテーションキャンプから始まる。1泊2日でグループワークでのセッションを4つ行う。1クラスは27人～30人で、13～14クラスで運営している。

経営学部では、通常の授業に入ってからは1回目からグループワークが始まり、学習上のマナーなどを討論する。「私語＝死語」という文章を読ませ、宿題で意見を書かせる。それを授業でまわし読みして相互評価させる。

3回目～6回目が図書館の使い方、7～8回目が数理基礎。数理基礎は就職適正試験であるSPIの基礎でもあり、旅人算などを学ばせる。基本は自宅自習だが、授業は解答の解説に費やす。数理基礎の自宅自習はこのゼミの成績評価の10%を占める。9～11回目が文章理解・表現。新聞の社説を読ませ、要約させ、賛成か反対かをグループ内で議論、宿題として自分の意見をまとめさせ、それを次回の授業で回し読みしてグループ内の最優秀者にクラス全体の前で発表させ、クラスの最優秀を決める。

さらに12回目以降はグループワークを中心とする。テーマは教員側から10個程度提示してその中から学生に選ばせる。アンケートをとって第一希望、第二希望まで書かせ、選んだ理由まで書かせている。次回までに仮グループを組ませ、必要であれば人数調整などを行った後、正式にグループを決定する。テーマはビジネス関連のものを提示しており、「友達がいるからではなく、自分のやりたいテーマと取り組もう」と呼びかけている。人数は3～5人が基本。このグループで、夏休みの宿題として関連する文献を探してくる。休み明けに宿題提出し後期にそれを読み込んでいく。途中で何回か、コミュニケーションゲームや数理基礎などを織り込みながらグループワークを継続し、最後の3回で発表を行う。

同大学では入学希望者向けの説明会やオープンキャンパスなどにても、「グループワークが嫌いなら入学しないほうがいい」というメッセージを発信している。

さらに初年次ゼミに連続する科目としては、情報マネジメント学部では、必修科目の2年次ゼミがあり、前期に「問題発見ゼミ」、後期に「問題解決ゼミ」を履修する。前期は全クラス同じ進め方で、グループワークでのプロジェクト型演習を行い、後期はクラスごとに異なるテーマを提示して、クラスを選べるように設計している。テーマ研究を行わせ、さらに3・4年次の専門ゼミへと連続させている。

経営学部の「基礎ゼミ」は、2年次のキャリア設計に連続する。1クラス24人程度のゼミ形式で、クラスは基礎ゼミからシャッフルする。内容は、業界研究や職種研究である。

さらに1年次前期に「経営学部の学び方」「情報マネジメント学部の学び方」という授業を設定。大教室で、オムニバス形式で開講している。大学と学部の歴史、カリキュラム、卒業までの履修、就職などについて理解する。他の大学ではオリエンテーションで、半日程度で終わらせることを、半年かけて取り組む。将来の自分の姿をイメージさせることが重要だと考えているためである。

また、他にも「会社のしくみ」「マネジメントの基礎」「儲けのしくみ」などの授業も開講しており、これらは、経営学系の教養科目に該当する内容である。経営学は、社会経験を経てからの方が理解しやすい内容が多いが、新入生には当然ながら社会経験はないため、それに該当する内容を理解させることが目的である。以前は概論として教えていたが、概論以前の基礎的なことを教養・常識として理解させており、教養教育としての位置づけとなっている。

2年次以降も少人数ゼミ形式は、経営学部に「フィールドワークの調査」「自由が丘イベントコラボレーション」、情報マネジメント学部に「スポーツ企画プロジェクト」「コンテンツプロデュース」など、多くのPBL対応の科目が開設されている。

文教大学（国際学部）

「初年次ゼミ」（前期：新入生ゼミナール、後期：基礎ゼミナール）と「国際学入門」と「領域入門」で初年次教育を構成している。理系は積み上げなので難しいが、文系の学生はある気づきをきっかけにブレークスルーを起こすことがあるため、どの学生にも、3つの授業のどこかで（あるいはそれらの科目間での学習シナジーによって）それが起こることを目指しているという。

「初年次ゼミ」は以前から行っていたが、以前は教員自身が何をしてよいのか分からない状況があった。そこで、友達作りに加えて、職業観を身につけさせ、将来の夢に向けて大学でどう学ぶべきかのプランづくりをさせることを、「初年次ゼミ」の目標と定めた。具体的には

(1) 大学の教員、仲間、そして大学を知る
(2) 文教大学国際学部とは
(3) 図書館の利用法を学ぶ
(4) 自分の夢、将来の目標を描こう
(5) 夢実現プロジェクト（先輩たちの経験談を聞こう）
(6) 夢実現プロジェクト（OB、OGが歩んだ道は？）
(7) 夢実現プロジェクト（夢実現の4年間へ）
(8) 夢実現プロジェクト（発表）
(9) 自分のための履修プラン作り（解剖・国際学部）
(10) 自分のための履修プラン作り（学びのデザイン）
(11) 自分のための履修プラン作り（モデルプログラムを研究しよう）
(12) 自分のための履修プラン作り（履修プランを完成しよう）
(13) 履修プランと自分の夢について

を共通テキストに沿って進めながら、毎回ふり返りシートに記入して教員とのやり取りを行っていく。

「国際学入門」は、学生たちが「現代世界をどのように認識するのか」、「国際社会とどのようにかかわるのか」について、様々な題材をテーマに自省させるとともに、「自分が学部で何を学び、何をしたいのかが分からない」という現状を打開するために設定した授業である。授業の中で小グループによるディスカッションを軸としてコラボレーションをさせ、人と協働することの面白さを理解させて、可能性を広げている。教員は、国際社会に関するオープンエンドな問題を学生に投げかけ、高校時代に詰め込まれた既成の常識や価値観に知的挑戦を試み、「結論は先生にも分からない。一緒に考えよう」というスタンスで授業に臨んでいる。グループワーク中心の授業は2001年頃から行っているが、当時は他の授業との有機的な関連はなかった。ディベートをしても、それが専門科目への充分な知的関心を喚起するまでの効果はなかった。それを、今回の改革で、有機的に関連付けるようにしたのである。

「領域入門」は「国際学入門」で学生がもった問題意識に対応する国際学の中の学問領域の紹介を行う。

上記のように文教大学では、「初年次ゼミ」だけでなく、「国際学入門」と「領域入門」の3つを有機的に組み合わせることで、教育効果を出している。

信州大学（繊維学部 化学・材料系）

「新入生ゼミナール」は繊維学部273名の学生に対して、3つある系ごとに開講する。化学・材料系は2クラスで各クラス30～50人規模、通年4単位で開講している。化学・材料系の「新入生ゼミナール」では、学生を5人程度のグループに分け、化学・材料に関連するテーマでグループワークを行い、調査、発表をし、レポートを書く。レポートは必ず、グループ担当の複数の教員が目を通し、コメント付けて返すようにしている。また、化学・材料系はJABEEを念頭に置いて、チーミングが不可欠だと考えている。各グループには2～3名の教員が担当として付き、授業の際にも必ず1名の教員が付くようにしている（同学部の応用生物系と創造工学系は、前期2単位のみで、いずれもグループワークが必須として組み込まれていない）。また、授業に修士課程の大学院生との交流を組み込み、将来像をイメージさせ、モチベーションを高めさせている。評価は、学生の相互評価と教員による評価を組み合わせて行っている。化学・材料系の前身学科は素材開発化学科、精密材料学科および機能高分子学科だったが、精密素材工学科でJABEEとの関連で新入生ゼミナールを2002年から導入していた。その「新入生ゼミナール」の効果に関しては、「新入生ゼミナール」が導入されていない他の学科と比べて「受講態度が違う、変わった」という評価が高かった。2009年の1年終了時のGPAを比較すると、化学・材料系は3.1以上が61％と、他の学科よりも高い結果が出ている。1年修了時でGPA>3.1の者を抽出すると61％が化学・材料系、26％が応用生物系、13％が創造工学系となっている。2年生の学生の比率は化学・材料系39.2％、応用生物系26.8％、創造工学系34.0％であることを考慮に入れると、化学・材料系の学生がGPA

の高い数値をとっている割合が高いことがわかる。これらの一因は「新入生ゼミナール」の効果と思われる。「新入生ゼミナール」の連続性については、化学・材料系では2年次ゼミ、3年次ゼミが必修で、4年次の卒論演習に連続させている。

金沢工業大学（全学）

金沢工業大学では、同大で学んでいく上で必要となる修学方法と学習・生活スタイル、そしてすべての基本となる日本語表現能力を身につけるために、1年次に「修学基礎教育」と名づけた科目群を設けている。修学基礎教育は、さらに3つの分野に分かれており、修学基礎分野として、「修学基礎Ⅰ・Ⅱ・Ⅲ・Ⅳ」「技術者入門Ⅰ・Ⅱ・Ⅲ」「コアガイド」が、人間と自然教育分野には「人間と自然Ⅰ・Ⅱ・Ⅲ」（1～3年次）が必修で置かれている。人文社会科学教育分野には「日本学（日本と日本人）」（2年次）、「科学技術者倫理」（3年次）が必修で置かれている。同大ではこれらの科目を通して、スタディスキル・スチューデントスキル、自校教育、キャリアデザイン、人間力の育成を目指している。

「修学基礎Ⅰ・Ⅱ・Ⅲ・Ⅳ」では、学科ごとに40～70人のクラスを編成し、必修で、通年で開講している。内容の軸は、「体験型の授業」と「修学ポートフォリオ作成」の2点である。

「体験型授業」は、「講話聴講」「グループ討論」「プレゼンテーション」「特別講義」「担当教員による自由講義・演習」「キャンパスラリー」「研究室調査」などで構成される。どの内容についても事前準備や事後学習が義務づけられているのが特徴で、例えば「研究室調査」では、調査する研究室を専攻すると仮定して、4年間の履修計画を立てて事前学習をする。そして調査後はグループ討論や発表を行う。

「修学基礎Ⅰ・Ⅱ・Ⅲ・Ⅳ」と連携している科目に「プロジェクトデザインⅠ」がある。これは、グループワークで様々な理工学的問題を解決していくというもので、自分たちでテーマを設定し、問題点を発見する。その上で講義や実験・実習等で身につけた知識や技術を総合的に応用して解決方法を考え、その成果をプレゼンテーションする。この科目は2年次の「プロジェクトデザインⅡ」、さらに4年次の「プロジェクトデザインⅢ」(卒業研究を発展させたもの）へと連続していく。

名古屋商科大学（全学）

名古屋商科大学の「初年次ゼミ」は「ビジョンプランニングセミナー」(VPS）と名づけられ、全員必修としている。以前は、「基礎セミナー」をしていたが、「VPS」に転換して2009年で4年目。「基礎セミナー」では大学教育に馴れさせることを重視していたが、「VPS」では卒業後のイメージを持たせることを重視。2008年までは半期のみ開講だったが、2009年からは通年開講とし、2年次以降の本セミナーに連続させている。学生を自発的に行動させたいがための改革だった。「VPS」の狙いは、「大学生活をどう送るか」「自分が将来どうなりたいか」のビジョンを持たせることである。具体的には

①大学に馴染む：大学ツアー研究室訪問、PCスキル習得、マナー

②将来の夢：夢ノート（小さい頃どんな夢を持っていたか→小中高では？→現時点ではどうか？）を書いて残しておく。将来設計と科目との関連を認識させる。

③友人をつくる：グループで考える。グループ学習をシラバスに組み込んで、「VPS」で友人が作れるようにする。自己紹介も1対1で行うようにしている。

④行事に参加：バーベキュー、課外活動などを検討している。

同大で退学する学生の退学理由として多いのが「学習意欲が出てこない」ということがあるため、「VPS」を通じて学生が計画に基づいて行動できるようにすることを目指している。

以前は「VPS」の内容については教員の裁量に任せていたが、2009年から教員用のマニュアルを作成し、学生にワークシート、チェックシートの冊子を渡している。

また、VPSには上級生サポーター制度が導入され、1クラスに1名が配置されている。位置づけは院生によるティーチング・アシスタント(TA）ではなく上級生によるスチューデント・アシスタント（SA）であり、

ピア・サポートなので新入生にとっても受け入れやすい。またサポーター自身が得るものも大きく、社会人基礎力を育成するにも効果的である。サポーターには日誌を書かせ、教員からサポーターに課題も出している。またSAサポーター同士がメーリングリストでネットワークを作り、問題を共有している。

「VPS」では受講生は5人単位でグループ化され、1クラスにサポーター1人が入ることにより、受講生一人ひとりを見ることができる。サポーターは3年生が中心だが、2年生も4年生もいる。教員は授業前にサポーターと打ち合わせをし、週に1回は昼食を食べながらの打ち合わせも行う。

「VPS」以外にサポーターによる相談コーナーも設けている。

愛知学院大学（総合政策学部）

愛知学院大学（総合政策学部）の初年次ゼミの名称は「リサーチプロジェクトⅠ」であり、全員必修で、この担当教員が学生の担任となる。

前期は、調査、レポート作成、発表の技術を学ばせ、1クラス25人に担任が1人つく。この時期にこの科目は「日本語コミュニケーションⅠ」とリンクしており、他科目との有機的な連携を試みている。「日本語コミュニケーション」は論文を読む、書くためのリテラシーの習得が目標である。最後に800字～1000字のレポートを書かせるが、テーマはリサーチプロジェクトⅠで見つけさせている。

後期は、グループワークで与えられたテーマの問題点・課題を発見させる。効果として手を上げる学生が増えたという実感があり、クラスの雰囲気も変わってきている。フィールドワークなどを取り入れている教員も多い。例えば、あるクラスでは、「地下鉄の女性専用車両」についてフィールドワークをしたグループもあった。工場やNPOを訪問するグループもある。ただし、やり方は教員個々の裁量に任せている。またフィールドワークなどの点はシラバスにも明記されていない。テーマ一覧なども、作成されていない。

クラス編成については、「リサーチプロジェクトⅠ」は大学が振り分ける。「リサーチプロジェクトⅡ」（2年次）はシラバスとオリエンテーションをもとに学生が選択する。なお、1年次に開かれるこのオリエンテーションの時期に、2年次からのコース専攻を決める。「リサーチプロジェクトⅢ」（3年次）のオリエンテーション（2年次春から秋に実施）にはスタンプラリーを導入し、5人以上の教員のオリエンテーションを受けた上で学生はクラスを選択する、という仕組みをとっている。

ほかに「リサーチリテラシー」という科目があり、ここでは、問題発見をした後の調査方法を学ぶ。講義形式で教えた後、実際に調査をさせる。1クラス80人×3クラスで必修。統一シラバスで行っている。

三重大学（全学）

三重大学では、大学の中期教育目標を「感じる力」「考える力」「生きる力」「コミュニケーション力」を育てることに決定し、2009年から初年次ゼミとして「4つの力　スタートアップセミナー」を開始した。

「スタートアップセミナー」では、スキルを育成するとともにPBLの経験を積ませている。PBLでは、グループで1つの問題を討議し、自分のグループの見解をまとめる。その過程で、他のグループとメンバーをシャッフルして、他のグループの見解にも触れさる。また、同じチームで三重大学の魅力をプレゼンテーション用にまとめさせるなども行われている。

PBLについては、「スタートアップセミナー」で行う以外にも、半期4単位15コマの「PBLセミナー」が20クラス開講されており、全体で300人余りが受講している。ここでは身近な問題を扱い、チームで問題解決に取り組む。

また、同大では、かねてより学生が学生を励ます仕組みを作りたいというビジョンをもっており、2009年からピア・サポーター養成プログラムを導入した。学内でピア・サポーターの資格を設け、単位認定も行って、学生をSA（スチューデント・アシスタント）に認定する。登録者の最終的な目標は70名～100名。上級資格を設けることも計画しており、こちらは20名程度を認定する予定である。

同志社大学（法学部法律学科）

法学は高校までは全く触れることのない世界であり、同志社大学法学部法律学科の初年次ゼミ＝「リーガル・リサーチ」は大学のユニバーサル化への対応よりも、法学という特殊な世界に慣れさせること、1年次で高等教育から大学教育へと頭の切り替えをさせることが目的とされている。具体的には「法学の体系をいかに理解させるか」である。同時に「少人数教育による密接な人間関係の創出」も目的とされている。

「リーガル・リサーチ」では共通シラバスが作成されており（加えて個人シラバスを作成する教員もいる)、次の1～9項目を組み込むことになっている（9. については担当者の任意)。

1. 大教室の講義の聴き方
2. 小クラスの報告の仕方
3. 法学部生の図書館の使い方
4. 法律学の資料の探し方
5. 検索システムの使い方
6. 法律学の資料の読み方
7. レポート・論文の書き方
8. 法律学の答案の書き方
9. 裁判員制度について

全体で24クラスを18人の教員が担当し、2009年初めて担当する教員はそのうちの5人である。

「リーガル・リサーチ」の目標は、半年かけて法学のレポートを書けるようになること。そのために文献調べや資料収集が必須として組み込まれている。授業の基本はグループワークで、例外的に個人作業も組み合わされる。1クラスは30人程度だが、それでも人数が多すぎてディベートができないため、さらに少人数のグループに分けている。

法学教育で最初に教えることは、「法学では答えは一つではない。答えはたくさんある。だから今現在、最も妥当な答えを見つけ出す」ということ。それを理解させるために「リーガル・リサーチ」では、ディベートを導入している。また模擬裁判を行ったり、判例研究を行ったりする。

「リーガル・リサーチ」の授業の中で重視しているのは、議論を深めさせることである。授業は成果発表と質問の場と位置づけ、その準備は、授業時間外に行う。例えばあるクラスでは、1週間のうちで、新聞で一番興味を持った記事を探す。それをグループで持ち寄って討議し、グループのテーマを決める。それについてグループで調べ、議論してその結果を授業で発表する、という流れである。

こうしたグループ学習の結果、学生には議論する力、調整力、社会性が身に付く。

法学部法律学科の初年次教育としては、「リーガル・リサーチ」(＝法学を学ぶノウハウと基礎的な考え方を学ぶ）の他に「リーガル・トピックス」(＝学習の動機づけを目的とする）がある。「リーガル・トピックス」はオムニバス形式で「こんな問題がある。不思議でしょう？」という形で法学に興味を持たせる。1クラスは350人程度。合否の判定のみで、ランク付けはしない。

京都ノートルダム女子大学（生活福祉文化学部）

同学部の初年次ゼミ＝「基礎演習Ⅰ」「基礎演習Ⅱ」の目的は、学生にホームルームを提供することとスタディスキルの習得の2つである。2009年は7人の教員で行い、1クラス10人前後を受け持つ。

「基礎演習Ⅰ」と「基礎演習Ⅱ」は同じクラスメンバーで構成される。「基礎演習Ⅰ」の内容は①ノートテイクと授業の聞き方を学ぶ、②読む聞く書く力を養うの2点であり、②は、新書を読む→内容を要約する（400字）→意見を述べる（感想とは違う）→調べる→ディスカッションする→レポートを書く（2400字）→パワーポイントを使用して口頭発表（プレゼンテーション）をする、の流れで行う。これまで年間4冊の新書を読ませていたが、2009年は3冊に減らし、その代わりに夏休みに10のテーマから選んで、それに関連する本を読みレポート（2400字）を書かせた。

本の要約は、400文字にまとめることが宿題である。要約を全員に回し読みさせてチェックさせ、最後に教員がチェックしてコメントを加えて返却する。これを繰り返すことで、学生の力が伸びてくることが、実感できるという。

「基礎演習Ⅱ」の内容は、「基礎演習Ⅰ」の終了後に学生にアンケートをして、何が足りなかったかを調査して決める。2008年は図書館利用がなかったことから、「図書館で調べる」「図書館で借りる」を、グループワークで自由なテーマについて調査し、パワーポイントで資料を作成して発表するプロセスのなかに組み込んだ。これによりグループで時間調整をする力も身につける。

なお、各クラスの進行状況は、統一することを原則にしている。これに教員は大変な労力を費やし、毎回30分以上もミーティングをして足並みを揃えている。授業はどのクラスも同じ内容のため、進行がずれると、他のクラスの学生から情報を得て「ズル」をする学生が出るためである。辛くても「やるしかない」と諦めると、学生は頑張るという。

この「基礎演習」を設けてから、生活福祉文化学部の学生は、他学部の学生と比べるとレポートの形式が極めて優れていると評価されるようになった。4年生は初年次教育を受けていないため、下級生が楽々とレポートを書いているのに驚いている。

また、4年前までは1年生と専門の教員との接触がなかったが、現在では教員は学生のことをよく見ている。また学生にとっては「基礎演習」を通して友達ができるという効果も大きい。

大阪成蹊大学（現代経営情報学部）

2009年から初年次教育委員会を立ち上げ、2008年までバラバラに行っていた初年次教育の取り組みを全体的に関連させるようにしている。

元々は、初年次に「基礎演習」を1年間＋宿泊研修（1泊）として行っていた。しかし、学習面のフォローだけでは足りず、生活面のフォローを強化する必要が生じたため、2008年から「基礎演習」を前期の「基礎演習a」と後期の「基礎演習b」の2つに分けると同時に、大学での生活面のフォロー＝スチューデントスキルの育成とキャリアデザインを兼ねた「大学での学び」を「初年次演習」として立ち上げた。

3つとも全員登録だが、「大学での学び」は登録必修であって、卒業必要単位とはしていない。

「基礎演習」については、2007年度までは、教員の裁量に任されていて、統一性がなかった。それでは学生に対して教育の質を保証できないということになり、2008年度からどの授業も双方向型、体験型を取り入れるように大きく変更した。

「基礎演習a」は、1クラス20人弱で1学年8クラスある。授業は4クラス連合で行われる。この4クラス連合が2つあり、同じメニューの授業が行われる。授業を行うのは各クラス連合に1名のコーディネータ、それ以外に、各クラスにファシリテーターが1人つくためクラス連合の1つの授業には1名のコーディネータと4人のファシリテーターの計5人の教員という形で行われる。

「基礎演習a」の授業内容は、AとBの2つに分かれ、Aは「論理学入門」「発想力を鍛える」などというテーマで、4年後の就職活動を意識させるためにSPI試験に挑戦したりする。これは経営学への入門と位置づけている。Bのテーマは経営体験と位置づけてコンビニエンスストアを回って現状を調べることや、ビジネスゲームなど。これは1クラス20人を5人前後のグループに分けて行っている。「基礎演習a」は、こうした体験的な学習を通じて、学びの動機づけを行おうという狙いである。

「基礎演習b」は専門への導入である。授業は、2クラス連合の40人規模で行われる。経営、情報（システム開発）、経営情報の3つの分野の教員がオムニバスで授業を4回ずつ行い、これが専門ゼミのオリエンテーションにもなっている。

「大学での学び」はキャリアデザインと生活面のフォローを重視している。キャリアデザインは全面的に外部委託し、自己発見レポートをテキストに、講師も外部から派遣してもらって、全8回行う。この授業は学生実態調査も兼ねている（分析も外部に委託)。「大学での学び」は、この他に、ノートの取り方、図書館活用法、健康、薬物の危険性、リスク管理などの講義がある。このうち、薬物の危険性については大阪府から講師を派遣してもらい、リスク管理については消費者団体から講師を派遣してもらっている。

「大学での学び」では、テキストと振り返りシートをファイルに綴じているので、これがラーニングポートフォリオになる。振り返りシートには、担任がコメントを付して返す。自己発見レポートは外部の講師がコメントを付して返す。外部の講師は、グループでの議論なども指導している。

出席に関しては、「大学に出て来い」「休むな」と口うるさく言い続けている。

また同学部には、クラス単位で複数の授業が受けられる「ラーニングコミュニティ」に類似した仕組みが導入されている。「文章作法Ⅰ・Ⅱ」、「情報リテラシー」、「情報処理基礎」など6つの授業がクラス単位で受講できる。これらの効果として、学籍簿順に授業を振り分けていた時には、必須でない任意課題が出された際には取り組まない学生の方が多かったが、取り組む学生の方が多くなり積極性がみられるようになった。また、同時に学生同士が助け合う傾向が生まれた。

近畿大学（理工学部）

「初年次ゼミ」は「基礎ゼミ 1」（前期）、「基礎ゼミ 2」（後期）で通年開講されている。全員必修で、学科ごとにクラス編成する。1クラスは10人以下の少人数制をとっている。

「基礎ゼミ」に関する全学的合意は「少人数制」、「教員と学生の距離を縮めること」である。それとは別に理工学部で重視しているのは (1) コミュニケーション能力、(2) 能動的学習態度、(3) 日本語能力の3点である。全学科を俯瞰すると、各学科が重視しているのは、①プレゼンテーション能力、②調査能力（情報リテラシーとメディアリテラシーを含む)、③レポート作成技術、④グループ討論と相互評価となっている。⑤ディベートは8学科中3学科（生命科学、応用化学、社会環境）が重視し、取り入れている（これについては学科ごとに考えが異なっている。ディベート能力には自己弁護をして相手を打ち負かす側面があり、技術者倫理にも反するという意見がある。グループ内の意見を調整して合意を形成するような能力こそが求められるという考えから、ディベートを採用しない学科も多い)。⑥ものづくり（機械、電気電子)、⑦企画・計画（理学科化学、応用化学）となっている。

学科ごとに違いがあるが、概ね「基礎ゼミ1」で議論とプレゼンに特化、「基礎ゼミ2」でものづくりと調査、レポートに特化している。

テーマ設定は学生に考えさせたり、教員が指示をしたりと教員裁量による。例えば、「基礎ゼミ1」のあるクラスでは、調査プレゼンを2回に分け、前半を指定課題として地球環境問題などについて各自で調査しプレゼンする。調査は基本的に授業外の時間を使う。後半を自由課題として、各自で実地調査や実験を必ず組み込みプレゼンする。個人作業がメインだが、2人で組むこともある。このプレゼンでは話し方やパワーポイントの使い方などを教える。さらに「基礎ゼミ2」の例としては、ものづくりと実験で、前半は円錐容器の制作を行う。これで計測実験を行い、「どれだけ慎重につくることが大切か」、「誤差の大きなデータを扱うにはどうすればいいか」を学ぶ。さらに後半ではグループワークで何かをつくる。例えば風力発電装置をつくり、実験データを作成するところまで行う。発表は2クラス合同で行い、学科の取り決めとして、学生同士に必ず2回以上の質問を義務付けている。

また、同様の例として、「基礎ゼミ1」と「基礎ゼミ2」でのレポート提出をそれぞれ3回ずつ求め、必ず添削して返すことを教員に義務づけている。内容だけでなく、レポートの形式、文体についても添削するのが原則となっている。理工学部の新校舎では、この基礎ゼミ用に使えるように、小さな教室を増設した。

関西国際大学（全学）

春学期に「キャリアプランニング」2単位、秋学期に「基礎演習」、さらに「学習技術（春学期）」と「サービスラーニング」が、それぞれ必修となっている。これらの科目は同じクラスのメンバーで行われている。

「キャリアプランニング」は、2泊3日のキャンプから始まる。①ゼミ内での人間関係構築＝居場所作りと②キャリアを意識させることが目的である。ゼミ内部を3～5人のグループに分け、それを基礎単位にして活動する。まずグループのメンバーがどういうキャラクターでどんな経歴を持っているのかなど相手を知る。そこで自己分析から、他者の目を通じた自己分析へと発展させる。②のキャリアを意識させることは学科によって異なり、それぞれの人生設計を考えさせる。たとえば教育学部では「自分にとっての教職とは」。心理学科では「人の心の内面を掘り下げる」、「カウンセリングを知るための研究」。ビジネス学部では「そもそも仕事とは何か。(スポーツをやりたい学生が多いため) スポーツ競技と働くこと」について考えさせている。

「学習技術」では、ノートテイク、レポートの書き方、大学での勉強の仕方などスタディスキルを身につける。それをトレーニングする場が「基礎演習」である。

さらに立地的に周囲に大学がないので、世間知らずになっているという懸念から、社会に触れさせることが必要であるという考えと、もう一つは学習ベンチマークで社会貢献性が低いという結果が出たことから、これを解決するために「サービスラーニング」を2007年に導入した。学科ごとの専門基礎として位置づけられ、既存のプログラムを改善して必修としている。さらに選択で「サービスラーニングⅡ」も設定されていて、教育学部では海外プログラムへと連続させ、カンボジアの学校に行って子供たちに算数を教えるというサービスラーニングを行い、子供たちが算数に目覚める瞬間に立ち合わせて、教育効果（関西国際大学生への）を上げている。心理学科では国内プログラムへと連続させ、民営化された刑務所での補習教育へとつなげている。

このように4つの初年次教育プログラム(「学習技術」、「キャリアプランニング」、「基礎演習」、「サービスラーニング」）を必修化させ組み合わせている。

また、2年生以上のメンター（SA）が「キャリアプランニング」に張り付いている。1クラス1名が基本だが、2～3名を入れている教員もいる。メンターは事前にリーダーシップ教習があり、これが単位化されている。現在はアルバイト料ではなく、学内で使えるマイレージを支給している。

この初年次教育に連続して、2年次と3年次に「専門演習」、4年次に「卒論演習」が必修となっている。当初は2年次で卒業までのテーマを決めていたが、早すぎるという意見もあり、今は2年次の「専門演習」は専門基礎的なレベルにして、3年次の「専門演習」が「卒論演習」に連続するようになっている。

神戸学院大学（薬学部）

初年次ゼミ＝「演習実習」は週2コマで通年開講。1クラス40人で6クラスある。3人の教員で回しており、1クラスに2人の教員が入る日と1人のみの日とがある。この中に集中コマとして早期体験学習が組み込まれていて、これはモデルコアカリキュラムの必須要件となっている。

「演習実習」のグループワークは1グループ7～8人だが、各グループにチューターをつける余裕は、現在はまだ無い。

スタディスキルに関する授業としては、ほかに「文章表現」と「基礎情報処理実習」があるが、「文章表現」の授業は1クラス25人で12クラスあり、「演習実習」の進度とリンクさせている。「基礎情報処理実習」も1クラス30人で8クラスあり、「演習実習」とリンクさせている。この2つは選択だが、それは学士入学や後期入学者などにとっては必要でないためである。「演習実習」は必修、他の2科目については前期のクラスはほぼ10割が受講、後期も9割が受講している。

[前期]

「演習実習」は第1週がオリエンテーションで、翌週には何も知識が無いまま薬局見学に行かせる。8人1グループで何を見てくるか討論し訪問し、訪問の結果をプレゼンテーションする。礼状を書かせるが、「文章表現」ではこれに合わせて敬語を教える。

さらに実験の項目が2回、風邪薬の項目が2回行われる。実験では顕微鏡で動物細胞と植物細胞の違いを観察させるが、並行して「個体と細胞」の授業があり、実験とリンクしている。また風邪薬の授業では、グループ内の一人ひとりに別種の風邪薬をわたし、説明書の見方や成分を調べる。その上で各グループに症例が割り当てられ、その症例に最適の風邪薬を考えさせる。そのレポートには参考文献を記入させる書式になっていて、参考文献の扱い方は「基礎情報処理実習」で教えてリンクさせている。

薬剤師の仕事の項目では、赤ちゃんに風邪薬をミルクに混ぜて呑ませていいのか、などのテーマで1週間調査をさせプレゼンさせる。これによって、薬剤師は、単に薬の説明をしていれば済む仕事ではないことを自覚させる。これに合わせて「文章表現」ではロールプレイをさせる。

薬草園見学の項目では、生薬と漢方薬と植物に関するレポートを提出させるが、そこではレポートに写真を貼り付けることが必須とされている。このため、ワードで作成した文書に写真を貼り付けることを「基礎情報処理実習」で教える。

車椅子体験では、不自由体験をさせることで、気づきを与え、グループで討議させる。

［後期］

後期では、「生と死」という科目が同時期に履修する科目としてあるため、「演習実習」は、医療人育成を主要課題としている。夏休み中に早期体験学習の2回目を行い、3～5人からなる76グループで、病院、工場、老人保健施設、血液センター、研究所などを訪問。そのレポートをポスターセッションで発表する。

また、脳死と臓器移植について学ぶ回では、調査をさせた上でディベートを行っている。ここでは、知識を持たないとディベートにならないことを理解させ、主張の根拠となる新聞記事などの資料は必ず持参させる。

実験では、DNAを抽出させている。

分子モデルについて学ぶ回では、身近な医薬品の分子モデルを2～3人1組になって制作する。併行して「基礎情報処理実習」で化学構造式の書き方を教え、同時期に履修している「有機化学」の授業の大切さを実感させる。

出生問題について学ぶ回では、出生前診断やES細胞、クローン問題などを扱う。出生前診断では、新婚夫婦だとして、遺伝子検査を受けるかどうかを考えさせる。遺伝子欠損が分かった場合、障害児が生まれる可能性があるが、産む産まないの判断はどちらでも正しい、医療人としては患者がどちらを選択しても「いい選択をした」と受け止めるべきであることを教える。

薬害について学ぶ回では、過去の薬害問題をテーマに調査し、討論する。そして最後に薬害被害者連絡会の人に講演してもらい、自分たちはどうすべきかを討論させる。

後期の「文章表現の方法」では科学的文章を書く訓練や、思ったことと事実との区別、プレゼンテーションに向けていかに資料をまとめるか、などを教える。

これにより、スチューデントスキルが目に見えて上達するという。以前は「授業を欠席する」「レポート提出しない」、といった学生が多く、電話をかけて働きかけていたが、現在は、殆ど必要なくなっている。

学生の自己評価を見ると、自信が付いてきていることがわかる。自己評価をさせると「……ができるようになった」と書けるようになっているのが、その証である。

2年生の担当教員はプレゼンテーションが上手くなっていると評価している。

3～4年の薬剤師の「実務実習」の前のグループワークでは症例解析などを行うが、ここでは、一連の初年次教育の結果、グループワークする力が格段に伸びたことが実感できる。

以上のように、「実習演習」と「早期体験学習」と「文章表現」と「基礎情報処理演習」が有機的に関連付けられて運営されている点が注目される。

愛媛大学（医学部）

「初年次セミナー」では、医学科、看護学科合同のスタディスキルの授業があり、その後にグループワークの授業が行われる。新入生セミナーは医学科が1グループ10人で10グループ、看護学科が1グループ8人で8グループ編成される。

かつて愛媛大学では全学的にスタディスキルのみを教えようとしたが、それではうまく行かなかった。そこでまず「プレゼンテーションを行う」という目標設定をして、そのためにスタディスキルを習得するというように変更した結果、学生に力がつくようになった。また、コミュニケーション力の育成に関しては、プレゼンテーションを行った後に、コミュニケーションスキルを座学で教えることにした。これは「コミュニケーションがうまくいかないこと」を体験させて必要性を実感させた後に座学を行う方が効果的であるためである。医師や看護師にはコミュニケーション力が不可欠であるため、医学部の両学科では特にコミュニケーション力の育成に力を入れている。例えば傾聴のトレーニングを行ったり、「心の中を計るのではなく、その表れを評価する」ということを教えた上で、服装を含む態度面も評価したりしている。

医学科の「初年次セミナー」のテーマについて、2008年は「臓器移植法案」で統一した。以前はグループごとにテーマを決めていたが、クラス全体で討論することができないため、統一テーマに変更したのである。また、答えが一つではないテーマでPBLを行うことに意味があると考えている。

PBLはグループで取り組むが、グループワークは良い意味での競争となる。「初年次セミナー」の評価は、フィードバックシート（小テスト）と宿題で40点、グループワークの評価15点、グループワーク内部での相互評価15点、プレゼン評価15点、レポート評価15点としている。当初、「初年次セミナー」は合否判定のみで構わないのではと言う意見が多かったが、全科目で評点評価する原則が全学的に導入されたため、これに合わせている。

同学部ではチューター（教員）の基本は、「何もしない」ことである。学生が行き詰って困っている時だけ手助けする。その場合も解決法を教えるのではなく、チューターが自分の経験を語るようにしている。医学部の特性なのかもしれないが、グループワークは放っておいても進んでいく。

2年次以降については、看護学科に比べて医学科ではグループワークは多くはないが、学年ごとにPBLチュートリアルが必修で設けられている。これは敢えて集中授業として、その期間は極力他の授業を入れないようにしている。4年の公衆衛生学実習や5･6年の臨床実習もグループワークである。

高知大学（農学部）

初年次科目の中のゼミ形式の授業は、前期に「大学基礎論」、後期に「学問基礎論」が必修で置かれている。さらに1年前期および後期または2年前期に「課題探求実践セミナー」が必修で配置されている。他学部では「課題探求セミナー」は1年後期だが、農学部には2年前期にも配置されている。その理由はキャンパスが分かれているためで、農学部の1年生は本校校舎で学ぶためである。また専門基礎として1年前期に必修で「フィールドサイエンス演習」が設定され、ここでもグループでフィールドワークに取り組む。

[**大学基礎論**]

「大学基礎論」は、1クラス60人で各クラスに教員が3人つく。農学部では全部で3クラスがあり、グループワークは5～6人に分かれて行う。15回の授業のうち、1～2回目が講義とオリエンテーションである。その中で「大学で学ぶとはどういうことか」を農学部の教員が語り、それを受けてグループワーク→プレゼンテーションとなる。この際には、教員の研究テーマに関連するテーマを選ぶグループが多い。後半では「知識社会とは？」「国際社会とは？」というテーマで、グループワーク→プレゼンテーションに取り組む。

「大学基礎論」のテーマは全学共通。講義の後にレポート提出がある。レポートへの教員の赤字コメントは必須化されている。プレゼンテーションの後に、学生による相互評価を行う。パワーポイントは大学基礎論では教えていないが、使ってプレゼンする学生が多い。

[**学問基礎論**]

「学問基礎論」は、前半は農学入門となっていて、2年から選ぶコースについての情報提供を行う。そして後半は、コース別の演習を2コース分行う。1クラス20人で、各クラスに教員が2名つく。4～5名でグループワークを行い、調査は授業時間外で行うことを前提としている。学生は積極的に取り組んでいるという。

[**課題探求実践セミナー**]

全学共通科目としても農学部の科目としても設定されていて、どちらかを選択する。農学部生の3分の1は1年前期および後期の他学部教員の担当科目を選択し、3分の2は2年前期の農学部教員の担当科目を選択する。

これは別キャンパスのために教員のやりくりがきかないためである。

農学部教員担当の「課題探求実践セミナー」では最初の2回で講義を受け、その後、自分たちのテーマを探し、レポートとプレゼンテーションを行うPBLとなっている。この授業は、学生が「大学基礎論」と「学問基礎論」を修了していることを前提としているので、テーマ設定やプレゼンテーションの内容のアピール度を高めることを課題としている。

[フィールドサイエンス演習]

グループワークで農学に関するフィールドワークを行い、レポートを提出させる。

学生は農学部生というアイデンティティを欲しがっており、1年次の早い時期に「なぜ農学部なのか？」というアイデンティティを持たせる。

[スキルについて]

スタディスキルはこれらの初年次科目の中で教えており、特にスキル系を強化する必要性は感じていない。

[初年次教育改革の経緯]

1997年に「大学学」と「日本語技法」が設けられる。2004年に「自律創造学習」「自律協働入門」が選択科目としてスタートする。これを2008年改革で「大学基礎論」「学問基礎論」「課題探求ゼミ」に再編し、グループワークを導入した。

この改革前に、2005年に教員と学生にそれぞれアンケートを行った。それによると教員は学生を「コミュニケーションが下手」と感じており、また学生に得意なことを問うと「人に内容を説明すること」が低いことが判明した。そこから人間力、社会人基礎力を初年次から養成しようということになった。(改革前にしっかりと調査を行っている大学は少ない。この調査の報告も冊子にされている)

3年の2学期から本セミナーが始まるが、それまでの学期にも実験・演習科目が必修で配置されている。

「フィールドサイエンス演習」にはSA（スチューデント・アシスタント）がインストラクターとして加わる。SAは、4年生と院生が中心である。「大学基礎論」には、ファシリテーターとしてSAを使いたいが、新しいカリキュラムで育った上級生がいないため、今はまだ使えない。農学部の「課題探求ゼミ」は、農学部キャンパスなのでSAを2名だけ採用した。

日本文理大学（全学）

経営経済学部と工学部の2学部からなる同大学は、建学の精神「産学一致」に沿って、4年間の一貫した教育を通して幅広い職業人の育成を目指している。3年前の創立40周年に、それを具現化するため、「産学一致」「人間力の育成」「社会・地域貢献」の3つの教育理念を掲げ、実践教育を積極的に取り入れた。人間力教育の第一段階として、初年次ゼミは、人間関係をうまく構築し、また学びの意欲を喚起できるよう、キャリア教育のスタートとして位置づけている。具体的には（1）人間力を高める（①社会人基礎力、②心の教育＝自分というかけがえのない存在や思いやりなど）、（2）基礎学力＋アカデミックスキルの向上、（3）キャリア教育を3本柱としている。

初年次ゼミは、全学共通シラバスで行われ、経営経済学部は必修、工学部は選択だが、履修指導によって、実際には全員が受講する。1年次が両学部共通で前期：「社会参画入門」、後期：「社会参画実習1」。計53クラスで1クラス人数は経営経済学部が13人、工学部が10人程度である。

前期は学部別の担任クラスで行い、主にスタディスキルを学ぶ。後期は学部横断型のワークショップ授業を行う。経営経済学部と工学部の2クラスを合同にし、教員もダブルティーチング制としている。この専門分野を越えたダブルティーチングにより、教員間の差をある程度是正するとともに、教員同士の交流による意識改革、自己研鑽にもつながる。合同クラス約30人を、5～6人のグループに分け、各グループには必ず両学部の学生が入るように混成させる。このグループワークを10回行い、最後に合同発表会を開催する。発表会では学生と教員が評価を行い、その結果は成績に反映される。

個人レポートはないが、毎回活動記録を学生に提出させている。ただし、教員のこれへの対応はまちまちで徹底されていない面があり、そのギャップをできるだけ小さく調整するのが、主管の人間力育成センターの役割にもなっている。

グループワークのテーマ設定は、学内の改善計画に絞っている。一般的な社会問題よりも、まず身近な学内問題に参画させ、それから次第に地域、社会に参画するというように発展させようという趣旨である。前期の必須項目は、授業の受け方、ノートの取り方などのスタディスキルとこれまでの人生のふり返りなどについて考えることで、後期はグループワーク、成果報告書をチームで作成し、パワーポイントを使ってプレゼンテーションをすることである。仲間としての「グループ」から、次第に競い合う「チーム」への意識に変わっていくような仕掛けをしながら、「仕事」を意識する中で、成長していく姿を見ることができる。

学部横断のクラス編成については、学生からは「新鮮だった」という感想が多い。教員間でうまく行っているのは、学内に学部の壁がないことが大きい。

初年次ゼミの評価は、260問の『EQ能力アセスメント（労務行政研究所）と自己評価』を併用しており、その中のいくつかの項目では自己評価と効果測定との間に差があることが判明している。ただ、1年次から3年次までの伸びは明確に表現されている。

2年次は両学部共通で前期:「社会参画応用」、後期:「社会参画実習2」、3年次は工学部が前期:「研究ゼミナールA」、後期:「研究ゼミナールB」、経営経済学部が前期・後期とも「ゼミナールⅢ」、4年次は工学部が「卒業研究」、経営経済学部が「ゼミナールⅣ」と、4年間のゼミの連続性が確保されている。

なお、2年後期の「社会参画実習2」は、キャリア開発プログラムか、または地元企業と提携しての企業課題挑戦型のPBLとのどちらかを選択する。後者は1クラス30人のみの開講である。後者を全員に受講させたいが、提供企業の数が確保できないのと、マンパワー的に対応できないために1クラスのみとなっている。現状では、2年次PBLには1クラス30人を6つのグループに分け、教員8人に加え、職員も3人が担当し、教職員協働で指導に臨んでいることが特徴である。

〈評価の視点B〉:「学生の自律・自立化の促進」

岩手県立大学（ソフトウェア情報学部）

「学の世界入門」では、ポートフォリオを毎回作成している。個々の成長の目標ではないが、1年生としてプロジェクト内で担うべき役割という形で目標設定がなされており、さらに2年生としての目標、3年生としての目標、というように進んでいく仕組みがある。

ポートフォリオには自分がプロジェクトの中でどれだけ、自分の学年に要請される役割を果たし得たかを捉え返す項目があり、それに対して教員がコメントを行う仕組みになっている。

東北福祉大学（総合マネジメント学部）

学生個人が苦手としていること（例えばプレゼンテーション）に副担任やピアメンターが関わり、さらに2年次ゼミに引き継がれていく仕組みになっている。ただし引き継ぎは特定のフォーマットがあるのではなく、自由記述形式となっている。

学生の「伸びしろ」を見るためのポートフォリオについては、ゼミの教員にまかされている。統一したものは大学としてはない。

キャリア教育として平成19年度現代GP（現代的教育ニーズ取組支援プログラム）に採択された「総合的リエゾン」の中で自立促進の要素が盛り込まれている。「総合的リエゾン」とは、縦軸（キャリア教育講座による「講座型リエゾン」）と横軸（ボランティア活動、インターンシップ研修、各種実習など「実践型リエゾン」）、さらに企業などの外部機関との連携による「外部とのリエゾン」の3つのリエゾン系を形成し、「社会力」育成の視点からキャリア教育を行うものである。これは、キャリア形成を視野に入れなければタイム・マネジメントもうまくできないであろうという理由から導入された。「総合的リエゾン」のプログラムには目標設定が組み込まれており、学習の軌跡は1年生から「キャリアリエゾンノート」に記入させている。キャリアリエゾンは1年生では一方的な講義だが、ボランティア＝サービスラーニングも含めている。「キャリアリエゾンノート」は「人間基礎論」の担任に提出することになっている。

また「人間基礎論」にはふり返りシートが導入されている。

金沢工業大学（全学）

「修学ポートフォリオ」では、毎日「1週間の行動履歴」(①今週の優先順位と達成度、②欠席遅刻と理由、③課外学習、④課外活動、⑤健康管理、⑥1週間で満足できたこと、努力したこと、反省点、困ったこと）を記録し学期末には「各期の達成度自己評価」を作成してポートフォリオに入力する。「1週間の行動履歴」は毎週修学アドバイザーに提出、修学アドバイザーはコメントをつけて1週間後に返却し、学生はそれにさらにコメントを記入する。30週間繰り返すうちに、学生は生活上何が重要であるかに気づき、自己管理力とタイム・マネジメント力が身についていく。

ポートフォリオはこの他に、「キャリアポートフォリオ」「自己評価ポートフォリオ」「プロジェクトデザインポートフォリオ」の計4種類があり、相互に関連して運用されている。

4種のポートフォリオを相互に連関させるツールが「各学年の達成度評価ポートフォリオ」で、4つのポートフォリオの成果をサマリー化し、俯瞰することで1年間の自分の学習を評価し、自己成長の軌跡と自覚・自身・反省などを確認するとともに次年度の目標を設定する。4つのポートフォリオが日常的なPDCAサイクルであるのに対して、「達成度評価ポートフォリオ」は年間のPDCAサイクルを回していくシステムとなっている。

これは学生が自ら作成する「第二学籍簿」であり、自己成長型教育の仕組みとして位置づけられている。

ポートフォリオは導入した多くの大学で失敗しているが、金沢工業大学が成功しているのは徹底して組織的に取り組んでいるためと思われる。

重要なポイントは、教員が必ず修学ポートフォリオにコメントを記入することである。

面談は年に2回、修学アドバイザーによって全員に対して行われる。その際、ポートフォリオなどのコメントが活きている。

FDは全員参加が必須とされている。

こうした結果、「高校時代に比べて自学自習が身についたか」という授業アンケートでは「十分身についた」「やや身についた」が合計で2007年には89.9％だった。これは2004年の79.9％と比べると10ポイントも向上している。

授業アンケートでの「『行動履歴』や『達成度自己評価』は自分を見つめなおし、自己評価を行うものですが、この作成は有益と考えますか」という問いには、「大変有益」「有益」と回答した比率が92.7％にも達している（2008年度）。

名古屋商科大学（全学）

期末に、初年次の振り返りシートを提出。また能力を自己診断するチェックシートは、4年間を通して使用する。これによって、4年間の成長を社会人基礎力などの指標で自己チェックでき、自分が4年間何をやってきたかが分かるように設計されている。

キャリア設計の文書は教員に提出するが、そのまま返却する（コメントはしない）。

チェックシートでは、科目の履修目的も記入させる。

京都ノートルダム女子大学（生活福祉文化学部）

「基礎演習Ⅰ」ではスタディスキルの習得に関して、「基礎演習Ⅱ」ではグループワークへの関わりについて毎回自己評価をさせている。最後に学期を通じての自己評価をさせているが、次の目標設定まではさせていない。但し、課題図書の設定の時に、目標を考えさせている。

面談は前期に1人10分程度を1～2回行い、夏休み明けに1回行う。授業時間中に行うのが基本だが、必要なら時間外にも行う。

関西国際大学（全学）

eポートフォリオが設けられている。学生が自分で書いていき、それに教員がコメントを付して返す。ただし、教員の義務とはされていない。eポートフォリオには、振り返りと同時に、次の目標設定を書かせる項目がある。

さらに各能力に関するベンチマークを開発し、個々人に達成度をチェックさせている。それをポートフォリオに落とし込んで、成長を確認できるようにしている。

神戸学院大学（薬学部）

「演習実習」ではテーマごとに全体の到達目標を示し、合わせて個人目標を決めさせる。全体の到達目標には必ず知識、技能、態度を含めるようにしている。それらの目標について項目が終了してから「達成できたと思うもの」「改善すべきだと考えること」「今の気持ち、感想」を記入させる。教員がコメントしてフィードバックする。

半期が終わってから、「演習実習」だけでなく全体の振り返りを行わせる。項目は①目標の再確認、②できるようになったこと、③教員からのメッセージとなっている。

グループ討論を行った回には、「グループ討論自己評価表」を記入させ、ディベートの回には「ディベート自己評価表」を記入させる。

未だ検討中だが、小学1年〜大学6年までの能力についてのルーブリックを作成中で、これで自分の位置と次の課題を自覚させることも考えている。

5年次に薬剤師の実務実習があり、そこでは日々のセルフアセスメントが要求される。そのときに自らを振り返ることができるよう、1年次から省察を行っている。

高知大学（農学部）

「大学基礎論」では、学期の最初と中間と最後にアンケートを行い、学生に成長・変化の自己評価を行わせる。アンケートによると、15週が終了する時点では「自分の力が伸びた」と自己評価する学生が多い。ただし、この振り返りについては教員の側が活用しきれていない。

「課題探求実践セミナー」でも振り返りを行わせ、「プレゼンができたか」「調査ができたか」などを問うているが、「大学基礎論」での回答よりも評価が低めになっている。理由としては自分への要求水準が高くなってきたことが考えられる。

また、同大ではアドバイザー制度を設けており、1年生には授業と関係なく1人の教員が3人程度の学生を担当している。2年生は所属コースの教員が、3年後期からは卒業研究の教員が担当する。

〈評価の視点C〉：「全学生に一定水準以上の初年次教育を保証」

岩手県立大学（ソフトウェア情報学部）

「初年次ゼミ」の担当教員は毎年入れ替わるが、シラバスを作成する主担当教員は持ち回りで、内部では電子メールベースでの討論は活発に行っている。

教員間の意識合わせにはFDを活用している。

「基礎教養入門」は共通テキストやガイドラインは作成していないが、「学の世界入門」にはガイドラインがある。そのポイントは、「いかに教員が学生に対して口を出さないか」である。また、学生はチームを組んでも最初はなかなか話が進まないので、チーム編成の前に各自に自分がやりたいテーマを書かせ、その希望が近い学生をまとめてチームにするなどの工夫をしている。

駿河台大学（経済学部）

初年次ゼミ＝「プロゼミナール」用に、かつては市販の『知へのステップ』をテキストとして使用していたが、学生の現状に即さなかったため、2007年度に専任教員でオリジナルテキストの『知の匠』を作成した。現在第二版である。駿河台大学に入ってよかったと感じさせたいという狙いで、特徴としては音読を取り入れている。またレポート作成のノウハウや期末試験対応まで盛り込んでいる。ただし、共通テキストの使い方、教え方は教員の裁量に任せている。

教員間の情報交換は、学期の終了後に行っている。それがFDの役割を担っている。

教務委員会の下に「プロゼミナール」を担当する3名のコーディネータを設置。FDも年3回開催し、出席を義務化している。

担当教員はメーリングリストでリアルタイムに問題を共有している。

35人の専任教員の中で20人が「プロゼミナール」を担当し、ゆるやかにローテーションを実施している。「プロゼミナール」の担当教員には、楽しい教育ができる教員を意識的に選んでいるが、固定ではなく毎年3人くらい入れ替えている。

また、教員には「教員評価報告書」「授業改善計画書」が導入され、提出が義務づけられている。11ページにも及ぶ教員評価報告書の記入事項は多岐にわたるが、その中に、「教育体制の整備・教育改善作業等の実績」「授業内容の工夫・改善の実績」などが設けられており、細かい記入が求められるようになっている。「授業改善計画書」と合わせて、教員の意識を教育の改善に向けさせていく試みである。

新任の教員採用時にも、「プロゼミナール」を担当してもらうことは伝えている。

大東文化大学（国際関係学部）

初年次ゼミにあたる、「チュートリアル」のテキストとガイドラインは統一している。

専任教員は現在37名。全員が初年次教育を担うのが基本だが、ゼミや語学などの負担が多い教員をはずし、現在（2009年）は23名が担っている。現在は1クラス13名で丁度いいが、話し合い学習中心のため、クラス人数や授業内時間配分に余裕がないことが問題という。

FDについては、初年次ゼミを担当する教員によるチュートリアル会議を2ヶ月に1度開催している。ここで内容を調整しており、会議は学生情報の交換面でもプラスになっている。

教員採用は、かつては研究重視だったが、今では教育重視であることを説明し、採用後に模擬授業を2回行ってもらっている。

現在は37人の専任教員のうち半分が教育熱心である。年配の教員のほうが教育に熱心であるという傾向がある。

淑徳大学（国際コミュニケーション学部）

専任教員のほぼ全員（54人中50名）が毎年、「基礎演習」か「キャリアデザイン」を担当している。

どちらにも、共通テキストとガイドライン、マニュアルが導入されている。

教員の授業のピアチェックは「基礎演習」を含めて必須化されている。

新任教員については、1年目に「基礎演習」や「キャリアデザイン」は担当させず、1年間かけてやり方を学ばせる。研修そのものが実施されているわけではないが、同じ効果を得ていると思われる。

産業能率大学（経営学部／情報マネジメント学部）

初年次教育の科目主務者が共通テキスト、レクチャーノート（指導要領）などを準備し、教員にその都度配布している。このため、新任担当教員でも同一の品質が保たれ、教員によるバラツキが生じないような方策が講じられている。

春休みには全員が集まっての打ち合わせを行う。新たに担当する教員は別個に内容を確認し、授業もFD委員が参観するなどして、レベルの維持に努めている。ただし、制度としてのピアチェックとはなっていない。

同大学は、授業評価を徹底して行っており（授業評価記入時は、職員が配布、回収し教員は関与していない）、この評価の著しく低い教員は次年度担当しないこともある。

新任教員は、実績のある社会的地位の高い人でも、必ず初年次ゼミを担当することになっている。これは、同大の教育に対する考え方と、学生の現状を知ってもらうという意図もある。ちなみに同大の教員には元来、社会人経験者、特に経営コンサルタント出身の人が多い。

両学部にて毎年26～27人が初年次ゼミを担当し、毎年6人くらいが入れ替わる。各学部10人程度は継続して初年次ゼミを担当しているためレクチャースキルが安定しており、年度によりバラツキも生じることなく、またその年度の入学者の特徴や気質などをいち早くキャッチし、初年次ゼミ担当者やそれ以外の教員へのフィードバックを可能としている。これらの定性的情報がその後の大学教員への有益な情報となっているようだ。

多摩大学（経営情報学部）

学部で「初年次ゼミ」授業の概要を作成し、教員にはそれに沿って授業を行っている。具体的にはマニュアルを作成して、それに則って各教員に事前に計画書を提出してもらっている。

「初年次ゼミ」はユニット別に行われているが、ユニット内でFD活動を行ったり、分担を決めたりするなど、自主的に活動しているユニットもある。（「初年次ゼミ」のユニットとは学部専任教員全員が3から4人のチームを作り、40人程度のゼミクラスを担当するものです。このユニット内でFD活動をしたり、分担を決めてゼミの時間を分担したりします。）

また、多摩大学は開学以来、教員用のラウンジがあり、タコ壺的な研究室を設けない方針をとっている。各研究室もパーテーションで仕切られるのみである。完全に独立した部屋になっていないため、教員間の情報交換が盛んである。研究室には学生は立ち入りできないが、ラウンジ入り口に事務室があり、教員を呼び出してもらうことで、ラウンジ内にて勉学の相談、アドバイス等を受けることができる。

授業改善に関しては、通常の授業については学生に人気のある教員に模擬授業をやってもらっているが、「初年次ゼミ」に関しては今後の課題である。

教員採用時には、大学開設以来、研究がメインではなく教育がメインであることを明確に伝えている。新任の教員は、そのことを応募前に知っているため、そこでの齟齬はほとんどない。

玉川大学（全学）

共通テキストとティーチングマニュアルが作成され、共通テキストは市販もされている。

FDについては、全教員（専任・非常勤とも）対象の研修会等のほか、「一年次セミナー」担当者のみを対象とした研修会等も実施している。出席するのは、セミナー担当者の約3分の1～半数程度。

新任者研修会は全員出席で行い、一年次セミナーの運営の考え方を説明するだけでなく、ディベートなどを取り上げたワークショップも行っている。

一年次セミナーを担当するのは専任教員の約4分の1。クラス担任が科目担当者となることが前提であるが、ほとんどの学部で担当教員は固定されている。

神奈川大学（全学）

初年次ゼミ＝「FYS（First Year Seminar）」のマニュアルが2006年から作成されている。ワークシート（共通テキスト）もマニュアルと対応したものが作成され、それ以外に読本としてのオリジナルの「知の作法」が毎年更新され、入学前に配布する「大学で何を学ぶか」も毎年更新となっている。マニュアル・テキスト作成面では、他大と比較しても特に進んでいると思われる。

マニュアル導入当初の教員アンケートでは、「マニュアルを使用した」という回答は少なかったが、現在では多くの教員が使用している。アンケートでも「全面的に使用」、「一部使用」を合わせると、7割に達する。

FD研修は、全学のFD委員会のもとに行われている。模擬授業なども行われているが、毎年出席するのは400人のうちの3分の1程度。実質的な平準化が担保されているわけではない。

全学的に平均すると、学部教員の半数が「FYS」を担当することになっていて、2年に1度は「FYS」を担当することになっている。これまでは役職教員は免除されていたが、2009年から学長も「FYS」を担当して、来年から免除を廃止する方向でいる。

一時は、非常勤も「FYS」を担当させることを検討したが、「FYS」の理念からずれるという理由で、現在では専任教員のみとしている。

ただ一方で、現状では法学部と経済学部は「FYS」を担当する教員の数が足りず、例えば法学部は、工学部の教員に応援を頼んでいる。

FDについては、現在（2009年）は「FD全学委員会」という組織で行っているが、2011年度からさらに強い権限を持つ「全学教育センター（仮称)」を設置して行う計画である。

教員採用に当たっては「FYS」担当してもらうことを前提として採用している。

新任教員については、同志社大学商学部を参考に、「FYS」のための新任研修も導入を検討中である。模擬授業も学部ごとに検討している。

文教大学（国際学部）

「初年次セミナー」「国際学入門」には共通テキストだけではなく、マニュアルもある。ただし“企業秘密”とされている。

ユニバーサル化が放置できない現状に来ているので、初年次教育の趣旨に必ずしも共鳴していない教員にも、マニュアルを元に授業するように要請し、指導内容の平準化を試みている。

教員の採用も、教育中心で行うようにした。5年くらい前から採用時に模擬授業をやってもらっているのもその一つの表れである。教育への姿勢で採用した教員が、すでに学部のメイン教員として活躍するようになり、教授会の空気も変わってきたという。

新潟大学（農学部生産環境科学科）

初年次教育科目である「スタディスキルズ」の開設1年後に農学部FDを開催した。FDでは、生産環境科学科の取組み、すなわち、設定した教育目標のもとに、新入生を大学教育に導くための授業計画が綿密に立てられている事に他学科は注目し、授業計画の立案の参考とした。その後FDは、学部では開催されていないが、生産環境科学科では体系的に適宜開催されている。

共通テキストには『知へのステップ』が使われており、ガイドラインやマニュアルに沿って実施されている。

新任研修という面では、新任教員はまず「スタディスキルズ」の副任を担当し、主任と相補的に運営しながら要領を修得する。

全学部（学科）出動という点では、農学部の全教員が「スタディスキルズ」の授業にかかわっている。また、入学定員50または55人に対して、各学科ともに教員20人程度がこの授業を担当しており恵まれている。

金沢工業大学（全学）

教員の採用時に、「金沢工業大学は研究ではなく教育である」ということを徹底している。マニュアル・ガイドラインついては「授業明細表」があり、全教員が必須で使うことになっている。

共通テキストは「修学基礎2008」「修学基礎Ⅰワークシート」などがある。

FDは全員参加が必須とされている。濃密な新任研修が行われている。

専任教員330人中、基礎教育部は100人で、修学基礎を担っているのは40人である。

名古屋商科大学（全学）

かつては初年次ゼミ＝「VPS（Vision Planning Seminar）」の内容は教員の裁量に任せていたが、共通のセミナーを行う必要性を痛感して共通マニュアル、共通テキストを導入し、教員裁量を排除している。

半期に2回開催される「VPS」担当の教員の連絡会で議論している（FDとは異なる）。

FDは、半期に4回「FD会」を開催し、毎回テーマを決めて取り組んでいる（2009年のテーマは学士力）。

教員採用は、教育重視で行っている。授業はチャイムtoチャイムが基本で、欠講したら、必ず補講を行う。

星城大学（経営学部）

初年次教育にあたる「文化教養ゼミ」にはガイドライン、共通教材があり、また、毎週のように運営委員会で問題点を検討している。

「社会探索ゼミ」（1年前期：週2コマ）は、担任11名＋経営学専門教員8名によるローテーションで、学生たちはゼミごとに毎回異なったプログラムに参加している。担当者の意見交換会を半期に2～3回開き、学生にアンケート調査も実施している。

同様に初年次教育として行われている「総合ことば演習」(1年前・後期：週1コマ）も、半期に2～3回の意見交換会、学生に対する学期末のアンケート調査を実施している。

FDは半期に1回、丸1日の予定で全教員の参加義務で開催。教員間のピアチェックも義務づけている。

初年次ゼミは現在11クラスがあり、以前は語学と教養の教員のみが担当していたが、2008年度から2人の経営学専門教員が加わるとともに、各ゼミに専門教員がアドバイザーとしてつき学生相談や面談に協力する体制になった。

同大は創設8年目のため、教員採用はまだあまりない。国公立を退官した教員もいるが、学生のレベルをしっかり伝え、そういう学生に教育するという覚悟で来てもらっている。2009年は新任の教員も「文化教養ゼミ」を担当した。

京都ノートルダム女子大学（生活福祉文化学部）

初年次ゼミに関する実施要綱を作成している（ガイドラインに相当)。

教員14人を半分に分けて、7人ずつ2年に1回、全員で担当するようにしている。

新任採用の面接時に基礎ゼミの説明をしているが、実質的にはオン・ザ・ジョブ・トレーニングである。

ゼミは7コマが同時進行するように、毎回綿密に打ち合わせを行い、授業終了後も毎回反省会を行っている。

関西国際大学（全学）

最初は初年次教育については分業体制だったが、最近は全学出動になっている。年度ごとに分担学年が変わっていく。

1クラスは14～15人で、各学科8クラス程度。教員の一部は特定の学年に固定し、一部が持ち上がっていくシステムである。

教員採用に当たっては模擬授業を2回行って決める。採用後はシラバス、理念、ポートフォリオなどについてのガイダンスを行い、ベテランの教員と一緒に授業を行わせるなどしている。学生のメンターが新任教員に対するガイド役になることもある。

FDを本格化したのは6年前からで、年間5～6回FD会議を開催している。この時期から初年次教育の質が変わってきたという。それ以前のFD会議の出席率は6割程度だったが、欠席者には補講を行うなどして大学としての姿勢を明確化し、現在はほぼ80～90%の出席率となっている。教員にとっても、FD会議に出なければ自分がどう動いたらいいか分からなくなるので、現在では進んで出席している。FDの中でワークショップを行うので、教員がワークショップに慣れるというメリットもある。

『知へのステップ』は2002年に学内テキストとして開発したが、市販品としても売れており、高校や企業でも採用されている。

愛媛大学（教育学部）

初年次教育では、愛媛大学としての共通テキスト「学び入門」を部分的に使っている。

ガイドラインが作成され、使用されている。

助教以上の専任107名のうち28名がグループワークを担当する。全ての教員に、4年に1度は「初年次ゼミ」の担当が回ってくる計算になる。コース・専修によっては、このグループは4年間持ち上がることになる。ただし、小グループが4年まで持ち上がり、密度が濃くなりすぎるという弊害も指摘されている。このため副専修を強化し、複数免許を取らせる動きもある。

FDについては、FD冊子があって、その中の項目別にも活用できるようになっている。毎月何回かセミナーがあり、参加するとポイント化されて給与にも反映される。授業改善としては、ピアチェックとして、公開授業が義務化されている。ただし、グループワークの中身については各教員の裁量に任されており、必要に応じて教務委員が援助する程度である。

高知大学（農学部）

専任教員は農学部で60数名いるが、いずれかの初年次科目を担当することになっていて、完全な全学出動となっている。

FDは3月にはグループワークを課題に取り上げている。グループワークを担当する教員はこのFDへの参加が義務付けられ、農学部60名のうち15名の教員が参加している。FDには修了証書が発行される（表彰状のような形式）。

「大学基礎論」では手引き（マニュアル）が作成されている。

九州産業大学（経営学部）

初年次ゼミに該当する「基礎ゼミ」については、共通テキストがつくられている。

担当教員はメーリングリストで情報を共有している。月1回程度任意でランチミーティングを行っている。

「基礎ゼミ」は、専任教員28名中20名で担当している。担当者は他の科目との調整で決まるが、基本的には全教員が担当することになっている。

「基礎ゼミ」についてはティーチャーズマニュアルが作成されており、統括者によると「経験がなくてもこれさえあれば基礎ゼミが担当できる、よく考えられたマニュアル」とのこと。毎年改訂され、完成度が高められている。

ちなみに、新任の教員には基礎ゼミを担当してもらうようにしている。これは、早い時期に学生の学力の現状を知ってもらい、基礎ゼミの主務者になってもらおうという趣旨による。

第２部

大学からの先進的初年次教育の事例報告と質疑応答

複数の初年次ゼミを有機的に結合：高知大学（農学部）

ポートフォリオシステムでも成果：金沢工業大学（全学）

質疑応答（名古屋会場）

全教員出動で初年次教育を推進：信州大学（繊維学部　化学・材料系）

初年次教育をテコに大学改革を推進：嘉悦大学（経営経済学部）

質疑応答（大阪会場）

３人の特任講師中心で全学の初年次教育をカバー：三重大学（全学）

学生に将来設計を考えさせる初年次教育：名古屋商科大学（全学）

質疑応答（東京会場）

大学事例報告①（名古屋会場）

複数の初年次ゼミを有機的に結合：高知大学（農学部）

高知大学 農学部 副学部長 岩崎貢三

1．改革に先立ち学生を調査

高知大学では、他の国立大学とほぼ同じだと思いますが、1997～1998年にかけて共通教育の改革を行いました。そのなかで、基軸科目として「大学学」「日本語技法」「情報処理」を導入しました。また、担当体制としては、一般教育と言われていた定員を廃止して、全学出動体制での実施が始まりました。この頃から、初年次教育の重要性を言うようになり、2008年から、共通教育改革以降の10年間の一定の成果を基礎に、新たな状況に対応した独自の新たな「初年次教育」を構築しようという試みを続けています。

これを行っていくにあたり、2002年から2004年にかけて、「新入生の意識調査アンケート」を実施しました。また、2005年には教職員を対象にして、「学生生活実態調査」を実施しました。これは全学で実施されたものです。ここでは、アンケートの結果で目立ったものだけをピックアップしていますが、たとえば新入生の意識調査アンケートで、「自分が得意と思っていることは何か」という質問に対して、「自分の考えや出来事を人にわかりやすく説明することができる」と答えた学生が、ほんの15％程度しかいません。また、「修得したいこと、向上させたいことは何か」という質問に対しては、「コミュニケーション能力を高めたい」という答えが65％以上になっています。そして、教員に対するアンケート調査を見ても、「最近の学生を見て問題だと感じること」としては、「コミュニケーション下手である」という意見が非常に高い割合を占めています。ということで、コミュニケーション能力が不足しているという認識に関しては、学生側も教員側も一致していることがわかりました。さらに、教員側のアンケートの中で、「最近の学生を見て問題だと感じること」に対して、「無気力で勉強しない」「メンタルな問題を抱えた学生は増えてきていると思う」と答えた教職員が多いという結果が出ています。しかし、これに対して新入生のアンケートを見ると、「自分が得意と思っていることは」に対し、「やりたいことが見つかったらすぐ行動する」ということを挙げている学生が60％以上います。また、「修得したいこと・向上させたいこと」に関しても、「素養を修得できるなら苦手なことでもチャレンジしたい」と答えた学生が75％を占めています。つまり、教員の側は、学生の無気力さを感じているわけですが、学生の側は逆に、どんどんチャレンジしていきたいという気持ちを持っています。その部分で少し違いがあるということも見えてきました。

2008年度から行われている教育改革の内容についてです。まず基本方針としては、「学力だけでなくマインドを重視した初年次教育を強化する。学問的アイデンティティを確立させる。社会の要請に応える教育プログラムであるキャリア教育を導入する。効率的な担当システムを構築する」といったことを掲げ、2007年度まで行われていたこのような共通教育科目を改革しました。初年次科目は必修で12単位あり、「大学英語入門」と「英会話」は以前からあるものですが、「大学基礎論」「課題探求実践セミナー」「情報処理」「学問基礎論」では、特にグループワークを大幅に取り入れて実施をすることを始めています。今日は、これらの科目について紹介させていただきます。

2．初年次科目の役割と機能分担

先ほど述べた初年次科目は、いずれもグループワークを取り入れているわけですが、この3つの科目では、役割・目標とするところを多少違えています（**図表16**）。

まず、1年生の1学期に履修させる「大学基礎論」では、学びの見通しをつけさせることに重点を置いています。そして、1年生2学期に開講する「学問基礎論」では、学問的関心（理論的、多面的に考える力）というところに重点を置きました。「課題探求実践セミナー」という科目では、学びの転換（主

区　分	大学基礎論（1年生前期）	学問基礎論（1年生後期）	課題探求実践セミナー（1年生後期または2年生前期）
学びの転換【主体的に探求する力】	○		◎
学びの見通し【自己評価力（省察力）】	◎	○	
学問的関心【理論的、多面的に考える力】		◎	○
社会的関心【社会的使命感（謙虚さと責任感）】	○	○	○
協働への関心【真のコミュニケーション能力】	○		◎

【注】「◎」は、主となるものを示す。

（高知大学提供）

図表 16　高知大学の初年次科目における３題目の役割・機能比較

体的に探求する力）や、本当の意味でのコミュニケーション能力を磨いていくことに重点を置くというふうに、少しずつ異なる機能・目標をもたせて実施しています。

１年生１学期の「大学基礎論」という科目では、グループワークを取り入れています。グループワークを取り入れた授業は、教育学部などの一部の科目ではありましたが、我々の学部でこのような形式の授業を経験した教員はいませんでした。また、全学的に見ても、多数の先生がグループワークの指導をするような状態でもありませんでした。ということで、全学共通の授業担当者用の「手引き」を大学側が作成して、授業担当者に配布し、これにしたがって授業を行っています。手引きの中には、ここに挙がっている教育目標や開講方法、評価方法、あるいは授業担当者が行うべき役割などが書かれています。教育目標の１つ目は、「教わるから学びとる」へ学びの姿勢の転換をはからせます。２つ目は、自分の将来像についての意識付けを行います。それから、高知大学の存在意義を理解してもらう、コミュニケーション能力を向上させるといったことを目標にあげています。開講方法は、先ほどから述べているように１年生の１学期の開講ですが、内容としては全学共通のテーマを取り上げ、それをグループワークで発表させています。テーマの１つ目は「大学で学ぶとは」、２つ目は「社会はどんな力を求めているか」、３つ目は「地域社会における高知大学の役割と意義」であります。

担当教員の役割について、従来の講義形式の授業しか担当したことがない先生がたくさんいるわけですが、この授業ではグループワークにおけるファシリテーションをやってもらわなければなりません。しかし、ファシリテーションと言われても「何をやったらいいの？」ということになってしまうので、授業開始前の3月に授業担当者を対象に、グループワークに関するFDを実施、これを毎年継続して行っています。また、振り返り・学生自己分析シートを実施しますが、その目的は、「授業のねらいを理解してもらう。自分自身を認識させる。自己成長を意識させる。意識変化や気付きを把握する。大学に移行できているかを把握する」ということになります。3つ目としては、教員の側にも、教員の活動記録シートを出してもらうことにしています。

3．大学基礎論について

図表17は2009年度に農学部で実施した「大学基礎論」の授業計画です。基本的には、全学で共通となっている3つのテーマを取り上げて、最初に教員が関連した講義をします。そのあとグループワークに入ることになります。農学部の1年生は約180名で、約60名ずつ3つのクラスに分け、各クラスに3人の教員がついて、グループワークを指導しています。そして、グループワークが終わったら、プレゼンを行います。情報処理のところでも話そうと思いますが、いきなりパワーポイントを使ってやらせても、まったく問題なくパワーポイントで発表ができます。学生自己分析シートに関しては、1回目と15回目で同じ質問を行って、どのような変化があったかという解析を行っています。

実際にはどんなプレゼンのタイトルが挙がってきたのでしょうか。学生の側は基本的に、農学部の教員のHPや、いろんな教員が作っているサイトを見て、「こんなことをやっている先生がいる」といろいろ調べて、意見を持ち寄って、「自分たちはこれから何をやろうと思う」という内容をまとめて発表します。2つ目の題材「地域社会はどんな力を求めているか」では、講義の部分で、地域共同研究センターの先生に講義をしていただき、大学と県の共同で開発された商品などについてのお話をしていただきました。そうい

		内容		A班（約60名）		B班（約60名）		C班（約60名）	
1	4月11日	オリエンテーション授業計画の説明 グループ分け		合同講義1　（安武・市浦） 学生自己分析シートの実施					
2	4月17日	「大学で学ぶとは？ （農学部で何を学ぶか）」		合同講義2　（岩崎）					
3	4月24日			演習（TB）	宮崎 島村 山口	演習（TB）	市浦 森 西村	演習（TB）	市栄 紙井 安武
4	5月1日			演習（GW）		演習（GW）		演習（GW）	
5	5月15日			演習（GW）		演習（GW）		演習（GW）	
6	5月22日			プレゼン		プレゼン		プレゼン	
7	5月29日	振り返り・ レポート作成指導		合同講義3　（安武・市浦）					
8	6月5日	「社会が求める力と高知大学の役割」	「地域社会はどんな力を求めているか」	合同講義4　（受田）					
9	6月12日			演習（GW）	宮崎 島村 山口	演習（GW）	市浦 森 西村	演習（GW）	市栄 紙井 安武
10	6月19日			演習（GW）		演習（GW）		演習（GW）	
				プレゼン		プレゼン		プレゼン	
11	6月26日		「国際社会における高知大学の役割と意義」	合同講義4　（櫻井）					
12	7月3日			演習（GW）	宮崎 島村 山口	演習（GW）	市浦 森 西村	演習（GW）	市栄 紙井 安武
13	7月10日			演習（GW）		演習（GW）		演習（GW）	
14	7月17日			プレゼン		プレゼン		プレゼン	
15	7月31日	振り返り・ レポート作成指導・総括		合同講義5　（安武・市浦） 学生自己分析シートの実施					

TB; チームビルディング、GW; グループワーク

（高知大学提供）

図表17　高知大学（農学部）「大学基礎論」の授業計画（2009 年度）

う話を聞いた影響も大きくて、たとえば「自分ならこういう高知の名産品をブランド化していくんだ」というような発表が割と多かったように思います。大学の学問という見方からいうと、「そんなことばかりやるのが大学じゃないよ」と言いたくなるようなものもありました。最後の「国際社会における高知大学の役割と意義」では、3回目くらいになってくると学生のほうも情報収集方法が多岐に渡ってきて、実際に先生の研究室へ取材に行ったり、インターネットのみならずいろんな書物を調べて発表できるようになってきます。そして、ベトナムや中国、JICAといったことを題材にして発表がなされていました。

プレゼンに際しては、相互評価を行っています。これは、学生に配布したプレゼンテーション評価シートの一例です。左端には面白い名前が並んでいますが、グループワークのいちばん最初に「何でもいいからグループ名をつけてください」ということを各グループにやらせています。これもチームビルディングの一環で、これをやることで、お互いの話し合いがよりスムーズ

に進むようになっています。プレゼンの際には、他の班のプレゼンテーションタイトルを書き、発表に対してコメントを１～２行書いてもらいます。そして、内容・熱意・方法について５段階で評価して、このような恰好で提出してもらいます。出欠をとる必要があるので、一応名前を書いて出してもらいますが、コピーをとって、名前の部分は落として、全部を短冊状に切り、班ごとにまとめて、その班に「他の班の意見はこうだよ」と返してあげます。そういうことを生かして、また次のプレゼンテーションに臨むという形をとっています。

４．学生の成長について

図表18 は平成20年度のデータですが、「大学基礎論」を実施した後の、学生自己分析シートの結果です。コミュニケーションに関しては、先ほど第一部で紹介いただきました。意欲に関しても、「自分の思考や態度を振り返って、自分をさらに高めていこうとする意欲や決意がありますか」という質問に対して、第１週目では約60％が「強くある」とか「ある」という答えでしたが、15週目になると、８割以上の学生が「強くある」「ある」と答えるようになっています。

社会性に関しても、「自分が身に付けようとしている能力が、今後の社会の中でどのように役立つものなのかを意識して、さまざまなことに取り組んでいますか」という質問に対して、農学部の第１週では30％程度が「強くある」「ある」でしたが、第15週では60％以上の学生が「強くある」「ある」と答えるようになっています。このように、学生はこの授業を通じてかなり大きく変化をしているということが確認できました。

一方、担当教員活動記録シートには、いろんな意見がありますが、総評としては、「新しい取り組みだったので、全体的な理解不足と指導力不足を感じた」という率直な意見が出てきています。また、「グループ全員を共同作業に仕向けるのは非常に難しかった」という意見があります。学生自己分析シートの活用に関しては、「どのように利用したらよいかがわからない」と

（平成 20 年度 1 年生、1110 人対象）

意欲　具体的な出来事にぶつかって、これまでの自分の思考や態度を振り返り、
自分をさらに高めていこうとする意欲や決意がありますか

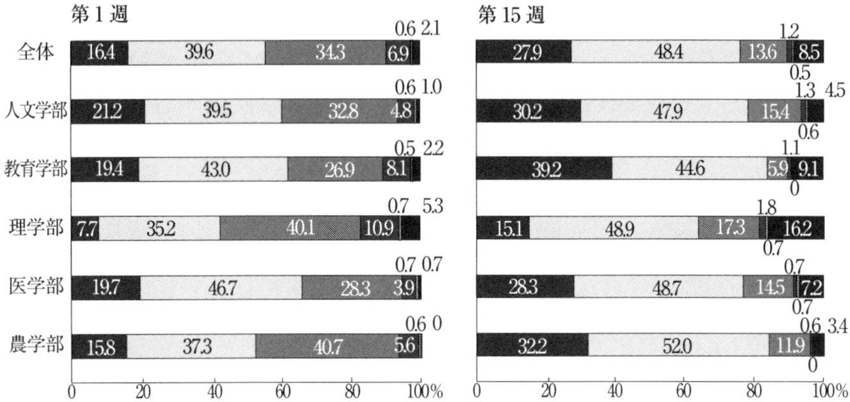

社会性　今、自分が身に付けようとしている能力が、今後の社会の中でどのように
役立つものなのかを意識して様々な事に取り組んでいる。

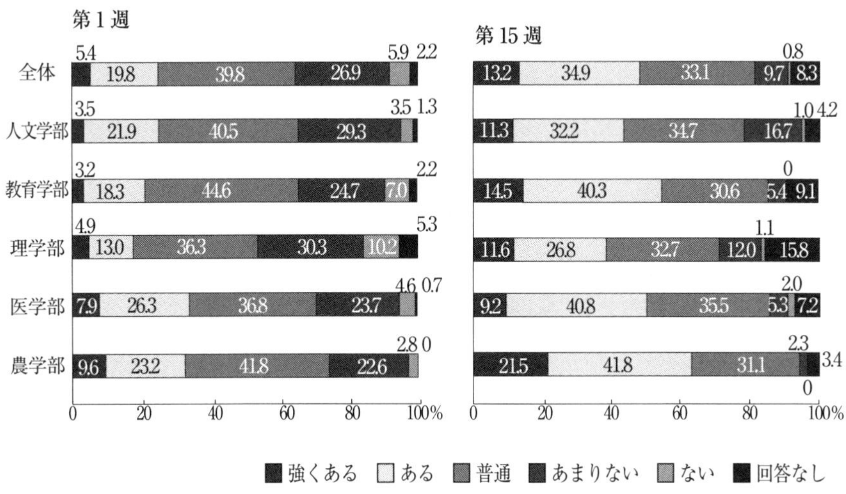

（高知大学提供）

図表 18　高知大学 学生自己分析シートの結果

いう答えがありますが、実は、この教員活動記録シートを提出してもらった時点では、学生自己分析シートの1週目と15週目の比較の結果が出ていないので、「どのように利用したらいいのかわからない」という意見は、確かに一理あるかと思います。その他の意見としては、やはり「従来の講義形式の授業は大切だ」という認識をもっている先生が非常にたくさんいて、「グループワークの重要性を認めるにしても、その基礎になるのは、講義によって学生の資質向上を図ることではないのか」「グループワーク、コミュニケーション能力の訓練などは、新入生よりも上回生で課したほうがよいのではないか」という意見の先生もいます。ただ、先ほど見せた、学生のアンケート結果の1週目と15週目の比較から明らかなように、一定の成果が見られるので、このような形式で今年度も実施していますし、今後も改善を加えながら、このような形で授業を進めていくことになると思います。

5．学問基礎論について

次の初年次科目として、「学問基礎論」を紹介します。高知大学農学部の1年生は180名で、そのうちの約60名は推薦入試で合格してきます。推薦入試で合格した学生は、農学部農学科の中に8つのコースがありますが、その所属コースがすでに決まっています。残りの120名の学生は前期入試・後期入試で合格してきて、2年生に上がる直前、1年生2学期の試験期間中にコース分属を行います。2年生の終わりには、自分が希望したコースがあまり適切でなかった場合に別のコースに変わることができる、転コースの制度を設けています。3年生の1学期の終了時には、卒業論文の仮分属ということで研究室に分属をします。そのあとは、卒業研究をして卒業という流れになります。

1年生の1学期には、先ほど述べた「大学基礎論」と「情報処理」の授業があります。2学期に「学問基礎論」があり、2学期から2年生の1学期にかけては「課題探求実践セミナー」というゼミが続きます。2年生2学期以降は各コースに分かれて実験・実習を行い、3年生は研究室でのゼミという形で、ゼミ形式の授業が実施されます。このなかで、「学問基礎論」は、コース分属の直前に位置していて、専門教育に向けての導入教育を行ううえで非常に重要な位置を占める科目になります。他にも、「学びの展望をもたせる。学部・学科のアイデンティティの確認を行う」という目標があります。「コミュニケーション能力を培う」などは「大学基礎論」と共通ですが、特に専門教育に対する導入教育であるという位置づけで、この科目を実施しています（**図表 19**）。

図表 20 は今年度の授業計画です。最初の5回に関しては、今年の場合は中国四国農政局の方に来ていただいて、日本の農政・農業に関する問題点のお話をしていただき、4回目・5回目のところでは、8つのコースのコース主任が順番に、それぞれのコースでどういうことをするかという話をしていきます。その後にレポートを一度出してもらい、後半部分がグループワークになります。グループ分けは、学生に自分が興味を持っているコースを2つ選ばせた後、第一希望コースが必ず含まれるような形で、2つのコースが主催するグループワークに取り組んでもらうようにしています。やり方は同じなのですが、コースによってはディベートをやらせたりする場合もあれば、

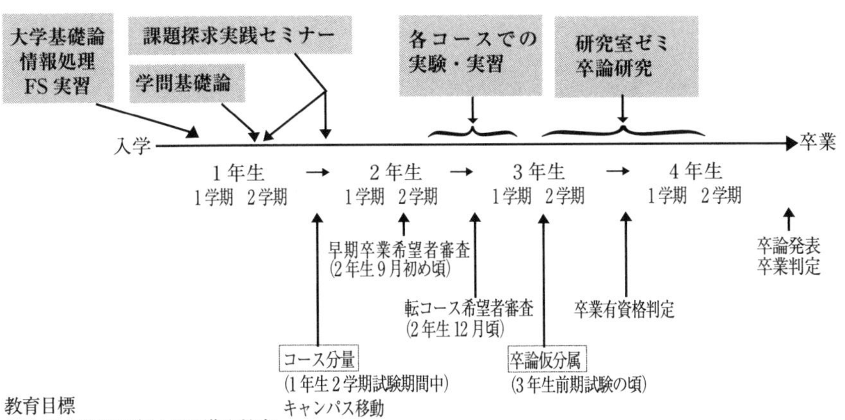

教育目標
(1) 専門教育に向けての導入教育
(2) 学問に対する学びの展望を持たせ、モチベーションを引き出す。
(3) 学部・学科のアイデンティティの確認。
(4) グループワークを通じてコミュニケーション能力や論理的思考力を培う。
(5) 演習やプレゼンを通じて、日本語技法の習得を図る。

（高知大学提供）

図表 19　高知大学（農学部・農学科）の教育システムと「学問基礎論」

		内容	担当	備考
1	10月7日	農学入門１　（農学概論）	学部長	
2	10月14日	農学入門２ （食料・農業・農村をめぐる情勢について）	中国四国農政局 （農政局次長）	
3	10月21日	農学入門３ （農山漁村の活性化及び資源化環境問題）	中国四国農政局 （農村計画部長）	
4	10月28日	農学入門４ （暖地農学、海洋生物生産学、食料科学、生命化学分野）	コース主任	
5	11月4日	農学入門５ （流域環境工学、自然環境学、森林科学、国際支援学分野）	コース主任	レポート 分野別演習の希望調査 （第３希望まで）
★以下では、８コースに基づく８クラスから２クラスを受講させる （調査で第１希望の分野は必ず含まれるようにする）。 ★実施方法は各コースに任せる。各コースの教育研究分野を題材に、プレゼンテーションを行わせること				
6	11月11日	分野別演習① （８分野から指定の１分野） （グループワーク；４～５人×５班）	各コース教員	教員による情報提供
7	11月18日		各コース教員	教員による情報提供
8	11月25日		各コース教員	プレゼンのテーマ決定
9	12月2日		各コース教員	情報集約、グループ内発表、プレゼン準備
10	12月9日		各コース教員	プレゼンテーション、相互評価、振り返り、レポート
11	12月16日	分野別演習② （８分野から指定のもう１分野） （グループワーク；４～５人×５班）	各コース教員	教員による情報提供
12	1月6日		各コース教員	教員による情報提供
13	1月13日		各コース教員	プレゼンのテーマ決定
14	1月20日		各コース教員	情報集約、グループ内発表、プレゼン準備
15	1月27日		各コース教員	プレゼンテーション、相互評価、振り返り、レポート

（高知大学提供）

図表 20　高知大学（農学部）「学問基礎論」の授業計画（2009 年度）

グループワークのプレゼンテーションをやらせる場合もあります。この科目でも、振り返りや学生による授業評価アンケートなどを実施していますが、そのことに関しては省略させていただきます。

各コースは設備や教員数の関係で、受け入れられる最大学生数を定めています。これに対して、学生が「○○コースに行きたい」という希望を出してきて、分属をさせます。そうすると、どうしても人気があるコースとないコースが出てしまいます。食料科学、生命化学、自然環境学というコースではオーバーしてしまったのですが、それでも全体 120 名のうちの 17 名です。つまり、大半が第一希望のコースに分属することができていて、またオーバーした学生も、第二希望あるいは第三希望のコースに分属することができています。ということで、学生のほうもこの「学問基礎論」の授業は、自分の勉強したい分野を決めるうえで役に立っているのではないかと判断しています。

6．課題探求実践セミナーについて

グループワーク形式の初年次科目である「課題探求実践セミナー」に移ります。このセミナーは開講が1年生の2学期で、1年生1学期に行った「大学基礎論」での学びの転換を受けて、さらに能動的・主体的学習を促進することを目標にしています。農学部の学生は、実は1年生の2学期または2年生の1学期に、この科目を選択します。1年生の2学期に選択できる科目は、主に人文学部と総合教育センターの先生が担当して開講しています。1年生2学期の「課題探求実践セミナー」は全員が選択するわけではなく、残りの学生は2年生1学期に、農学部教員が担当して開講する「課題探求実践セミナー」を受講するようになります。そして、いずれか1題目を選択必修とい

<table>
<tr><th></th><th></th><th>内容</th><th colspan="3">A班（約60名）</th><th colspan="3">B班（約70名）</th></tr>
<tr><td>1</td><td>4月15日</td><td>セミナー実施ガイダンス</td><td colspan="6">合同講義（後藤）</td></tr>
<tr><td>2</td><td>4月22日</td><td>農学における生物資源と環境</td><td colspan="6">合同講義（曳地）</td></tr>
<tr><td>3</td><td>4月30日</td><td>全体学習
(中課題①の整理・選択)</td><td rowspan="6">農学における生物資源</td><td>演習（TB）</td><td rowspan="6">尾形
村井
深田</td><td rowspan="6">農学における環境</td><td>演習（TB）</td><td rowspan="6">後藤
宮内
村松</td></tr>
<tr><td>4</td><td>5月13日</td><td>中課題①に関わる学習</td><td>演習（GW）</td><td>演習（GW）</td></tr>
<tr><td>5</td><td>5月20日</td><td>小課題の決定</td><td>演習（GW）</td><td>演習（GW）</td></tr>
<tr><td>6</td><td>5月27日</td><td>グループ内発表</td><td>演習（GW）</td><td>演習（GW）</td></tr>
<tr><td>7</td><td>6月3日</td><td>プレゼンテーション</td><td>プレゼン</td><td>プレゼン</td></tr>
<tr><td>8</td><td>6月10日</td><td>課題整理</td><td>振り返り</td><td>振り返り</td></tr>
<tr><td>9</td><td>6月17日</td><td>全体学習
(中課題②の整理・選択)</td><td colspan="6">合同講義（塚本）</td></tr>
<tr><td>10</td><td>6月24日</td><td>中課題②に関わる学習</td><td rowspan="6">農学における環境</td><td>演習（TB）</td><td rowspan="6">尾形
村井
深田</td><td rowspan="6">農学における生物資源</td><td>演習（TB）</td><td rowspan="6">後藤
宮内
村松</td></tr>
<tr><td>11</td><td>7月1日</td><td>小課題の決定</td><td>演習（GW）</td><td>演習（GW）</td></tr>
<tr><td>12</td><td>7月8日</td><td>グループ内発表</td><td>演習（GW）</td><td>演習（GW）</td></tr>
<tr><td>13</td><td>7月15日</td><td>プレゼンテーション</td><td>プレゼン</td><td>プレゼン</td></tr>
<tr><td>14</td><td>7月22日</td><td>課題整理</td><td>振り返り</td><td>振り返り</td></tr>
<tr><td>15</td><td>7月29日</td><td>レポート作成指導・総括</td><td>レポート作成指導、総括</td><td>レポート作成指導、総括</td></tr>
</table>

TB; チームビルディング、GW; グループワーク

（高知大学提供）

図表21　高知大学（農学部）「課題探求実践セミナー」の授業計画（2009年度）

うことにしています。

図表 21 は今年度の授業計画ですが、実施方法は「大学基礎論」や「学問基礎論」と同じです。テーマを掲げて、講義を行い、グループワークをさせます。また、約 60 人のクラスに対して、3 人の教員がつくようになっています。取り上げているテーマは、「農学における生物資源」「農学における環境」の 2 つです。この授業でも、振り返りやアンケートを実施しています。「大学基礎論」では非常に効果があったというデータを見せましたが、その結果と比較すると、伸び率はあまり高くなかった。これは、グループワーク形式の授業も 3 回目ということになると、プレゼンに対しても、学生が自分自身に求めているレベルがかなり高くなってきているということが、まず 1 つ考えられました。もう 1 つは、グループワークのトピックス、こちらが与える題材も上手に考えないと、以前やったものと重複してきてしまっているということがあり、これは今後の検討課題かと考えています。

7．フィールドサイエンス実習について

図表 22 は共通教育科目ではなく専門の必修科目ですが、「フィールドサイエンス実習」という 1 年生の 1 学期に実施している科目があります。農学部農学科の教育目的の中に、「現場主義」とか「山から海までのフィールドで生じる生産・環境・資源に関わる諸問題の理解と解決に向けた方策を提案し実行できる人材を育成する」とうたっているように、我々にとってフィールドは非常に大切な位置づけになっています。ということで、農学部生としてのアイデンティティを持たせることを目的に、「農学部がどんなところで、どんな施設があるのかを体験してもらい、先生方はどういう研究をしているのかを知ってもらう。農学の背景となる産業現場での活動について学ぶ」ことをこの科目の目的にしています。これは実習形式で、農場や演習林、河川流域、海洋生物研究教育施設に出かけて行ったりします。だから通常の時間割に組み込むことができず、週末（土・日）に集中的に実施しています。

これは授業計画であるが、農学部の 1 年生全員を 30 人ずつのクラスに分

コース	グループ	人数	分野							
			農場		森林／河川		海洋		応用／生物科学	
			AM	PM	AM	PM	AM	PM	AM	PM
A	A-1	30	内容は全グループ共通	内容は全グループ共通	森林体験学習オリエンテーリング（間伐，測樹，年輪観察，樹木鑑定，山地測量など）（市栄，大谷，後藤，柴山，長井）	渓流，河川の流速，流量，水質の測定と地形の測量（佐藤周，紙井，佐藤泰，笹原，篠，大年）	磯の生物採集（関，川合）		食品製造工程，品質管理の紹介（沢村・受田・島村）	
	A-2	30	農業機械体験操作（石川・宮内・河野） 育苗施設の見学と日本の稲作概要説明（山本・吉田・村井・宮崎・康・竹村・早田）	田植え体験実習（山本・吉田・村井・宮崎・康・竹村・早田）	渓流，河川の流速，流量，水質の測定と地形の測量（佐藤周，紙井，佐藤泰，笹原，篠，大年）	森林体験学習オリエンテーリング（間伐，測樹，年輪観察，樹木鑑定，山地測量など）（市栄，大谷，後藤，柴山，長井）	海中観察（スノーケリングによる観察）（山岡，横浪　高知大林海実験所）		有機農法・有機食品工場の見学と講義（永田・村松）	
B	B-1	30		昆虫と花の観察（荒川・福田） 家畜飼養施設の見学・作業体験（櫻井・浦部）	森林体験学習オリエンテーリング（間伐，測樹，年輪観察，樹木鑑定，山地測量など）（市栄，大谷，後藤，柴山，長井）	渓流，河川の流速，流量，水質の測定と地形の測量（伴，大年，藤原，紙井，松本，笹原）	海洋観測（水質調査）（足立，山口）		野菜中の硝酸態窒素の測定（岩崎・田中）	植物の染色体観察（大西・加藤）
	B-2	30	施設野菜の栽培と収穫（山根・島崎・高芝・吉良）	生産活動を経済的視点から見る（西井・松島）	渓流，河川の流速，流量，水質の測定と地形の測量（伴，大年，藤原，紙井，松本，笹原）	森林体験学習オリエンテーリング（間伐，測樹，年輪観察，樹木鑑定，山地測量など）（市栄，大谷，後藤，柴山，長井）	魚の血液による環境汚染調査（益本，深田）		微生物の分離と作用（永田・村松）	
C	C-1	30	降雨体験施設による人工嵐の体験（笹原・森） 南国フィールドの生産物を用いた炊飯・調理実習	南国フィールドにおける生産と研究紹介（長谷川・尾形・山根・宮内・宮崎）	森林体験学習オリエンテーリング（間伐，測樹，年輪観察，樹木鑑定，山地測量など）（市栄，大谷，後藤，柴山，長井）	渓流，河川の流速、流量，水質の測定と地形の測量（篠，伴，佐藤周，藤原，佐藤泰，松本）	魚市場及び水産会社見学（伊藤）		香の合成（金・手林）	プロトプラストの観察（曳地・木場）
	C-2	30			渓流，河川の流速，流量，水質の測定と地形の測量（篠，伴，佐藤周，藤原，佐藤泰，松本）	森林体験学習オリエンテーリング（間伐，測樹，年輪観察，樹木鑑定，山地測量など）（市栄，大谷，後藤，柴山，長井）	深層水研究施設及び深層水関連食品工場見学（森岡）		細胞の凍結保存（葛西・枝重）	農産食品と酵素（八木・芦内）
メニュー責任者（◎主責任者）			◎尾形，荒川		◎塚本，佐藤（泰）		◎関，深田		◎島村，永田	
関係コース等			暖地農学，自然環境学，国際支援学，食料科学		森林科学，流域環境工学，自然環境学，国際支援学		海洋生物生産学，自然環境学，国際支援学，黒潮圏海洋科学		食料科学，生命化学，国際支援学，遺伝子実験施設，黒潮圏海洋科学	

（高知大学提供）

図表 22　高知大学（農学部）「フィールドサイエンス実習」の授業計画（2009 年度）

けて、学生にＡコース・Ｂコース・Ｃコースのいずれかを選ばせます。たとえばＡコースを選んだ学生は、この表にあるように、農場、森林・河川、海洋、応用・生物科学という４つの分野の実習をすべて受けていく形になります。

8．今後の課題

最後に、今後の課題として２つ申し上げたいと思います。１つ目は、教員の「初年次教育」に対する意識改革が必要ですが、FDは３月下旬に毎回行っていて、修了した人には修了証書を出しています。とはいえ、やはり都合で受講できない先生もいるし、特に年輩の先生の関心が高くないということが言えるかと思います。また、コーディネーターの制度は特に設けておらず、担当教員が授業開講前にミーティングを実施していますが、これは担当者に任されている状況なので、そこら辺の改善が必要かと思います。

高知大学では一応、全学出動体制ということになっていますが、基本的には各学部に実施は任されています。だから、全学部教員出動体制と言ったほうがいいかもしれません。現状では、若い先生に負担が増える傾向にあり、これにどう対応するかということが問題となっています。

もう1つの大きな問題としては、学生の自律促進という意味で、PDCAサイクルが十分回っているかという視点で見ると、「情報処理」においては振り返りやポートフォリオを活用していて、特にラーニングポートフォリオによって自己評価を行い、次の目標設定を行っています。しかし他の科目はこういった点で、まだ改善の余地があるのではないかと思います。

※「情報処理」については割愛しています。

大学事例報告②（名古屋会場）

ポートフォリオシステムでも成果：金沢工業大学（全学）

金沢工業大学 学生部長　藤本元啓

1．初年次教育の変遷

本学では平成7年度に第1次教育改革を開始しましたが、それ以前から今日でいう初年次教育科目群が存在していました。7年度以降は本格的に初年次教育を意識し始め、20年度までは**図表23**のような4科目を展開していました。特徴として、まず平成7年に修学アドバイザー制度、ノートPCの所有義務化、16年度にポートフォリオを導入したことが挙げられます。また16年度開始の4科目はすべて必修であり、しかも統一シラバスによって運

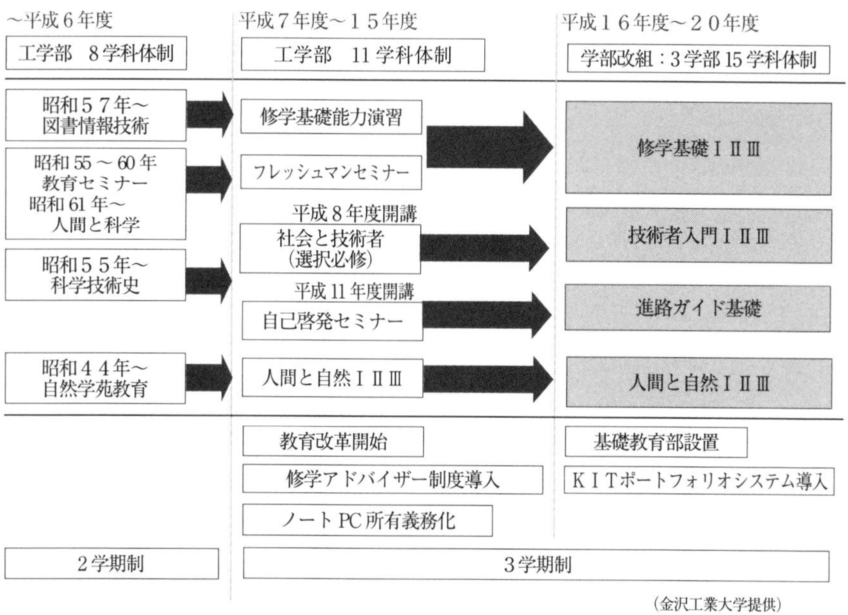

図表23　金沢工業大学の初年次教育の変遷

営され、評価基準も同一としています。

基本的には本学の初年次教育は、人間形成・社会性などに力点を置いています。いわゆるスタディ・スキルよりもスチューデント・スキルのほうにやや重きを置いてきた歴史があります。もちろん理工系の大学なので、スタディ・スキルも重視していますが、それは別個の科目群に配当しているところに最大の特徴があります。

2．基礎教育部の概要

基礎教育部には4つの課程があります。その中で、スタディ・スキルの一部とスチューデント・スキルを担っているのが、「大学教育適応支援促進科目群」という長い名前がついている4科目です（**図表 24**）。21年度に2学期制に移行したので、キャリアデザインを担う「進路ガイド基礎」を「修学基礎」に含め、通年で教えることとしました。その他、情報リテラシー、専門課程への導入としては、数理工基礎教育課程と、基礎実技教育課程があります。後者は、のちほど申し上げる「プロジェクトデザイン」というPBLを

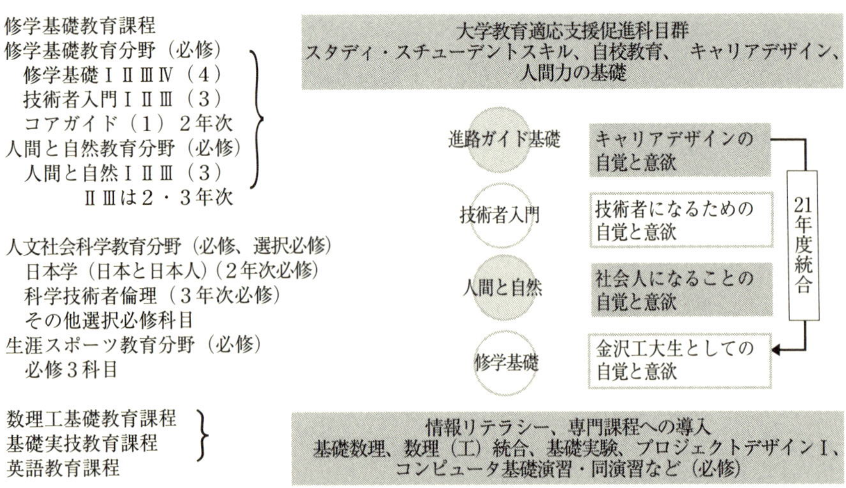

（金沢工業大学提供）

図表 24　金沢工業大学 基礎教育部の概要 21 年度（2学期制）

用いた学習や基礎実験を担当するので、専門課程に近い教員が担当しています。すなわち、多くの大学で行われている「基礎ゼミ」の内容を複数の科目として展開しているところに特徴があるといえます。

４つの科目のうち「人間と自然」は、１年生から３年生までの必修科目で、１年生は前学期、２年生は前学期から後学期にかけて、３年生は後学期に履修し、穴水湾自然学苑で卒業までに６泊９日の合宿研修を行います。海洋調査、海洋訓練のほかグループ討議やプレゼンテーションを行いますが、１年生では仲間作りが意識されています。研修施設には 120 〜 130 名の学生が寝泊まりできるようになっており、団体生活なので、共同、規律、礼儀を、自然湾学苑の専任教職員が指導します。

もう１つ、必修科目「技術者入門」があります。本学の学生の多くはエンジニアをめざしているので、技術者としてどのような心構えが必要か、あるいは経済産業省が提唱する社会人基礎力などを踏まえて、どのような自立した技術者になるかということを教えます。自立した技術者とは、自分自身で考え行動するということです。これは１年生の前学期夏から始まりますが、担当者全員が企業出身者であることに特徴があり、より現実的かつ社会的な授業が行われます。課題には１週間の新聞を読んで 10 大ニュースを記す「週間レポート」があり、これは毎週提出しなければいけません。夏休みの課題には読書レポートがあり、その他テーマレポートや自己評価ポートフォリオがあります。専門家が１年生に対して行う、技術者に対する理解を深める導入教育です。

今日お話しする最も大事な部分が、すべての基礎を作る「修学基礎」で、「ⅠⅡⅢⅣ」を１年間で行うクォーター制の必修科目です。この中で特に大事なことは、１日、１週間、１学期間、１年間という時間の区切りを学生に意識させることです。自己管理とタイムマネジメントは、１年間を通して課題として出される「修学ポートフォリオ」を活用して習慣付けます。そのほか本学で行っている各種授業スタイルの体験、教室を離れた企画運営を行ったりもしています。たとえば「キャンパスラリー」は、入学オリエンテーションの期間に学生にキャンパス地図とラリーシートを渡して、訪ねた施設をチェックし感想を書かせるものですが、このときには小さなグループ単位で行動し、仲間づくりと協働を意識させています。

そのほか様々な活動において文章作成を行い、日本語表現訓練を量的に試みています。本学に入学する学生の中には、「作文が嫌いだから理工系に来た」と堂々と言う諸君が結構います。初めから論理的な文章を書かせると、それだけで抵抗感を抱いて書かなくなってしまうので、まずは自分のこと、周囲のことなどから書かせるようにしています。また、この科目では入学直後の５月と年度末の２月にクラス全員の個人面談を行い、各学期では教員が指定する学生あるいは希望する学生との面談を行っています。面談した内容はすべて「修学履歴情報システム」に入力し、学生情報の共有化を図っています。担当教員は、修学基礎教育課程を中心に約30名で、クラスサイズは学科単位で40名、多いところでは70名近くになります。すべてのクラスが8時40分からの1限目に開講、全学共通のシラバスで運営し、採点基準もすべて細かく決められ、学生に公開しています。

３．修学基礎の概要

図表25は修学基礎の大まかな内容で、上段は前学期の春、下段が前学期の夏です。まずはオリエンテーション週間時に、私が「修学と生活」について話をします。そのあと学長に「学生に求めるもの」と題して講話をお願いしました。前学期の夏には、進路部長にキャリアデザインについて、またカウンセリングセンターからも講話を頂きました。また、夏休みに宿題が出せるということも、非常に有効です。

後学期になると専門科目の履修が増えるので、教務部長から「こういうことを勉強してほしい」と、専門分野における学習上の注意をいただきます。所属している学科の研究室に関する調査を行い発表します。後学期の冬には、自己開発センターからライセンスについての話をいただきながら、今後のキャリア設計を行います（**図表26**）。

したがって本科目は特殊なスキルを扱う科目ではありません。自分自身を再確認し、大学生としての行動を意識させる科目です。そのツールが後述するポートフォリオです。

修学基礎Ⅰ（前学期春）★オリエンテーション週間時に学生部長講話「修学と生活」
★修学生活に意欲的に取り組むために、学習スタイル学習環境を理解する
１回：ガイダンス、メモの取り方
２回：学長講話「学生に求めるもの」
　　・課外：ライティングセンター特別講義「小論文作成の方法」
３回：文章作成の方法
４回：グループ討議の方法　　・課外：個人面談（４～６週）
５回：グループ討議と発表　大学生活、倫理観、その他指定テーマ
６回：修学アドバイザーの自由講義・演習
７回：再個人面談
８回：自己点検授業、修学基礎Ⅱガイダンス

修学基礎Ⅱ（前学期夏）
★修学生活を振り返り、今後の学習目標を明確にし、修学意欲を高める
１回：進路部長講話「キャリアデザインのすすめ」
２回：ポートフォリオ入力の方法（修学ポートフォリオ、キャリアポートフォリオ）
３回：カウンセリングセンター講話「充実した大学生活を送るために」
４回：プレゼンテーションの基本技術、グループ討議（キャリアデザイン関連テーマ）
５回：４回目の発表、パワーポイント使用
６回：修学アドバイザーの自由講義・演習
７回：後学期履修計画書の作成
８回：自己点検授業、修学基礎Ⅲガイダンス

夏期課題
１週間の行動履歴
小論文コンテスト草稿

（金沢工業大学提供）

図表 25　金沢工業大学 修学基礎の概要（前学期）

修学基礎Ⅲ（後学期秋）
★専門領域を理解し、学習計画を設計することによって、基礎領域の重要性を理解する
１回：教務部長講話「後学期からの修学姿勢」
２回：所属学科研究室調査、ゲストスピーカー（専門課程教員）
３回：研究室に関するグループ討議①
４回：研究室に関するグループ討議②・発表資料作成
５回：研究室についての発表（パワーポイント使用）
６回：修学アドバイザーの自由講義・演習
７回：４年間の履修計画書作成
８回：自己点検授業、修学基礎Ⅳガイダンス

修学基礎教室
楕円形テーブル　情報コンセント

修学基礎Ⅳ（後学期冬）
★１年間の大学での修学生活を反省し、２年次以降の修学意欲を高める
１回：自己開発センター講話「資格取得のすすめ」
２回：修学アドバイザーの自由講義・演習、ゲストスピーカー（外部講師可）
３回：キャリアデザインシートの再検討と WEB 入力
４回：キャリアデザインからの大学生活に関するグループ討議
５回：キャリアデザインからの大学生活に関する発表
６回：個人面談（課外を含む）
７回：個人面談（課外を含む）
８回：自己点検授業

（金沢工業大学提供）

図表 26　金沢工業大学 修学基礎の概要（後学期）

4．教育目標、学生の行動目標、評価方法

図表27に挙げたように「修学基礎」には大きく3つの教育目標があり、それぞれに学生の行動目標が記されています。たとえば「本学の学生として求められる学習や生活に取り組む態度・姿勢」という教育目標に対して、学生の行動目標は「学習・生活スタイルを確認した上で学習計画を立案し、履修計画を作成することができる」となります。この「○○できる」という記し方は、理工系大学の先生方はよくご存知のように、JABEE（日本技術者教育認定機構）のやり方です。各目標について様々な評価項目をおいています。

教育目標	学生の行動目標	評価方法
本学の学生として求められる学習や生活に取り組む態度・姿勢	学習・生活スタイルを確認した上で学習計画を立案し、履修計画を作成することができる	・キャンパスラリーレポート ・図書検索シート ・修得単位管理表 ・後学期の履修計画 ・予習レポート ・レポートの提出期限 ・授業への出欠・遅刻
	規則正しい生活をし、授業には欠かさず出席し、提出物の締切を守るなど積極的に学ぶ姿勢を確立できる	
	グループに協力的な姿勢で臨む、提出物の締切を守るなど、学ぶための規範を確立できる	
自己実現を目指した自主的な学習計画を設計し実行する姿勢	「1週間の行動履歴」の作成を通して自己管理能力を高め、次学期での対応を文章で報告することができる	・大学で挑戦したいこと（レポート） ・1週間の行動履歴 ・キャリアポートフォリオ ・各学期の達成度自己評価 ・学科・研究室レポート ・年度末の達成度評価ポートフォリオ
	本科目における学生の達成すべき行動目標を自己評価できる	
	研究室を訪問して専攻選択の動機づけを行い、将来への展望を文章で報告することができる	
	学習・生活スタイルを確認した上で学習計画を立案し、履修計画書を作成することができる	
活動と行動の基準や日本語表現力を身につけ実践する姿勢	講話の内容を整理し、それに対する自己の見解を文章で作成することができる	・学長・学生部長・教務部長・進路部長講話レポート ・グループ討議メモ・レポート
	グループ討議を通して自己の見解と他者の見解を文章で作成することができる	

（金沢工業大学提供）

図表27　金沢工業大学の教育目標、学生の行動目標、評価方法

5．修学ポートフォリオ・1週間の行動履歴

では本学で展開しているポートフォリオについて説明します（**図表28**）。まず「1週間の行動履歴」です。これは新しいバージョンで、上部に「1週間の優先順位」があり3項目記入でき、達成度は「◎」「○」印など自己判

21 年度版実例

1週間の行動履歴

※R…レポート、P…プリント

①	木曜日の設計演習のエスキスをしっかりする	○
②	宅建の勉強に毎日二時間は時間をとる	○
③	学校に早く慣れる	◎

9/27	日		設計演習(120) 宅建(120)	アルバイト16:00～22:00	○	○	○	6	0
9/28	月		宅建(120)	アルバイト16:00～22:00	○	○	○	6	0
9/29	火		設計演習(120) 宅建(120)ゼミ手伝い(240)	SA 14:40～16:25 模型室 16:00～22:00	○	○	○	6	0
9/30	水		設計演習(300) 宅建(90)	LC 9:00～12:00	○	○	○	3	0
10/1	木		宅建(120) ゼミ手伝い(300)	模型室 16:00～23:00	○	○	○	5	0
10/2	金		ゼミ手伝い(300) 宅建(120)	模型室 10:00～16:00	○	○	○	7	0
10/3	土		宅建(120)	アルバイト16:00～22:00	○	○	○	7	0

ゼミの手伝いで、なかなか自分の時間が取れなかった。しかし、宅建の勉強は着実にできたと思う。試験まであと少ないし、もう少しスピードを上げていきたい。また、来週から設計の課題も大詰めに入るから、宅建もゼミの手伝いも計画的に進めていきたい。

①今週の優先順位と達成度
②出欠席遅刻…科目名、理由
③学習…科目名、資格名、時間数
④課外活動…教育施設、クラブ活動、
　アルバイト、時間数
⑤健康管理・・・朝昼夜の食事摂取、睡眠時間、
　積極的な運動時間
⑥１週間で満足したこと、努力したこと、
　反省点、日常生活で困ったこと

修学生活からの
モチベーション

教員のコメント欄
教員コメントを確
認し、各自で入力

（金沢工業大学提供）

図表 28　金沢工業大学の修学ポートフォリオ：１週間の行動履歴

断で記します。その下の左端は「授業の欠席・遅刻」の情報で、例えば毎日1時間目に遅刻欠席があれば、「なぜ1時間目ばかり休むのか」と自己点検することになります。その理由として夜遅くまで起きている、あるいは深夜のアルバイトを行っている、という事例はよくあります。その次は、正課授業以外でどんな勉強をしたのかを書きます。これは資格の勉強でも良いことになっています。このシートは実例（掲載了承済み）ですが、この学生は建築系で、宅建の勉強を一生懸命やっています。その次は課外活動でどういうことをしているか、アルバイトでもクラブ活動でもかまいません。その次の小さい「○」印は１日３回の食事を摂取したかどうか。その次は睡眠時間、最後は運動時間で通学時間・体育の授業時間などは含めません。この部分は生涯スポーツの先生方から「健康管理は大事なことだ」と提案をいただきました。また本学学生は４分の３が下宿をしていますので、保護者が心配するのは独り暮らしの食生活であり、これにも対応できます。

これらを記入すると１週間分が完成するので、最後に「1週間で努力したこと、あるいは困ったこと」などを記します。そしてこれをプリントアウトして、次の週に提出します。教員はこれにコメントを加えて、翌週必ず手渡しするようにしています。このようなことをして、学生の修学へのモチベー

ションを上げていきます。「面倒だからここに教員が直接入力しても良いのではないか」と思われる先生方も多いでしょうが、1年生ではクラス担任と顔を合わせて手渡しする作業が不可欠だろうと思っています。4年生の「プロジェクトデザインⅢ」になると、教員の入力方式に変わっていきます。

この「修学基礎」には6項目の学生の行動目標があり、例えば「1週間の行動履歴作成を通して自己管理能力を高め、次学期での対応を文章で報告することができる」という行動目標に対して、達成度（%）を記します。これは全科目の授業アンケートにあるわけですが、本科目ではその理由も書かせます。これが学生の振り返りの1つになります。例えばA君の60%とB君の60%は数値が同じでも、達成度内容が異なります。加えて、前学期全体の修学状況と生活状況を作成します。これが「各学期の達成度自己評価ポートフォリオ」です。

6．キャリアポートフォリオと達成度評価ポートフォリオ

1年次にはキャリアポートフォリオを作成します（**図表29**）。まず幼稚園から高等学校までの自分史として、項目にチェックを入れ必要事項を記憶の限り入力していきます。そして高校までの自分史を完成した上で卒業後のキャリア像をどのように考えているのかを入力します。次に「これから4年間、何をやっていくのか」ということを整理し、現時点での自分の特性と目標をはっきりさせます。これは、現在の自分というものを過去と将来にわたっても考えてみる作業で、自己分析の1つとして扱っています。ここではキャリアデザインからモチベーションを上げることが目的で、修学中心の「1週間の行動履歴」と併せ、別個の素材から学生のモチベーションを上げようと試みています。

年度末になると以下の5項目について各学年の「達成度評価ポートフォリオ」を作成します。①今年度の目標（50文字）と達成度自己評価（200文字）、②今年度の修学・生活状況の反省（100文字）、およびその改善方法（200文字）、③希望進路（100文字）とその実現に向けて実際にとった行動・成果・展望（200文字）、④「KIT人間力＝社会に適合できる能力」に示された5つの能力の

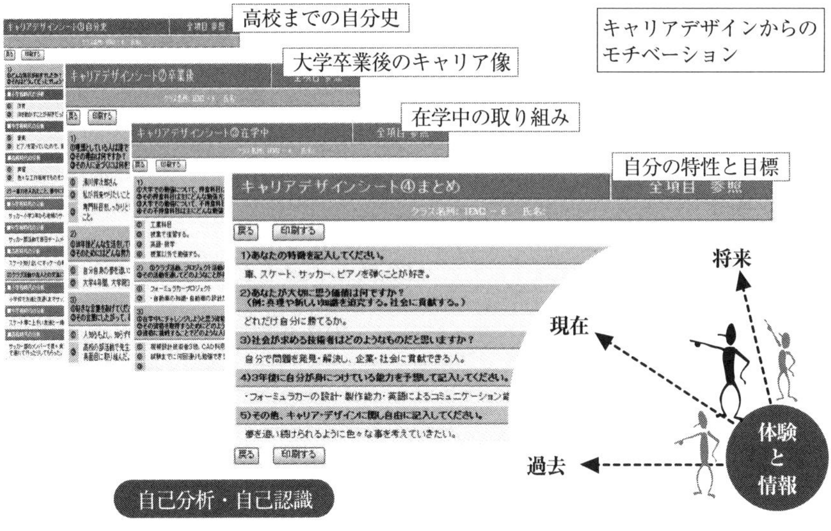

（金沢工業大学提供）

図表29　金沢工業大学のキャリアポートフォリオ　進学ガイド基礎→修学基礎(21年度)

達成度自己評価（各100文字）、⑤次年度の目標（50文字）とこれを達成するための行動予定（200文字）。進級すると全員に個人面談があるので、特に⑤の部分が面談の対象データになります。

このように面倒なことを行っているわけですが、ポートフォリオの作成を通じて学生たちは、「振り返り」「反省と計画」「自己表現」「文章表現」に関して意識するようになっています。例えば、先生方もお感じになっていると思いますが、現在就職戦線でエントリーシートを提出するにあたっては、学生はWEB上で一度に20～30社に送ってしまう。大学は3～4年生対象に就職対策の講座を開くわけですが、その時点では遅いのです。要するに彼らが弱いのは「自己表現力」です。本学の学生は実験のレポートは専門的に書くことができますが、それは目の前にデータがあるからです。ところが自分を見つめるデータはないので、なかなか書けないですし、自分のことを表現できません。私も平成12～13年頃、ある優秀な学生のエントリーシートを読んで「これは問題だ」と思っていたのですが、1年生のときから短い文章でもいいので、継続的に書かせることが訓練として大切だろうと思っています。1週間の行動履歴も、最初の頃は「辛かった」「大変な1週間だった」

と一言で終わるのですが､先生が「何が辛かったのですか」と返していくと､次回には「これこれで辛かった」となります。そういうことをコツコツやっていくと､そのうち「文字数制限をしないでください」と､嬉しい言葉が返ってくるようになります。

7．KITポートフォリオシステム

本学では､ここに挙げた5種類のポートフォリオが動いているわけですが､これは特別なスキルを身に付けるものではなく、自学自習や生活スタイルの確立、目的指向を高めるためのツールにすぎません。例えば2年次の「プロジェクトデザインⅡ」(理工学のテーマに関するポスターセッション）では、授業の第1週、中間の第7週、最終の15週に、この科目に関する能力に対する自己評価を記入して、その向上を図る方法をとっています。4年次の「プロジェクトデザインⅢ」は､皆さんの大学では卒業研究にあたるものですが､

学生一人ひとりのポートフォリオ情報を記録・蓄積して、大学生活における向上過程を顧み、将来への展望を構築する、下記ポートフォリオの集合体
①自学自習の姿勢を身につける
②生活スタイルを確立する
③自己の目的指向を高める

修学ポートフォリオ
キャリアポートフォリオ
自己評価レポートポートフォリオ
　修学基礎科目・専門科目及び課外活動における自己評価
プロジェクトデザインポートフォリオ
　プロジェクトデザインⅠⅡにおける成果物と自己評価
　プロジェクトデザインⅢにおける活動記録と指導記録
達成度評価ポートフォリオ

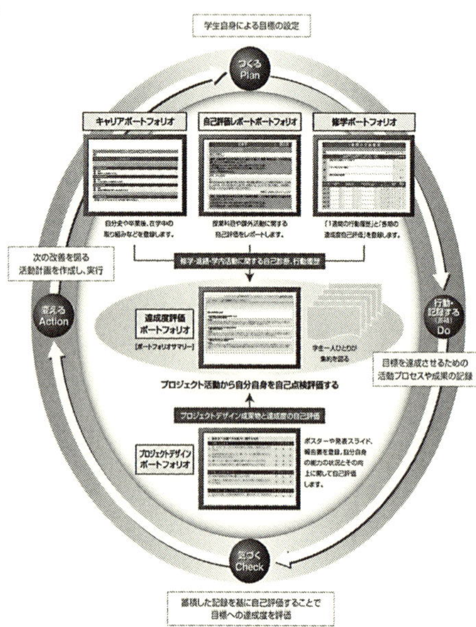

(金沢工業大学提供)

図表30　KITポートフォリオシステム

そこでは必ず活動記録を入力し、それに対する指導教員からのコメントが入ります。そしてこれらのポートフォリオをエビデンスとして１～３年次末に作成するのが「達成度評価ポートフォリオ」なのです。即ち１科目のポートフォリオでPDCAを回すと同時に、ポートフォリオ全体でもPDCAを回すという二重の仕組みで構成されています（**図表30**）。

8．学生アンケートから

学期末のアンケート結果を数例紹介しておきます(**図表31**)。「教員の熱意を感じることができたか」という質問に対して、網掛けの部分が「感じ取れた」「まあ感じ取れた」で、高い数値になっています。教員は学生が好きであることが大事で、初年次教育を「自分の専門外で面倒」と思っている先生はダメです。また学生との往復作業をうまくやることは難しいが、「先生方は、提出

教員の熱意を感じ取ることができましたか

	感じ取れた	まあ感じ取れた	あまり感じ取れなかった	感じ取れなかった	回答数
17年１期	52.2%	40.4%	4.9%	2.5%	1,341
２期	51.1%	42.8%	4.0%	2.1%	1,321
３期	56.1%	37.8%	4.2%	1.9%	1,141
18年１期	54.0%	41.5%	3.2%	1.3%	1,528
２期	53.2%	40.4%	4.5%	1.9%	1,301
３期	58.0%	37.8%	3.1%	1.1%	1,284
19年１期	58.5%	38.0%	2.7%	0.8%	1,133
２期	58.4%	39.4%	1.6%	0.6%	1,114
３期	66.6%	30.6%	2.6%	0.2%	944
20年１期	62.9%	33.3%	2.6%	1.2%	1.209
２期	60.0%	35.7%	3.5%	0.8%	1,152
３期	63.3%	34.0%	2.0%	0.7%	986
21年前学期 春	54.9%	39.9%	3.8%	1.4%	1,178
21年前学期 夏	55.9%	39.6%	3.3%	1.2%	1,067

（金沢工業大学提供）

図表31　金沢工業大学の学生アンケートから ①

高校時代と比べて自学自習は身に付きましたか

	十分身に付いた	やや身に付いた	あまり身に付かなかった	全く身に付かなかった	回答数
16年1期	12.7%	67.2%	17.5%	2.6%	1,404
2期	9.4%	59.9%	25.6%	5.0%	1,156
3期	19.4%	60.6%	15.1%	5.0%	1,007
17年1期	26.8%	58.4%	11.9%	3.0%	1,341
2期	15.5%	65.9%	16.3%	2.3%	1,321
3期	24.4%	61.6%	11.7%	2.3%	1,141
18年1期	23.6%	60.6%	13.5%	2.3%	1,528
2期	15.4%	61.5%	20.3%	2.8%	1,301
3期	23.0%	63.6%	10.7%	2.6%	1,284
19年1期	24.2%	61.3%	12.2%	2.3%	1,133
2期	14.9%	67.2%	15.4%	2.5%	1,114
3期	29.4%	60.2%	9.3%	1.1%	944
20年1期	26.6%	61.2%	10.2%	2.0%	1.209
2期	15.1%	59.0%	22.8%	3.1%	1,152
3期	24.5%	64.6%	9.0%	1.9%	986
21年前学期	21.9%	62.7%	8.0%	2.6%	1,057

（金沢工業大学提供）

図表 32　金沢工業大学の学生アンケートから ②

物をすべてお返しされていますか」ということです。これが第一歩です。本学では、これがまず絶対的な条件になっています。それから学生が質問をしたときには、時間を作ってでも話をしてやること、どうしてもその場で対応できない場合は、後日の時間を約束し忘れずに実行することが大切です。

「高校時代と比べて自学自習が身に付いたか」という質問にも、「十分身に付いた」「やや身に付いた」が、割と高い数値が出ています。「あまり身に付かなかった」という答えが多かった学期は全部夏休み明けでした。やはり夏休み明けには下降することを再確認できました（**図表 32**）。

「行動履歴や達成度自己評価の作成は有益だと考えるか」という質問に対しては、開講初年度は肯定率が約65％で、これでも「高いな」と喜んでいました。しかしその後、さらに肯定率が高くなるとともに、だんだん不安になってきて、「もう少し考え直さないといけないのではないか」と感じています（**図表 33**）。これは自分自身の行動をほとんど振り返ったことがないということであり、そういう学生がこれからも増えてくるだろうと思われます。私自身正直なところ、できる限り早くこういう科目が不要となる大学環境に

「行動履歴」や「達成度自己評価」は自分を見つめ直し自己評価を行うものですが、あなたにとってこの作成は有益と考えますか

	大変有益	有益	肯定率	回答数
16 年 2 期	6.2%	58.7%	64.9%	1,156
3 期	9.3%	68.5%	77.8%	1,007
17 年 1 期	19.0%	71.7%	90.7%	1,341
2 期	16.0%	70.3%	86.3%	1,321
3 期	18.0%	69.4%	87.4%	1,141
18 年 1 期	17.7%	72.4%	90.1%	1,528
2 期	13.7%	64.5%	78.2%	1,301
3 期	20.7%	68.1%	88.8%	1,284
19 年 1 期	24.1%	70.1%	94.2%	1,133
2 期	16.7%	71.5%	88.2%	1,114
3 期	23.7%	68.5%	92.2%	944
20 年 1 期	23.6%	70.1%	93.7%	1,209
2 期	18.9%	70.7%	89.6%	1,152
3 期	26.6%	66.1%	92.7%	986
21 年前学期	19.8%	71.4%	91.2%	1,055

（金沢工業大学提供）

図表 33　金沢工業大学の学生アンケートから ③

なってほしいと思いますが、しばらく覚悟してやらなければいけないし、更に腹を据えなければならないという気がしています。

私たちはこの「修学基礎」の成果について、いろんなことを期待していました。ここに挙げた６つの項目（①修学・生活の自己管理と分析（自立と自律への第一歩)、②自己評価の文章化による自己表現力（エントリーシートへの接続)、③次年度の目標と行動設定（キャリアデザイン)、④修学アドバイザーによる迅速な修学指導、⑤保護者会（全国 53 会場）個別懇談手元資料、⑥実在修学モデルの提示（大学 HP、入学案内など)）については、ほぼ達成されつつあります。その一方で、予想外の効果も出てきました。進級した学生が１年の時のアドバイザーにいろんなことを報告や相談に来ますが、その折に１年生が先生の研究室でいろんな苦労をしている姿を見て、「何とかしてあげよう」と考える勇気ある上級生が出てきて、勉強会を立ち上げました。また学生の提案で、上級生が修学の相談にのる「はてな相談コーナー」を設置しました。そして、学生がオープンキャンパスで学科の説明をするのは普通ですが、ポートフォリオのデータを受験生と保護者に説明し、金沢で開いている保護者会

だけではなく地方の保護者会のミニ講演会で自分のデータを公開し、学生生活を話す企画にも参加するようになりました。

9．改善のためのワーキンググループ

16年度は教授主導型で行っていましたが、若手教員が発言をしないので、18年度以降は学生部副部長をリーダーとし、ほかは全員講師・准教授の教員構成にしました。その結果いろんな見解や改善方法が出てくるようになり、現在は若手教員がWGの中心となり、本科目を牽引しています。これは割と成功した方法だろうと思っています。

河合塾の評価項目である「初年次教育の一定水準以上を担保する取り組み」について、具体的には以下の取り組みを行っています。①マニュアル・ガイドラインは毎年WGが毎年作成し、検討会・説明会を実施、②共通テキストはWGがワークシートブックとともに毎年作成、③FD制度として、担当教員は「修学基礎Ⅰ～Ⅳ」の自己点検シートの作成、WGはそれをもとに問題点の整理・検討・報告、担当教員全員による年２回のワークショップ・FD研修会を開催し、教育点検評価部にFD結果を報告、④新任教員研修（法人研修、教学研修は別途）は着任前に説明会を行い、ベテラン教員が副担当として授業に参加、９月に日本IBMの研修４日間（主にプレゼンテーション）を実施、⑤全学動員体制は採用しておらず、修学基礎教育課程教員が主担当し、授業の一部に専門課程教員の協力（ゲストスピーカー）。

河合塾からは「やや進んでいる」という評価を受けたわけですが、先生方がいちばんお知りになりたいのは、教員の負担をどうするかということだと思います。しかし負担は避けられないと考えます。それを、どう教員に納得してもらうか、これが各大学共通のもっとも大きな悩みであり課題でありましょう。

10．プロジェクトデザイン教育への繋がり

本学の科目フローで、「プロジェクトデザイン」の１年生は教室内でのプレゼンテーションを行い、２年生は学科単位でのポスターセッションを行い

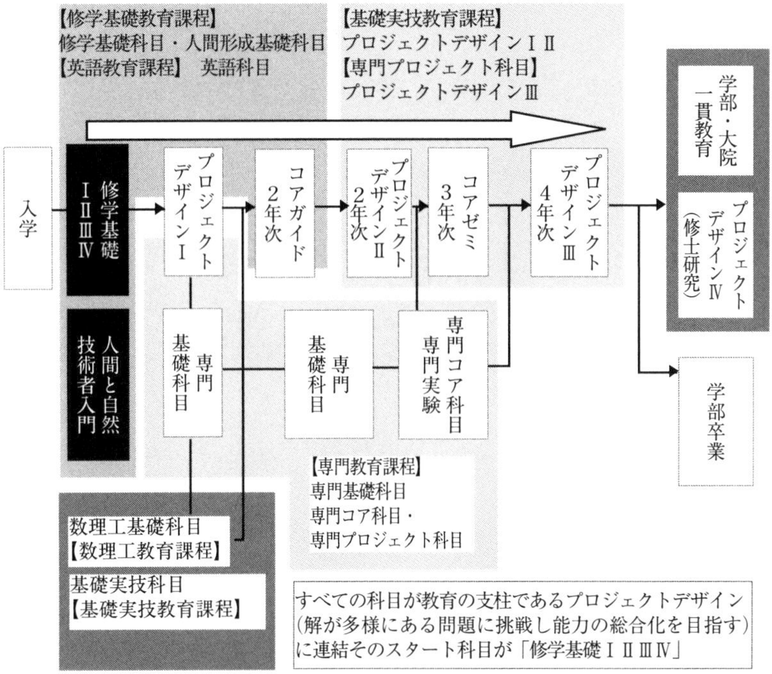

（金沢工業大学提供）

図表 34　金沢工業大学の初年次教育とプロジェクトデザイン教育

ます。4年次の「プロジェクトデザインⅢ」は卒研で、発表はある意味学会みたいなもので、市民・企業にも公開しています。20 年度は全体で約 400 社の参加がありました。この PBL を使う「プロジェクトデザイン」が本学教育の主柱になっており、そのスタート科目が「修学基礎」や「人間と自然」「技術者入門」という位置づけで、すべての科目がこの「プロジェクトデザイン」につながり、ポートフォリオが展開しています（**図表 34**）。

11．初年次教育の成果

本学初年次教育について「一体どんな結果が出たのですか」と、よく尋ねられます。数字はあまり良いものがないのですが、例えば数理工教育研究センター、これは主に１年生が活用するセンターで、自分が好きな時間に好きな先生を指名して個人指導を受けることができるシステムです。延べ数で年間1万4～5千名が受けていて、ほとんどが1年生。「1回以上受けた1年生は95%」という数値が出ています。それから夢考房という、ものづくりプロジェクトがあり、ロボットや鳥人間などに取り組んでいます。ここにはほぼ定まった学生が通いますが、満杯の状況です。また学長褒賞は学期が終了したあとに、科目担当教員が、非常に成績が良かった学生、立派なプレゼンやレポート作成を行った学生などを推薦する褒賞制度で、一定以上の科目数を履修して全体の80%以上がA評価以上だった場合には自動的に推薦されます。あるいは秀でたクラブ・ボランティア活動をした学生も推薦されます。この受賞者は、平成13年度は3000件弱でしたが、16年度に大きな改革を行って以降だんだんと増えて、19年度は3倍の9000件になりました。これは1つのアウトカムだと思っています。20年度は2000件減っていますが、実は1万件を越えそうな勢いでした。学長褒賞には副賞として学内で使える1500円のプリペイドカードをつけていて、1万件になると1500万円の経費がかかり財務部長から睨まれるので、ハードルを高くし7000件になりました。そして今年は2学期制になったため、さらに減るだろうと思っています。ただし、成績評価は一段と厳しくなっているので、そのなかで学生たちが伸びていったということは確かなことです。

もう1つはGPAですが、本学はグレードではなくクオリティとし、QPAという言い方をしています。求め方は同じですが、13年度の入学生は全学平均で、1年終了時2.19、2年終了時2.09、3年時は2.17、卒業時は2.30という結果でした。**図表35**のように、2年次生は下がっていたのですが、16年度の大きな改革以降は2年生で下降せず上昇しています。これが一番の大きな変化です。学生に継続性ができモチベーションが下がらなくなったのではないか。このことはこの統計を見るまで思いもつかなかったことですが、16年度以降4年間続けて上昇傾向にあるので、もし今年もまた上がれば、初年次教育の成果の1つであろうと考えることもできます。

最後に本学初年次教育の特徴をまとめておきます。①学習内容と評価基準の統一、全学共通プログラム、②体験型授業、自己表現による自己分析、③グループ活動とプレゼンテーションの多用、④eポートフォリオの活用、学

	1年次	2年次	3年次	4年次
13年度入学	2.19	2.09	2.17	2.30
14年度入学	2.18	2.14	2.21	2.34
15年度入学	2.31	2.23	2.26	2.36
16年度入学	2.24	2.30	2.43	2.48
17年度入学	2.35	2.39	2.44	2.50
18年度入学	2.33	2.38	2.47	
19年度入学	2.33	2.40		
20年度入学	2.29			

★ 数値は各年次末までの累計平均値

QPA＝（評価ポイント×単位数）÷（履修科目の総単位数）
評価ポイント：S（4）・A（3）・B（2）・C（1）・D（0）

（金沢工業大学提供）

図表35　金沢工業大学の平成13 ～ 20 年度のQPA:Quality Point Average

生との往復作業、⑤１授業ごとの課題、⑥専門課程教員の協力とSAの活用、⑦複数科目での構成、２年次以降につなげる仕組み、⑧WGと教育点検評価部、ティーチングポートフォリオ、⑨担当教員の熱意と協働

ただ、こういうことをやっていても、「修学基礎」という科目だけで終わってしまったら何の意味もないわけで、初年次教育科目を単発科目としない仕組みが絶対に必要です。そのためには横のつながりと、学年を超えた縦型のつながりが必要になります。もちろん、組織的取り組みと、１年あるいは半年ごとの見直し作業も必要になります。そしてもう１つ大事なことは、学生は初年次教育の成果をモチベーションとして進級する、これを彼らに意識付けなければならないと思っています。そして何よりも大事なのは、担当教員の熱意と協働です。

「すべては学生のために」行うことが基本と考えていますので、先生方もどうかその点をお汲み取りいただきたいと思います。ただし苦労と負担はお忘れなく。先生方とご一緒に進めていければと思っています。

質疑応答（名古屋会場）

司会：中村博幸（コーディネータ、京都文教大学） 質問票に対して、5分くらいずつ回答していただきたいと思います。最初に、河合塾からお願いします。

友野伸一郎（ライター・ジャーナリスト、河合塾初年次教育調査プロジェクトメンバー）「First year experience の再履修の対応についても報告してほしかった」という質問がありますが、これについては、必修にして再履修をされている大学もかなりありました。ただ、再履修の場合はモチベーションなどいろんな問題があるようで、それを避けるために登録必修ということで、卒業単位にしないで、全員に受講はさせるが再履修はさせないという、それが良いかどうかはわかりませんが、そうしている大学もいくつか見られました。

もう1つの質問は「グループワークとは何人程度のものを指すのか」というものです。「本学では1クラス12～13名でやっていますが、これはグループワークか」という質問ですが、一概に規模を決めることは難しいと思います。ただ、全員が協働に参加できるという実感がもてる構造になる規模で、何をやるかということにも規定されると思いますが、それぞれの成員がその中で占める役割があまりにも小さくならない程度というのが重要かと思います。私どもが訪問した32大学では、4～6人程度がいちばん多かったように思います。また、12～13人の1クラス1グループで何かできるかという問題は、複数のグループを作って他のグループがどのようにやっているかなどを見ながら、競争的要素を持ち込むことも重要ではないでしょうか。

谷口哲也（河合塾教育研究部）「取り組みによってどれだけ効果があったのかを聞きたい」という質問を受けています。教育の効果測定を行っていることが前提になっているわけですが、実は効果測定をしているところはそれほど多くはないです。ただ、アンケートによると、約半分の大学は「学生による授業評価は効果測定としてやっている」と答えていますが、これについて「詳しく見せてください」とお願いすると、「役に立った」とか「面白かった」とか、そういう学生アンケートのみを効果測定とみなしている。これははたしてそれが効果測定なんだろうか、と思います。

また、「学生が振り返りシート・ポートフォリオ等によって効果測定をしているか」という質問については、12％の大学が「行っている」と答えていますので、その12％の大学に「具体的にはどういうことですか」と聞くと、これもポートフォリオは見せてくれるのですが効果測定にまで分析はなされていません。それから、GPAやQPAなどの成績評価で効果を測っている大学や、「退学率」で見ている大学もいくつかありました。目に見える定量的なものとしては、このようなものがありますが数値化できない効果の手ごたえをモチベーションにしている大学も多かったです。印象に残っているのは、「なぜ初年次ゼミにこれだけ力を入れるかというと、実はそのときにパワーを注いで育てた子が、自分のゼミにやってきて、ゼミで活動してくれます。3年生あるいは4年生になったときの成長が楽しみになって、1年生のときの教育をきちんとやらなければいけないというモチベーションになっている」という発言でした。これは定量化できないのですが、実感としてはそのような効果があるのかなと思いました。

高知大学（岩崎貢三、農学部副学部長）　1つ目の質問としては「日本語技法という授業をやっていたが、それを廃止した理由と、日本語力が低下するという状況で、どういう方策をとっているか」というものがありました。以前の日本語技法の授業では、理系のテキストを利用して、講義をした後でレポートを書かせて、それを添削する、というやり方で授業をしていましたが、今は「学問基礎論」という授業の中で日本語技法的な内容も取り扱っています。それと、書く力もさることながら、最近の学生と話をすると何を話しているのかわからないことが多々あり、伝える力・話す力も育成する必要があるということで、そういった観点から、「大学基礎論」や「学問基礎論」の中で、日本語基礎力を養っています。

2つ目の質問は、「大学基礎論や学問基礎論で、担当教員をどのように決めているのか」というものですが、これは基本的には若手の先生から順番にお願いしています。ただ、学務委員長がお願いに行ったときに、「どうしても嫌だ」という方がいます。そういう方には無理にはお願いしないということで、担当していただける方に順番にあたっていきます。担当年数は1年で半数が交代、1人の先生で見ると2年間やっていただくということで、交代しながら進めています。

3つ目は、「フィールドサイエンス実習を土日に行っているということだが、教職員の了解はどうか」という質問で、これはやむをえず了解を得ているというようなところではないかと思います。実際のところ、1学期は初年次科目に大学基礎論があり、情報処理があり、週末にはフィールドサイエンス実習があります。このような初年次科目の担当になると、1学期はものすごく忙しくなります。なかにはほとんど休みがないという先生もいますが、それでも頑張ってやっていただいているという状況です。また、「事務的な問題はどうか」という質問については、事務員は土日に関しては特にタッチしておらず、教員が基本的には責任を負って指導をしています。

4つ目の質問は、「2年生のコース分属で第1希望にならなかった学生はその後どうなるのか。不満はないのか」というものですが、我々の学部のカリキュラムを設定した時点から、「後で進路を変更できるシステムにしよう」ということになっていて、2年生が終わった時点で、転コースが可能なシステムになっています。だから、第2希望以下のコースに入ったときも、3年度から転コースを希望することが可能であるということで、学生には納得をしてもらっています。

金沢工業大学（藤本元啓、学生部長） まずは就職率、退学率、休学率の数値の問い合わせが2件ほどあります。先ほど河合塾から報告がありましたように、「初年次教育の影響で退学率が云々」という因果関係は具体的に調査したことがありません。ただし現実的な数字として、平成19年度が新しい改革の完成年度でしたが、19年度までの退学率はだいたい3%台でした。人数でいうと全学で240～250名。それが20年度からは3%を切り、100名台まで下がっているという事実があります。就職率はわりと良いほうですが、今年はたいへん厳しいと思います。とはいえ現時点で84～85%という報告を受けていますので、90%は超えるという気がしています。しかしこれも初年次云々と関係があるかどうかはわかりません。やはり全学的な取り組みの結果だろうと思っています。

それから、穴水の「人間と自然」についてのお尋ねですが、ここには専任の教員が4名います。4名の教員はすべて海上自衛隊の佐官クラスの退官者です。そして技術補助員として、ヨットや海洋の調査をする技術関係の職員が4名ほどいます。それから事務職員と、食事を担当される方。この方々は穴水の専任です。大学のほうからは学生が120～130名出発していくので、3～4名の職員が2泊3日で一緒に行きます。女子学生もいるので、女性職員が引率していくこともあります。また3年生については、専門課程の学科の先生方も同行するシステムをとっています。

司会　私なりに整理していくと、たとえばまずは再履修の問題があります。「高学年で再履修しても意味がある」「内容によったら意味がある」、逆に「4年生まで持ち越してとって意味があるのか」とか「必修だから仕方がない」「選択にすると本当に必要な者が受けに来ないというジレンマがある」など、いろんな意見があると思います。それから、初年次教育は4年間にどういう影響を与えていくのか、という問題もあると思います。

金沢工業大学　本学は「修学基礎ⅠⅡⅢⅣ」で再履修クラスを作っています。ただし、次年度の新入生とは一緒にせず、別クラスにしています。一時期、新1年生のクラスに旧1年生を入れていたことがありましたが、進級できない学生と新入生を混ぜるのはやはり具合が悪いということで、別クラスにしました。本学には1年ごとの進級条件がありますので、「修学基礎ⅠⅡⅢⅣ」をこれに加える・加えない、という話がありました。平成15年度以前は「フレッシュマンセミナー」という科目があり、1年生の春学期に不合格になった瞬間、留年が決定していました。その折に保護者と面談をして、「1年遅れても大学を続けますか。それとも今退学しますか」という選択を迫った時期がありました。このように15年度までは大変厳しい大学でしたが、16年度からは考えを変え、再履修させ、1年次を2年間かけて進級させる方向に転換しました。

高知大学　本学は「大学基礎論」「学問基礎論」をはじめとする必修科目があり、これを落とすと再履修ということになります。「大学基礎論の成績評価はどうなっていますか」という質問を頂いていましたが、実際のところ、レポートを出した学生に対しては、もちろん多少の差はつけますが、ほとんど80点以上の合格点をつけています。出席をしていてレポートを出していれば、基本的には合格という形にしています。だから単位を落とす学生は、グループワークに馴染めなかった学生ということになります。そういった場合は、他の科目の履修状況等もありますが、メンタルな問題を抱えているような場合もあり、保健管理センター等と協働で学生のメンタルケア等も実施して、「どうしてもグループワークは嫌だ、負担だ」という学生は、担当教員のほうに特別にお願いをして別途に対応をしていただきます。そして、レポートの比重が大きくなっているので、その辺の比重を修正して評価をして合格という、特別な対応をする形になっています。

中部大学　工学部のカタマキと申します。私が1年生の前期をもっていることもあって、実際にこういう状況に陥ると、後期に特別編成クラスを作ります。そこで先ほど言われたように、引きこもり状態の子を引っ張り込んでやっていきます。この場合は、親とかなり電話をします。とにかくまず午前中に来れない子がきわめて多いので、午後のそれも4コマ目、だいたい3時くらいからの授業を構成して、そこにわざわざ来させて、特殊に囲った部屋で処理をします。同一学年の他の子とかぶらないような設計をしています。それで来れるようになる場合もありますが、1～2回しか来ない場合はなかなか手が出せないものですから、その場合はもう1度2年生で特殊編成クラスでやっているのが現実です。この辺はカウンセラーの人と一緒にやりたいのですが、本学はカウンセラーの数に限りがあり、常勤が2名しかいませんので、工学部の1学科のためだけにカウンセラーを引き込むわけにはいかないという問題があります。この辺はいろんな大学が困っていることだと思いますが、もし何か方策があればお聞きしたと思って、質問させていただきました。

実際にはカウンセラーと私がコンタクトをとって、「どのくらいのバイアスならいいですかね」とやっています。まずは私のほうから「だいたいこういう状況で」という相談をしています。これは高校側の責任もあると思いますが、半年から１年間高校に来れていないにもかかわらず、３年間で高校を卒業して大学に入ってくる子も現実にはいます。これば内申書では絶対にわかりませんので、内申の段階ではカットオフがまったくききません。だから、そういう子たちには特別に面談をして、囲ってやります。親には「5～6カ年計画で大学を出す」と伝え、その体制を親がアクセプトすれば、こちらが何とかできるかという状況です。

ただ、参加点というものは初年次にはやめたほうがいいと私は思います。というのは、参加をすることは、あくまでも第１の前提でありまして、参加をすることによるポイント制は、私は明らかに異常だと思います。実はそれが苦痛の子が非常に多いので、それは逆にやめたほうがいいと思います。

友野　神奈川大学なども「スーパー・アカデミック・スキル」というものを設けていますが、実際には２年生の再履修クラスにしかなっていないということがありました。参加点について言うと、嘉悦大学は出席点を廃止しました。「出席点で縛って参加していると、実は授業が面白くないということが見えなくなっているんではないか、むしろ授業を面白くすることのほうが先決である」というふうに考えて、出席点をやめて、同時に、先ほど報告でも申し上げましたが、９人の先生方が「いかに面白くするか」と模擬授業を毎回繰り広げて、というやり方をとっています。

大東文化大学でも参加できない子がやはりいて、その対策として、まずはどこまで来れるか。教室には来れなくても、たとえば事務室までだったら来れるのかとか、そういうことをフォローして、「教室に来なくてもいいからどこどこにおいで」というふうにしています。また、大東文化大学の国際関係学部では畑を作っていて、「その畑の作業に出ておいで」というようなこともしています。実はその畑は「コンニャク文化からアジアを考える」という授業の中に組み込まれていますが、これを用いて、授業とは別の場に連れてくるという工夫をしていました。

金沢工業大学　私どものところでも出席点があって、今でも有力な意見として、「まず出席するということに意識をもたせる」というものがあります。これは技術系の先生方の強い意見です。「修学基礎」でとっている方法は、定刻出席というものであり、たとえば前期なら15分まで遅刻を認めますが、それ以降は出席点を与えません。ただし欠席にはしません。それから、ポートフォリオを毎回提出させており、それが出席カードになります。1授業ごとに課題があり、また詳細な採点基準を学生に公開していますので、課題を提出するためには次の週に出席しなければなりません。また、不登校の学生は、なかなか難しい問題ですが、「修学基礎」の科目担当教員がアドバイザーとしてクラス担任も兼ねていますので、電話で呼ぶこともありますし、保護者と相談することもあります。それでも連絡がつかない場合には、修学相談室職員が下宿を訪ねます。ただそれでも登校しない学生については、初年次教育をやっている先生はその道のプロではないので、カウンセラーと保護者が話をして、どうするかをお任せします。ということで、いったん関係を切ってしまいます。そういうやり方をしています。

高知大学　私はむしろ、ある程度の出席点は設けておいたほうがいいのではないかという考え方です。というのは、先ほど少し話に出ましたが、本当にグループワークが嫌で全部来たくないという学生、そこまでではないが何となく嫌だという学生、この境目はなかなか難しいわけでして、そういった場合に、「やはり出席しないとまずい」という状況をある程度作っておいてあげると、「あまりグループワークは好きじゃないけど」という学生が嫌々ながらも出てきます。それを続けていると、たとえば1回目のグループワークでは班の中にいなかった学生が、トピックスが変わると議論を行っている、というようなことが起きます。そういう意味で、グループに関わっていくきっかけとするうえで、出席ということも点数として与えておいて悪くはないんじゃないかと思っています。

司会　次に評価の問題について松下先生に何かコメントを頂ければありがたいのですが。

松下佳代（京都大学高等教育研究開発推進センター）　先ほど河合塾の方か

ら、何が教員のやりがいになっているかということで、「数値化できないが、３～４年生につながっていくものがある」という話がありました。事例報告の中でもそういう話があったと思いますが、私のお話ししたパフォーマンス評価でも、そういう成長を捉えるために長期的なルーブリックが作られています。大学は一応４年間という長いスパンで成長を見るところですから、学生の成長をその場で測るだけではなく、あるスパンをおいたうえでの評価を組織化していくことが考えられるとよいのではないでしょうか。

司会　ということは、初年次ゼミだけでの効果を測るだけではなく、もう２～３年かけながら総合的に見ていこう、そういう感じですか。

松下　そうです。ライティングの指導などもたぶんそうだと思います。藤本先生はライティングセンターにおられるのでその辺りもお聞きしたいのですが。初年次でやったライティングの能力が、どういうふうに生かされていくのかというのは、たぶん長いスパンで見ないと見えないんじゃないかと思いますが、その辺りはいかがでしょうか。

金沢工業大学　ライティングセンターでは、１年生に共通のレポートを３回、全学生が添削を受けます。４学部ありますが、それぞれの専門的なテーマは出しません。ほとんど指導しない段階で書かせる場合と、若干の指導をしてから書かせる場合と、これまで両方を試行してきました。やはりちょっとした文章の書き方を講義などで指導したほうが、はるかに学生たちの文章力はつきます。ただ、質の問題になってくると非常に難しい問題が出るのですが、少なくとも表現力は３回添削するとかなり良くなるということは、ライティングセンターの現場を持っている方々から聞いています。専任は２名ですが、元小学・中学校・高校の国語の先生約20名の方に外部添削者として協力を頂いています。１年間でだいぶ伸びますので、次は内容の質の問題になりますが、２年生には連続する科目がありません。３年生の「進路セミナー」で自己アピールを中心としたレポート添削を１回行います。入学時と１年次末とでは文章表現の向上が認められる、ということは言えますが、定量的な向上の度合いを示すことは困難です。ただ、専門課程の先生方が要求するのは学術レポートの作成スキルであり、そうなると専門用語が出るだけでアレルギーをもち、ライティングセンターの添削者には非常に難しいのです。

司会　先ほど高知大学から「日本語技法を廃止して学問基礎論の中でやることにした。加えて、話す力についても何とかしなければいけない」という話がありましたが、これを全部初年次ゼミの中でやるのは難しいですよね。そうすると、それはある意味で動機付けになる部分もあるのかもしれません。そのことが、松下先生がおっしゃった「3～4年も含めた評価」になっていくのかもしれません。この「読む・書く・聞く・話す」というところを動機付けでやっていくというのは、どうなんでしょうか。

高知大学　動機付けがうまくできているかどうかは、2年前から始まったばかりですので、まだ評価できない問題かと思いますが、昔の日本語技法でやっていた頃の学生が4年生になって卒論を書く折に、まったく理解できない日本語で書く例がたくさんありました。そういうことを考えると、日本語技法の授業ではあまり効果が得られていなかったのではないかと思います。それと、特に理系の場合は、どこの学部でもそうだと思いますが、3年生の秋以降研究室に分属しますので、その研究室の先生が、就職活動の手紙にせよ卒論の文章にせよゼミのレジュメにせよ、そういったものの日本語添削を個別指導的な状態で指導しているのが現状ではないかと思います。そういう見方でいくと、3年生以上の部分に関しては、グループワークというものが、かなり昔から理系の分野では行われていたのではないでしょうか。むしろ1～2年生の時点で、あらたに課題探求実践セミナーやフィールドサイエンス実習というものをやっていくことによって、フィールドワークという形での結びつけができて、そこへつなぐことができるのではないかと期待しています。

友野　初年次教育調査報告書にも書きましたが、評価をしているところがきわめて少ないという実状があります。先ほど松下先生の話を伺いながら考えていたことですが、いずれにせよ、初年次教育が今の初年次教育でいいのかどうかということを検証するためにも、評価をしなければ次が見えてこないわけですから、評価をともかくやりましょうと。やり方については、「こうやったらいい」という定型的なもの、スタンダードが、日本の初年次教育に携わっている人たちの中ではないわけですから、先ほど松下先生がおっしゃっていたように、それをやることが教員間のコラボレーションになりFDにつながっていくというようなことではないでしょうか。これが、私たちが大学を回って、非常に痛感したことです。

司会　初年次教育のありかた、初年次教育は大学教育の中に定着していくのか、あるいはこういうカテゴリーで特化していったものになるのか、あるいは中間なのか、というようなことを少し意見交換したいと思います。

金沢工業大学　初年次教育の中にリメディアルを入れるか入れないかという問題で、多くの大学の先生方はお悩みになっているのだろうと思います。特に理工系の場合は、私どももそうですが、数学のⅢあるいは物理を履修していない学生が当然入ってきます。それをどうするかという問題があります。また、それをリメディアルといっていいのかどうかという難しい問題があります。もう１つは、履修歴はありますが、とても履修しているとは思えない学生がいます。それをどうするかということで、その辺の扱い方は各大学によって違っているだろうと思います。実は地方の私立大学では、学業面での学生間格差がかなりあります。本学でも１年間のうち半分くらいは何らかの入試が行われているわけですが、学業面での学生たちの幅は非常に大きいです。私立大学の大きな悩みだろうと思います。そうすると、リメディアルとか、先ほどの文章作成などについて、先生方の悩みは、「どこに基準を合わせるのか」ということになってきます。コース制を採用するか、ということにもなってきます。たとえば工学部の機械工学科をA・B２つに分ける、別カリキュラムの導入など、様々な対策案が浮かんできます。初年次教育科目単発で対処できるという問題でもないですし、授業運営においてますます難しい問題が起こってくるのは間違いありません。初年次教育を専門の基礎という位置付けにすると、うまくいく方法を見つけることはなかなかできません。そのような感想をもっています。

高知大学　率直に私個人の意見を述べさせていただきます。本学では大学全体として「初年次教育ではこれをやりなさい」というテーマを決めて、指定していくわけです。これをやられると、専門の教員から見るとかなり負担が大きくなります。まったく新しいことをやらないといけないということになりますから。かたや我々農学部では、フィールドサイエンス実習をはじめ、もう1科目初年次に行う基礎科目を立てようかという話も出ています。そういった科目にグループワーク等も取り入れる形で、初年次の専門基礎教育を実施することができればいいと思っています。それをすることによって、本来共通教育の初年次教育がめざしていく教育目標が達成できれば、専門の教員のほうから見ても納得のいく初年次教育ができるのではないかと感じています。

司会　松下先生の先ほどの講演の中で、「こういうことを討議すること自体がFDになっていく」という話に感銘を受けましたが、たとえば今お二方からあったようなことに関して、先生方を巻き込んで、初年次教育の立場から見た、評価につないでいくような4年間のご提案などはないでしょうか。

松下　私が先ほど挙げた事例では、OSCE（オスキー）を臨床実習に行く前の3年生や4年生でやっています。そうすると、3年生の段階でのアウトカムから逆に授業やカリキュラムのあり方を考えることができます。今言っていただいたのは、初年次をいかに上につなげていくかということですが、逆に上から見て、「卒業時までに身に付けさせたい力」というところから、では初年次にどういうことをやる必要があるのかというように、上からと下からをつないでいくような形で初年次教育が構想されるといいのかな、というふうに思いました。それからもう1つ、これは皆さんにお伺いしたいのですが、今日はかなり学生に手をかける方向でずっと議論がされていたと思います。これは先ほどの「引きこもりの学生をどうするか」ということとも関わってきますが、いつまでも手をかけていることはできないので、どこかで1人立ちさせていかなければいけません。河合塾の報告の中でも「自立・自律」という観点が含まれていましたが、教員もどんどん教育負担が大きくなってくるばかりでは、やはりやっていられないところもあると思います。教員に対しては、教育以外のところでもいろんな負担が増えてきています。ですから、私は、先ほど河合塾の方がおっしゃったように、〈初年次のところでぐっと頑張っておいて学生に力をつけると、あとで彼らが自分でやっていける。それによって、教員も初年次では大変だけれど、後ではある意味ラクができる〉というような形にできないか、と思います。彼らが自分自身で伸びていける素地を初年次のところで作ることができれば、教員にある程度「初年次を頑張ってください」ということも、言いやすくなるのではないでしょうか。評価について、「実行可能性」ということを申し上げましたが、これはやはり評価の中では非常に重要な要件なんです。たぶん大学教育全体も同じで、大学教員にいろいろな責任を求めていくだけでは、教員のほうも耐えきれなくなってしまうわけで、こういうふうにすれば、初年次の教育成果が後々に生かされて、学生が自分たちで学んでいけるようになっていくという、そういう見通しが必要なのではないかと思います。

司会　松下先生の講演にもあったように、このように議論すること自体がFDであったり、初年次教育の今後の展開を左右するのかもしれません。こういう場にいる先生方は熱心な方々ですが、いかにたくさんの先生を巻き込んでいろんなことを話し合っていくのかが大切だという気がします。どうもありがとうございました。

大学事例報告③（大阪会場）

全教員出動で初年次教育を推進：信州大学（繊維学部 化学・材料系）

信州大学 繊維学部 学部長補佐 平林公男
信州大学 繊維学部 宇佐美久尚

本学の教員数は約1100名でキャンパスが長野県内に4カ所あり、長野に教育学部と工学部、松本には本部と医学部・理学部・経済学部・人文学部があります。伊那に農学部、それから上田に繊維学部という形で5キャンパスが県内の4都市に散らばっています。独法化されるまでは、タコ足大学ということで、様々な問題が指摘されていましたが、現在は各地域に密着したそれぞれのカレッジが、地域連動型の多様なプロジェクトを動かす原動力となっています。

1年次に入学してくる学生はすべて松本で1年間、講義を受けます。その後各学部に2年次から分散する形をとっています。我々専門教育の教員が上田から松本へ週に4～5コマの講義を、片道約1時間かけて出かけて学生を教えるという体制をとっています。

簡単に、繊維学部の組織を説明します。「創造工学系」と「化学・材料系」、「応用生物学系」の3つの系があります。それぞれの系に3つの課程があり、今回、お話しする化学・材料系の組織図は**図表36**の通りです。新入生ゼミナール（以下、新ゼミ）の最終的な目標としては、基礎教育・専門教育の一般的な大学で開講されている講義を学んでいくモチベーションを喚起することと、チームワークを含めたコミュニケーション力を高めていくことです。

はじめに、枠組みを少しお話しします。1年次には松本で授業を受け、2年次から上田のキャンパスに移るときに所属課程を選択します。新ゼミでは、学生たちが課程を選択する情報を提供することも1つの目標になっています。私（宇佐美）が属している材料化学工学課程は、2002年からJABEEの認定を受けており、そこでの授業改善PDCAサイクルのノウハウを生かしながら進めています。

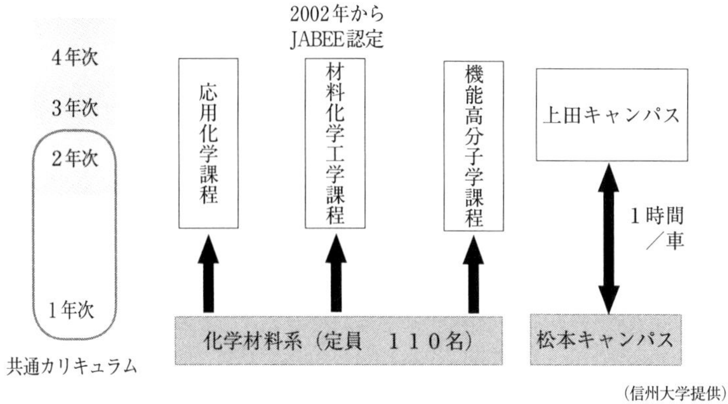

図表 36　信州大学（繊維学部　化学・材料系）の教育体制

新ゼミはⅠ、Ⅱに分かれていて、それぞれ２単位ずつの科目です。それぞれ別々に認定はしますが、年間を通したカリキュラムとなっています。入学定員は 110 名です。教員は 37 名います。３人に１人の割合で教員がいるように見えますが、実際にはこの３倍の学生が２～４年にいて、大学院、留学生の面倒もみています。さらに個々の研究もあり、教育効果を高めながら効率よく進めていくノウハウが必要となります。目標としてはモチベーションを持たせ、課題を自分で見つけていく能力を身につけること、さらに、チームで作業をする時、全体の流れにただ流されるのでは無く、自分の意見もきちんと言えることなどを掲げています。そのために少人数のゼミ形式をとっています。これは様々な大学でもやられていることですが、15 人程度というのが古今東西のマジックナンバーのようで、少なすぎると負担になり、多すぎるとさぼる学生が出てくるということで、１班５人程度が良い人数だと言われています。各班に対して１人の教員が専属でチューターになります。教育の内容としては、松本キャンパスに我々が出かけていって行う実地指導と、電子メールを毎週チェックするという指導体制になっています。少ない人数で教育するために、チェックシートというものを用意しています。これは後ほど紹介します。

具体的に 120 名程度の学生に対して、全体を 18 の班に分けると、１班あたり６～７名になります。それぞれについてチューターがつくと、教員が

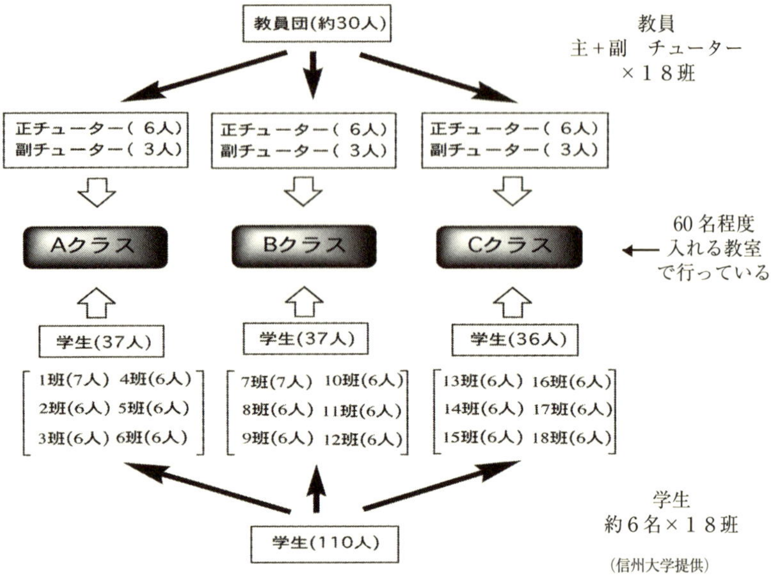

図表 37　信州大学（繊維学部 化学・材料系）のグループ学習を指導するチューター制

18 名必要となります。約 37 人の教員のうち半分が正チューターになって、残りの教員を 2 つに分けて、9 人の教員が 2 つの班を兼担する形で副チューターになります。残りの 9 人は学部長など大学運営にかかわっている教員で、最終的な評価会の評価委員として参加してもらいます。一応、全教員が新ゼミに関わる体制になっています（**図表 37**）。

ゼミの内容は、通常の時間内に行う通常ゼミと、合宿ゼミに分かれています。通常ゼミはクラス分けになっていて、120 人入るような大きな教室もありますが、先ほど河合塾の報告でもあったように、小さな教室のほうがディスカッションをするうえでは便利です。固定机ではなくて、必要に応じて机を移動させて車座になれるような教室を用意するために、現段階では、60 名程度が入れる教室に分けて行っています。各クラスに毎週行く教員は 1 ～ 2 名で、それでも学生の人数に対しては不足しますが、そこをうまく運用するうえでチェックシートを利用しています。合宿ゼミは、4 月の入学式の翌週に行う 1 泊 2 日のゼミで、新入生全員と全教員が近くの研修施設に泊まり

前期	4月	合宿ゼミ 班テーマを議論、決定 論理的文章論の講義（レポートの書き方）
	5月	基礎事項の調査、各自の分担決定、探索開始
	6月	調査進行、考察、電子メールで報告
	7月	基礎事項調査のまとめと報告書 (Word) 提出
後期	10月	夏休みの調査結果報告、調査方針の議論 論理的発表法の講義（プレゼンテーション法）
	11月	班テーマの調査、パワーポイント作成
	12月	パワーポイントによる口頭発表
		ホームページにアップ
	1月	課程紹介（進級課程を決めるヒント）

（信州大学提供）

図表 38　信州大学（繊維学部　化学・材料系）の年間スケジュール

込んでゼミを行います。これを運用していくうえで、各課程から２名ずつ、担当教員をつけています。この教員はチューターも兼任しますが、合宿全体の運営と担当班の指導、および毎週提出されたレポートの整理をします。それとは独立にシラバス・カリキュラム委員会を系の中で立ち上げて、そこでシラバスを書き、全体の方針を決めています。このような運用方法が一種のFDの役割も果たしています。

年間スケジュールは、前期・後期、それぞれ４ヶ月ずつになります（**図表38**）。前期には合宿ゼミで、１年間調査するテーマを決めます。これは教員が指定するわけではなく、学生から出てきたものを誘導しながら、学生主体で決めていきます。そのなかでテーマに関連するキーワードを担当のチューターが設定し、そのキーワードについて調査するのが前期の課題です。後期は夏休みに主に調査をしたうえで、それを持ち寄ってさらに深化させていきます。最終的に12月にパワーポイントによる口頭発表を行って、学内専用のHPにアップすることが、後期の課題になります。

キーワードを調査させる意義について述べます。当初私たちは、キーワードの調査をゼミの課題に設定していなかったのですが、そうすると既存のホームページ内容のコピー＆ペーストがかなり横行するようになりました。これではあまり教育効果がないということで、彼らが設定したテーマを理解するうえで必要なキーワードを調べさせることで、より理解力を深めるという方策をとりました。もう１つの効果は、そのキーワードには、初年次あるいは後年次でも開講されている基礎的な科目の中で教えられている項目であることです。たとえば燃料電池について調べたいといった場合、ポテンシャルエネルギーとか拡散、化学反応、あるいは膜材料といった基礎的な科目と直接つながっているキーワードがあって、それを調べていくなかで、普通の授業に対するモチベーションも高める効果を狙っています。

その他にゼミナール全体で身に付けることは、自分で課題を設定するということ、様々な見方で調査をしていくということ、またそれをチームワークでまとめていって、最終的にプレゼンをするということなのです。これらの過程で、情報に関するコピー＆ペーストに対する倫理上の問題や、実際にどうやって調査をしたらいいかということを、実地例に沿って体験することで効果的に無理なく身につけさせることが出来ると確信しています。

学生が自分で進捗状況を管理するにあたって、PDCA サイクルは重要です。私たちの課程では JABEE の認定を受けるなかで、こうした PDCA サイクルは必須になっているので、そこでのノウハウを生かして導入しています。たとえば自分で調べるテーマを決めたら、それに対する報告書を書いてチューター教員にメールで報告させます。それに対してチューターがコメントを返し、そのコメントに基づいて次のテーマを展開するという具合に、この PDCA サイクルが回っています。

1．前期ゼミの概要

具体的に、前期・後期のゼミについて紹介します。前期のポイントは、合宿ゼミと、キーワードの学習、役割分担になります。

合宿ゼミでは、大きく２つの目標課題を設定します。「学習目論見」、これはいわゆるポートフォリオですが、それと「ゼミのテーマを決める」という２つの課題です。これらについて、すべての学生に１枚の A4 シートで渡します。チェック項目が４つあるいは３つ設定してありますが、より細かく質問を設定することで、学生が書きやすくなる効果を狙っています。

設定した質問項目は、大学で学ぶ意義を自覚させるという意味で、「志望動機は何ですか」という質問から入って、「大学でどういうことを学びたいですか」、「クラブや社会活動等をどのように進めていきたいですか」、「コミュニケーション力やデザイン力など、どういう能力をつけたいですか」という項目を順番に書かせます。これは個々人に書かせて、最終的には２日間のゼミが終わったあとで、班ごとに取りまとめて皆の前で発表してもらいます。「皆の前で発表しますよ」と言うと、学生は真剣に取り組むようになります。それから新ゼミの内容、テーマを決めるにあたっては、とかく「グループの中で話し合いなさい」と言うと、声の大きい学生の意見が通りやすくなりますが、そうではなくて個人個人がこのシートを書いてつきあわせることで、「本当に自分たちがやりたいことは何なのか」、「どうしてそのテーマを設定したのか」ということを含めて議論をさせるようにしています。箇条書きでも構わないので実際に文章を書くということで自覚が生まれ、それぞれ具体的な問題点が見えてくるという効果があります。

キーワードについては先ほど申し上げましたが、自分たちが設定したテーマをより深く理解するということと、日々の授業内容に対してどこが繋がっているのかということを自覚させることで、自発的に学習していくモチベーションを高めるという効果を狙っています。その過程のなかで、「ではどうやって調査をすればいいのかがわからない」ということが起きます。これも数年やってきた中で反省点として持ち込んだ点ですが、４月のオリエンテーションの一環として図書館を少人数ツアーで回らせて、図書館の協力を得ながらガイダンスをします。あるいはゼミの何回かを利用して、文章論、レポートの書き方やプレゼンの仕方などを授業で伝えます。その授業の達成度の評価法として、「授業の内容を簡単にまとめてレポートで報告しなさい」というような課題を与えて、知識の定着を図っています。

役割分担の自覚ですが、これは学生が自分の手で自覚するというのが重要なポイントになります。たとえば前期の場合には、自分たちの班のメインテーマを決めます。そしてそのテーマに対して、チューター教員がキーワードを人数分だけ設定するのですが、「A 君はこのキーワードを調べなさい」ということは指示しません。個々のキーワード、調査対象に対しては、学生が班の中で議論して決めるようにしていきます。誰が何を担当することになったかとは、毎週メールで報告することになっているので、それを通して自覚を促しています。

2．後期ゼミの概要

後期のゼミのポイントは4つあります。前期のいちばん最後の回に後期ゼミの調査分担を決めて、主な調査の時間は、夏休みの時間を使って調べてくるようにしています。「では分担を決めなさい」と言ってもなかなか決めにくいので、その決め方については、またチェックシートのようなものを渡します。たとえば社会的な背景、歴史的な背景、経済的な背景など様々な背景がありますが、そうした背景とか、「燃料電池のためにはどういう材料が必要か」など材料の特定、そして合成の仕方、「家庭用なのか自動車用なのか」といった利用の仕方など、様々な切り口があります。そういう切り口を提示して、学生の中で分担を決めてもらい、決めた分担は、またメールで報告します。夏休み中は自由にメールでディスカッションできるので、担当したチューターの教員はメールで答えるということになります。夏休みが終わって10月から後期が始まりますが、最初は調査した内容を持ち寄ります。それをPDFファイルにまとめて、クラスの中（6つの班）でレポート内容を共有します。それに対して学生同志でチェックをするのが第一のポイントになります。2つ目にそれを深めていって、最後に発表ということになります。

チェックのポイントについては、チェックシートの中で様々な観点をまた喚起します。「社会的背景から見てどうですか」「科学的には実現可能でしょうか」「どんなふうに利用しますか」「具体的にどうやって作るかということを調べてありますか」というようなチェックシートを作ります。これらの項目を点数評価し星型グラフにプロットすると、どの観点が欠けているかということが自覚できるようになっています。

学生にもチェックシートを配り、たとえば1班に属している学生に「5班の学生がまとめたレポートを評価しなさい」と言います。それだけではやりにくいので、「社会的な背景としてどうですか」「どんな特徴がありますか」「どんなメリットがありますか」「問題点は何ですか」というふうに項目に区切って質問をします。それに対して箇条書きで答えるのですが、「最終的にその問題点を解決するために、あなたの提案を出してください」という設問があります。一見、書きにくそうな設問ですが、結構学生は書いてきてくれます。この演習をやることで、他の班のいいところを取り込みます。それと、チェックしてもらったものをもう1度各班に配るので、これを参考にして、後期の調査する方針とか、方向性を再検討することができます。

10月・11月と調査して、11月の後半から学内限定のホームページそれからパワーポイントの作成に着手し、12月には最終発表を行います。この間に、この新ゼミの時間を利用して「パワーポイントの作り方」という授業を行っています。発表会では、学生による相互評価を導入し、学生が他の班の学生の作品を評価します。これもチェックシート形式で、項目ごとにチェックをします。教員も同じようにチェックをしますが、学生の評価と大体同じ傾向になります。発表時間の関係で、1人あたり2分程度、パワーポイントでは2枚程度になります。入らない情報に関しては、HPとしてアップすることを行っています。部分的に他のHPの内容のコピーも入っているため、著作権等の問題で公開することができず、学内限定で公開しています。

授業アンケートの結果を見ると、私たちが意図したことを、一応感じ取ってくれているようです。また、パソコンなどの情報リテラシー等も、この演習を通じて身に付いているようであり、「多面的に考えられるようになった」という嬉しい評価もありました。

3．今後の課題

ただ、問題点もいろいろあり、それに対する我々のPDCAの1つを、ここに挙げました。コピー&ペーストが多いことに関しては、新ゼミの時間を使って「レポートの書き方」の講義の中で指導しました。それから、「議論する時間が少ない」という指摘があったので、できるだけ小さい教室（40人規模）で、必要に応じて机を移動し、車座になれるような場を用意しました。パソコンについては、全員が持参すると各自が個別で調べてしまうので、新ゼミの時間は報告に必要な最低限の台数に制限して、ディスカッションを促すようにしました。各学年の学生に対する教員の配置バランスは、タコ足大学の一番の問題点でもあります。教育で効率の話をすると怒られることが多いのですが、我々教員の持つ時間は有限なので、すべての学生に対してできるだけ効率よく教育資源を配分したいと考えています。そのなかで、チューター制やチェックシートの利用などの工夫をしてきました。もう1つの問題点は評価基準です。これはかなり難しいと考えています。日頃の取り組みはチューターが評価しますが、班の中での相対的な評価になり、教員により評価基準に差があるので、そこをいかに公平に評価するかということが今後の課題になってきます。

大学事例報告④（大阪会場）

初年次教育をテコに大学改革を推進：嘉悦大学（経営経済学部）

嘉悦大学 経営経済学部 杉田一真

1．大学改革の一環としての初年次教育

私は経営経済学部の専任講師とともに、教員組織であるキャリア委員会の委員長と、職員組織であるキャリアセンターのセンター長を兼ねています。本学は教員と職員の組織の連関を強化するために、教員組織のトップと職員組織のトップを兼務するという施策に本年度から取り組んでおり、私はその中でキャリアを担当しています。また、同時に、初年次教育プログラムの担当責任者を務めています。

まず嘉悦大学の紹介を簡単にさせていただきます。私が嘉悦大学に着任したのは2008年4月で、まだ2年弱しか経っていません。本学は創立してから105年余りで、もともとは女子の短期大学、「女子に商業教育を」という理念のもと創立され、日本初の女性公認会計士を送り出しています。2001年に四大を開学しましたが、うまく軌道に乗りませんでした。2008年4月に加藤寛新学長が就任するタイミングで、私を含めて何人かの慶應義塾大学出身の教員が着任しました。

本日は、初年次教育の体系を大きく3つに分けて報告させていただきます。まずは初年次教育プログラム（正課科目）の中身について、そして初年次教育プログラムを受けた学生を、河合塾の報告の中では「スイッチが入る」という言い方をされていましたが、私どもは「火がつく」というような言い方をしていて、その火のついた学生にキャリア形成の機会をキャンパス内で提供するという取り組みについて。最後に、残念ながらうまく火がつかずドロップしそうになった学生のフォローアップ体制についてという、3本立てでお話をさせていただきます。

2．初年次教育プログラム

まずは初年次教育プログラムについて4つの特徴をまとめました。「語り手」重視、「キャリア教育」重視、「コミュニケーション能力」重視、「Teachingではなく Training」重視。施策はいくつか並行して実行しましたが、常にこの4つの観点を意識しながら、プログラムを検討してきました。

初年次教育のプログラムとして本学では基礎ゼミナールを中心に必修授業で「コンピューター入門」「コンピュータリテラシー」、「アカデミック・リーディング」「アカデミック・ライティング」、そのほかに語学と体育が用意されています（**図表39**）。このなかで初年次教育のコアプログラムになっているのが、基礎ゼミナールです。まず、複数ある初年次教育プログラムの体系化を行いました。そのなかで各科目でトレーニングするスキルを限定・明確化しようと考え、基礎ゼミナールでは「聴く」「話す」という点に注力することにしました。「読む」「書く」についてはコンピューター系科目や、アカデミック・リーディング＆ライティングにおいてトレーニングをします。前期・後期ともに15回、通年で30回くらいの授業しかないので、このように対象を限定・明確化しないと、すべてのトレーニングがあやふやに、または重複して非効率なまま進んでいってしまいます。

基礎ゼミナールについて、1クラスは35～40名で、9クラス、週1回、通年科目として設置しています。対象スキルは「聴く」「話す」というとこ

コア・プログラム

各科目の対象スキルを限定・明確化

	聴く力	話す力	読む力	書く力
基礎ゼミナール	○	○		
コンピュータ入門 コンピュータリテラシ			○	○
アカデミック・リーディング			○	
アカデミック・ライティング				○

※上記の他に語学（英語・中国語）および体育（ボディ＆フィットネス）を設置

（嘉悦大学提供）

図表39　嘉悦大学の初年次教育プログラム――コア・プログラム

ろに絞り込みましたが、さらに絞り込みが必要だと考えて、他大学の基礎ゼミナールでは創立理念や大学生の心得などを話しているところも多いと聞いていますが、本学ではそれらは入学ガイダンスで扱うこととして、基礎ゼミナールの内容からは割愛しました。逆に加えたのがキャリア教育です。基礎ゼミナールの授業内容は、表向きはコミュニケーション能力を中心にしたアカデミック・スキルを対象にしていますが、裏に流れているのはすべてキャリア教育です。この表と裏の二層構造にしたことが、大きな特徴ではないかと考えています。

初年次教育プログラムの改革を学長から命じられた際、私は１つだけ条件をつけさせていただきました。それは、担当教員を全員指名させていただくことです。この点は、大学改革の一環として初年次教育の改革にも取り組んだため、トップダウンのききやすい環境が整っていたというアドバンテージがあったのかもしれません。人間的魅力の溢れる、学生のロールモデルとなるような教員の方々にお願いしました。７名の専任教員に加えて、２名の非常勤の先生にもお願いしました。先ほども申し上げた通り、創立理念などについては入学ガイダンスで扱うことにしましたので、担当教員は、必ずしも本学の専任教員である必要はありませんでした。SA は各クラス１名で、こちらもロールモデルとなりうる先輩学生を配置するようにしています。SA には学期前に研修を行い、毎回の授業後には反省会を行い、授業報告をメーリングリストに流してもらっている。そして学期後にも総括会を行い、さらにトレーニングを行っています。

３．模擬授業

語り手のスキルアップの取組みとして、担当者会議を行っています。また、シラバスとタイムテーブルは共通化し、スライドや配布物も共通化しています。スライドなどはデフォルトを共有しているのみで、各教員は適宜スライドの一部を変更して使用しています。そして、プログラム責任者である私が模擬講師となり、全回分の模擬授業を行っています。９人の担当教員の方全員に集まってもらい、１日 13 時間くらい缶詰になって、第１回から 14 回までの授業をすべて、先生方に学生役になってもらい行います。そのなかで、言い回しのわかりにくいところや、プログラム内容の改善点などを提案してもらい、その場でスライドを書き換えていきます。かなり時間と労力がかかりますが、これをやることによって、ティーチングマニュアルに頼ることなく質の担保ができると考えています。

我々が考えているのは、「語り手」によって教育の質を保証したいということです。教員を指名するとともに、模擬授業まで行うことによって、質を保証できるようになります。逆に「マニュアル」に頼った質の保証はしません。担当の先生方の現場での創造性溢れる教育力に期待しており、せっかく教育力のある先生方に集まっていただいたにもかかわらず、マニュアルによって先生方を思考停止に陥れるようなことはしたくありません。マニュアルをベースにした改善手法もあると思いますが、現場で創造性を発揮した授業を展開してもらい、学期が終わった後の総括会において、実践したアイデアを持ち寄って改善に取り組み、次の学期の前にはまた模擬授業を行います。この PDCA サイクルのほうが先生方の創造性が発揮されやすいのではないかと考えています。そして、もうひとつこだわっている点は、平易な言葉の選定です。語り手とともに、語り言葉を厳選することを重視しています。専門用語による Teaching は、私も含めて教員の得意分野ですが、これをできるだけ排除し、平易な言葉での Training にウェイトを置きます。模擬授業の中でも、少しでも専門用語が入ると、模擬授業をストップして言葉を選び直します。大学全入時代において、従来であれば大学に進学していなかったかもしれない学生も受け入れざるを得ない現状の中で取りうる選択肢の1つは、1年次はとにかくハードルを低くして、2･3･4年でぐっと引き上げて、最後に学士号を出していくということだと考えています。4つの学年で均等に階段を作るのではなく、1年次は低く、2・3・4でぐっと引き上げていきます。したがって、1年次はかなり我慢しながらプログラムを組んでいます。

4．改善の仕組み

改善の仕組みとしては、まずは担当教員のメーリングリストへの報告があります。基礎ゼミナールは水曜日と金曜日に科目を設置していますが、水曜の授業が先行した場合には、その報告が金曜日の授業の前に流されます。そこですぐにスライドの修正などの改善を行います。また、SA の学生は必ず、教員・SA の双方が登録されているメーリングリストに授業報告を流すようになっていますが、これが非常に大きな効果を生んでいます。ロールモデルになりうるような先輩が、学生目線で報告を流します。授業報告に遠慮は無用であることを周知していますので、「寝ている学生が多かったです」「出席率が低かったです」「課題に取り組んでいる学生に偏りがありました」など、忌憚のない意見がどんどん流されます。授業報告は実は、基礎ゼミナール以外の授業においても、SA が配置されている授業では全て流されるようになっています。たとえば情報系の先生であれば、他の情報系の先生がどのような授業を実施して、どのような工夫をしているのか、そして、学生からどのような反応があったのかということが逐次わかります。これは非常に刺激的で、他の先生たちとの競争が生まれ、FD 効果を生んでいると感じています。

5．基礎ゼミナール前期の概要

具体的に前期の 14 回分のプログラムを説明します（**図表 40**）。いくつかのカテゴリーに分かれており、第２～５回は「カタリバ企画」を実施しています。第６・７回がコーチング、第８・９回がロジカル・シンキング、第 10 ～ 12 回がグループワーク、第 13・14 回が未来履歴書になります。それぞれについて詳しく説明します。

「カタリバ企画」は、NPO カタリバと嘉悦大学が共同で、４回分の初年次教育プログラムを開発し実施しています。NPO カタリバは、もともと大学生を高校の総合学習の時間に派遣して、高校生のキャリア教育を先輩である大学生が支援することをソーシャルベンチャーとして展開している団体です。NPO カタリバと組んで、「大学の先輩が大学の後輩に教える」とい

基礎ゼミナール

前期プログラム

1 イントロダクション	8 ロジカル・シンキング①
2 カタリバ企画①	9 ロジカル・シンキング②
3 カタリバ企画②	10 グループワーク①：ブレインストーミング
4 カタリバ企画③	11 グループワーク②：KJ 法
5 カタリバ企画④	12 グループワーク③：ディベート
6 コーチング・ファシリテーション①	13 未来履歴書の作成①
7 コーチング・ファシリテーション②	14 未来履歴書の作成②

（嘉悦大学提供）

図表 40 嘉悦大学の初年次教育プログラム——基礎ゼミナール前期プログラム

うプログラムを一緒に開発しました。これは本学における半学半教の実践プログラムでもあります。半学半教とは「1日先んじた者が師となり、1日遅れたものが弟子となる」という考え方で、1日でも先んじた者は師であり、それは教員であろうと先輩学生であろうと変わりがないという考え方です。すなわち、語り手として、先輩学生のほうが教員よりも適切な語り手である場合もあることを認めようということです。先輩学生がどのような4年間を過ごしてきたのか、どんなところに注力してきたのかを、まずはプレゼンテーションしてもらいます。その後今度は先輩が聞き手になって、「君たちは何をする？」という形で、1年生から話を聞きます。その後、先輩と語った内容を紙に落し込みます。そして発表します。これが4回分のプログラムになっています。「語り手」「キャリア教育」「コミュニケーション能力」という観点で、このプログラムを開発しました。大きな特徴としては、他大学の先輩たちにも参加してもらっている点です。これは、嘉悦大学を閉じた大学にせずに、常に外の空気を入れながら活性化していきたいとの意図からです。その意味で、NPO カタリバには、企画に参加する先輩学生のうち、他大学の先輩たちの比率を必ず5割以上にしてもらうように依頼しています。また、プレゼンテーションを行う先輩学生たちが注力した分野（ボランティア活動、資格試験勉強、留学など）にも多様性を確保するようにしています。

カタリバ企画の中で我々が最も意識している指標についてお話しします。それは「将来の大学生活に対する期待度」のアンケート調査結果です（**図表**

基礎ゼミナール（前期）

『カタリバ企画』
アンケート調査：大学の満足度・期待度*

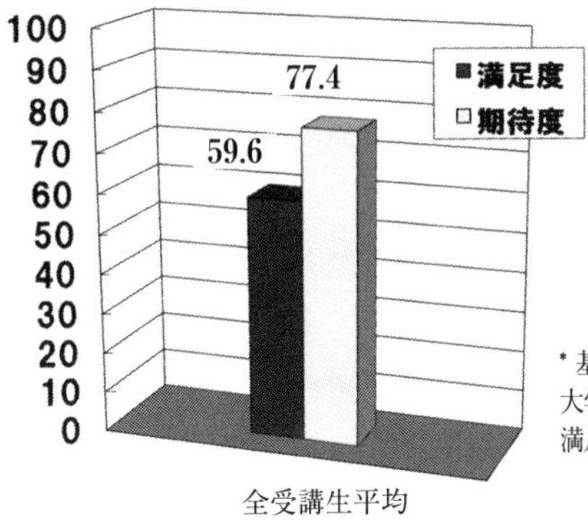

将来の大学生活に対する期待
＝
自分の将来に対する期待
＝
向上心・意欲

* 基礎ゼミ受講生アンケート結果（カタリバ企画終了時）
大学生活に対する満足度・期待度を100点満点で採点
満足度 N=215, 期待度 N=213

（嘉悦大学提供）

図表 41　嘉悦大学の初年次教育プログラム――「カタリバ企画」

41)。１年生はまだ大学生活が始まったばかりなので、その時点の大学生活の満足度はあまり重視していません。むしろ期待度を重視しています。将来の大学生活に対する期待度は、将来の自分に対する期待度であり、それが向上心や意欲につながるのではないかと考えています。このグラフは学生たちに、自分の未来に対する期待度を100点満点で点数化してもらったものですが、平均で77.4点。これをいかに上げていくことができるのかがポイントであると考えています。

その後のプログラムについて続けます。「コーチング・ファシリテーション」では、主に「聴く」、傾聴のトレーニングを行っています。ロールシミュレーションによるトレーニングに重きを置き、レクチャーは冒頭20分ほどしかありません。その後はすぐに学生同士によるトレーニングを繰り返し行います。「ロジカル・シンキング」でも、聴く・話すための前提となる力についてのトレーニングを行っています。これも20分ほどのレクチャーのあと、すべてロールシミュレーションを通じたトレーニングを行っています。友人同士でインタビューを行い、それをノートにまとめ、ロジックツリーに落とし込みます。ここにおいて、問いかけやインタビューの内容は、実はすべてキャリアに関するものになっています。「興味のあることは何ですか？」「5

年後の理想の姿は？」「大学生活で必ず達成したいことは何ですか？」などについてお互いに質問・回答し合うことによって、興味・キャリアビジョンを明確化し、友達から聴いたことがまた自分のキャリアを考える素材となっていきます。

次に「グループワーク」について。後期には模擬店演習を行っています。各クラス2店舗、学園祭で模擬店を出店することを強制しています。経営経済学部なので、経営の基礎を店舗経営を通じて体験してもらおうと考えています。各店舗の商品・サービスを検討・決定するのが、前期最後のグループワークです。この中ではブレインストーミングの手法やKJ法、ディベートの手法を身につけてもらいます。グループワークの手法を空虚なテーマ設定ではなく、後期に実際に自分たちが取り組む模擬店の商品・サービスについて話をすることで、熱をもって学習してもらおうと考えています。そして、前期の最後は、カタリバ企画や模擬店グループワークなどを通じて自らのキャリアについて考えた内容を「未来履歴書」に落とし込んでもらいます。3年次の11月をイメージした未来の履歴書を作成してもらうのですが、3年生の11月はまさに就職活動が始まる時期で、この時期に自分がどのような人になっているのかをイメージし、目標を明確化してもらいます。これが前期プログラムの総括となります。

未来履歴書は2枚構成になっており、1枚は、春休み・春学期・夏休み・秋学期というふうに学生生活を学年ごとに大きく4つに分けて、それぞれにおいて何をするかを細かく書いてもらいます。たとえば「夏休みにヨーロッパを1人で旅行したいので、前期はアルバイトと学習の両立をします。そのためには何単位くらいを目標にして、後期はその代わり何単位をとる」というような形で、細かに設定してもらいます。未来履歴書を書く際には、5～6人の学生に1人のSAの先輩がつきます。1人で書いてもらうと1行で終わらせてしまう学生がたくさん出てきてしまうので、先輩学生であるSAにその場で自らの経験も踏まえて具体的にアドバイスしてもらいます。このことで、未来履歴書が充実したものになります。未来履歴書のもう1枚は、就職時のエントリーシートを模したものです。たとえば、「自身を一言で伝えるとすれば」「あなたの長所は何ですか」「学生時代に特に力を注いだことは」

などについて書いてもらいます。たとえばある学生は「2年生のときに1人でヨーロッパ旅行をして、こんな出会いがあって、今メールの交換をしています」というようなことを書きます。これは未来のイメージなので、嘘で構わないわけですが、学生は嘘でいいともわかっていてもなかなか書けません。自分の未来を描けなければ、充実した未来はありません。力強く未来の自分を描く力を身につけてもらいたいというのが、前期基礎ゼミナールの裏の目的です。

6．基礎ゼミナール後期の概要

後期は経営経済学部2年生以降の専門科目の学習に近づけることを意図してプログラムを構成しています（**図表42**）。たとえば、2年生以降の簿記・会計の授業や組織経営論などの授業を意識して、模擬店の出店演習の中で、事業計画書や収支予算書を作成してもらっています。模擬店演習は、最後にその結果（決算など）をプレゼンテーションしてもらいます。プレゼンテーションの際には、学生たちに投票を行ってもらい、その結果に応じて表彰を行うなど競争意識を高める工夫も行っています。また、後期の第10～12回の講義は2年次のゼミナール選択を意識しつつ、専門科目へのブリッジを行っていき、後期最後にもう一度未来履歴書の更新をしてもらいます。

基礎ゼミナール

後期プログラム

1	イントロダクション	8	プレゼンテーションの準備
2	企画アイデア出し（個人）	9	プレゼンテーション大会
3	企画書の作成（グループ）	10	2年次ゼミナールの検討
4	事業計画書、工程表の作成	11	専門科目エントリー①
5	収支予算書の作成→**模擬店実施**	12	専門科目エントリー②
6	事業報告書、収支報告書の作成	13	未来履歴書の更新
7	事業報告書、収支報告書の完成	14	未来履歴書の完成

（嘉悦大学提供）

図表42　嘉悦大学の初年次教育プログラム――基礎ゼミナール後期プログラム

基礎ゼミナールのプログラム全体を通じて、学習の前にまず実践（体験）してもらうことを重視しています。模擬店経営などを通じて自らに不足している知識・スキルを自己認識してもらいます。知識・スキルに対する枯渇感がないと学習意欲の向上は望めません。したがって、「実践→認識→学習」の順番でプログラムを構成する必要があると考えています。教員は、実践ではなくて啓蒙によって学生たちに問題意識を持たせようと考えがちであり、「啓蒙→認識→学習」の順番で講義を構成する傾向にあります。しかし、これでは学生たちには響きません。実践して、はじめて自らの知識・スキルについて問題意識を持つことができ、これが学習意欲につながります。まず実践してもらうことで、自らのキャリアをデザインする上での検討素材を収集し、自分の適正を認識してもらうことにもつながります。また、基礎ゼミナールでは、嘉悦大学で多用されるグループワークの基礎トレーニングとして、コミュニケーション・スキルやアカデミック・スキルを実践的に学習してもらいたいと考えています。これはたとえば、課題として収支予算書や事業計画書の作成を指示すると、学生は教員が作成し提供したMicrosoft Word・Excel形式の事業企画書や報告書の雛形を、Google docs・spreadsheetに置き換えて、オンライン上で共同作業をします。なぜ自然に学生がこのような作業の進め方をするかといえば、基礎ゼミナールと同時並行で進行しているコンピューター系の授業の中でそのようなトレーニングをしているからです。コンピューター系の授業で学習したスキルを「使わざるを得ない・使いたくなる」課題を、基礎ゼミナールで出すという形で、両授業は連携しています。だから、「Google docsでやりなさい」という指示を出さなくても、学生たちはGoogle docsを使うようになるのです。最後に、学生たちは我々教員に“気を遣って”Microsoft Word・Excel形式に再度変換し直して課題を提出してくれます。

基礎ゼミナールの中で、キャリア選択の1つとして2年次ゼミナールの検討をしてもらいますが、このときは学生たちに「企業選び」と同じであると伝えています。「先生は社長で、先輩は先輩社員。企業の事業内容を見ることと、ゼミの研究内容を見ることは同じ」というような言い方をしています。検討にあたっては判断材料をできるだけ多くするために、「キャリア（ゼミ）

選択フォーラム」というイベントを開催しています。これは、学会のポスターセッションと同じ要領で、すべてのゼミナール担当教員が体育館にブースをかまえてポスターを掲示します。そこに１年生が訪問して、先生や先輩から話を聞いて自分のゼミを選んでいきます。学生が選ぶ側、先生方は選ばれる側という位置づけです。また、基礎ゼミナール後期の１コマは、「専門科目エントリー」として、担当教員がその専門テーマで講義を行います。これは２年次以降の専門科目の授業イメージをつけてもらうという意味があります。そして、後期の最後に前期に作成した未来履歴書を更新してもらいます。前期の終わりから半年間でどのように変化したのか、どれくらい具体的になったのか、また、半年間という時間でどれくらいのことができるのか、どれくらいのことしかできないのかを自己認識してもらうことが重要だと考えています。

７．多様なキャリア形成の機会

つぎに、多様なキャリア形成の機会の提供についてお話しします。これは授業内容と連携した「授業外」の施策です。

初年次教育プログラムでキャリアデザインや動機づけをしても、どう実践するのかといったときに、結局、多くの学生はアルバイト以外に実践の機会を見つけられないのが現状です。そこで、大学内でその機会を提供しようというのが、本取り組みの目的です。先ほど「実践→認識→学習」という流れを申し上げましたが、このプロセスにおける実践は「体験」です。「体験→認識→学習」ときたら、もう一度学習を生かす実践が必要になります。そこで、この４つ目のステップを提供するという意味から様々な取り組みを行っています。

ヒューマン・リソース・センター（HRC）は、学生のキャンパス内での仕事の人材派遣センターです（**図表 43**）。各センター、たとえばアドミッションセンターが「オープンキャンパスのサポートスタッフが 10 名必要」ということになれば、HRC に発注を行います。HRC は、学生に対してメールやポスターなどで募集をかけて、応募した学生のリストをアドミッションセン

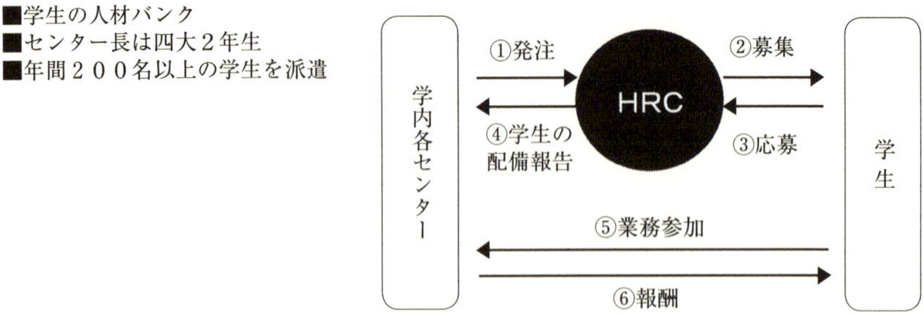

（嘉悦大学提供）

図表 43　嘉悦大学のヒューマン・リソース・センター（HRC）

ターに送付します。そして、実際に学生が業務を行うと大学から報酬が支払われます。このHRCがすべて学生の手によって運営されていることが本学の特徴ではないかと考えています。センター長は2年生の女子学生が務め、年間200名以上の学生を派遣する業務を行っています。HRCのスタッフは、学生職員という位置づけです。

大学が学生職員を積極的に登用することで、学生は多様な就業機会を得ることになります。本学では、HRC以外にも、ヘルプデスクや図書チューター、会計チューターなどの数多くの学生職員を配置しています。さらに、「学友会」という学生組織では、企画班と広報班に分かれて、年間約1200万円の予算規模で学園祭などの企画・運営を行っています。「学友会」の活動は、あくまで学生の自主的な活動ですが、年度計画や年度予算、各イベントの企画書・予算書はすべて学生委員会に提出することになっています。これは、言ってみれば遊びを学びに変える仕掛けであり、予算書などは公益法人が使用するフォーマットを指定して提出してもらっています。学生たちは、「学友会」活動を通じて、簿記・会計などの知識の必要性を認識し、実際に専門科目を選択して履修したりしています。広報班は学内フリーペーパーの発行や学園祭パンフレットの制作を行っています。広報班は、学園祭のパンフレットに広告を掲載してもらうため、地域の商店を1軒1軒訪ねる営業活動も行っています。昨年度の学園祭パンフレットには、34店舗に広告を出していただきました。このような活動を通じて、学生たちにはネゴシエーションやコミュニケーションのスキルが、授業内で閉じたものではなく実践的なスキルとして認識されていきます。

さらに、大学は学生発案プロジェクトも、積極的に応援しています。その一例が、「ココロキレイプロジェクト」です。これは、喫煙所の利用マナーなど「大人力向上」に関するプロジェクトで、ネーミングを含めて、すべて学生が発案して、大学側に企画提案をしました。大学は、「大人力向上」に関する予算が学生委員会の予算の中に設けられていたことから、この予算を付け替える形で学生たちに予算を配分しました。プロジェクトを実行している学生たちは、年度計画･予算の作成、プロジェクトメンバーのシフト管理、実際の活動、成果報告までを一貫して行っています。これも自発的なキャリア形成を促す仕組みの１つです。これらに加えて､資格取得支援に関しては、正課科目の中で資格がとれるようにしたり、学生が無料で受講できるキャリア講座を設置したりしています。

我々は育成したい人物像を明確にするところからプログラム開発をスタートしました。「自立自尊の人材」「中小企業のエースとなりうる人材」の育成を考えています。本学は東京の多摩地区にあり、多摩地区は中小企業が多く存在します。地域に根ざした大学として、中小企業に人材を送り出していくことがミッションであると考えました。中小企業は、大企業のように業務の専門化が進んでいないため、そのエースは何でもできなければなりません。また、多少荒削りであったとしても、力強く業務を遂行していく力が求められます。嘉悦大学では、このような人物を輩出していくために、１年生の段階から「実践（体験）→学習→実践」という、実践の間に学習を挟む形でのプログラムを展開しています。インター・ディシプリンという考え方もありますが、嘉悦大学ではマルチ・ディシプリンをもった学生を輩出していきたいと考えています。物事を多角的に捉えることのできる人材を育成していきたいと思います。

８．フォローアップ体制

本学では､「5ing モデル」と呼ぶフォローアップ体制を構築しています（**図**

表44)。1年生から4年生までゼミナールが必修科目として配置されていますので、この授業において担当教員は必ず出欠データを入力することになっています。ゼミに来ていない学生は、他の授業にも出席していない可能性が高いのです。ゼミだけをモニタリングすることでも、かなり有効なデータがとれます。レコーディングをしたあとのモニタリングは、学生センターが一括して行っています。たとえば1年生の5回の授業が終わったとき、または前期が終わったときなど、チェックのタイミングを定め、たとえば「10回中6回来なかった学生を抽出する」というように抽出条件も決まっているので、モニタリング作業は完全に自動化されています。その後は学生の状況に応じて、カウンセリングを受けてもらったり、担当教員と面談を実施したりします。担当教員には、学生のモニタリングに関する負担を軽減する代わりに、面談と授業に注力してもらおうと考えています。肝心なのはやはり「出席したくなるような授業が展開されているか」という点なので、ここに割くパワーを削ぐようなフォローアップ体制は適切ではないと考えています。

また、細かい点ですが、基礎ゼミナールでは、課題は、できるだけ授業内に終わるように設計しています。たとえば、未来履歴書もSAがアドバイスしながら授業内にできるだけ完成に近づけます。遅れる学生を出しません。この点、重視しているのは結果に対する指導よりも、課題に取り組むプロセスにおける指導です。結果の指導ももちろん行いますが、とにか

5ingモデル

	教員	職員	内容
レコーディング	○		ゼミナール科目において担当教員が出欠データを入力
↓ モニタリング		○	学生センターが出席状況を定期的に監視 出席不良学生を抽出、面談設定
↓ カウンセリング		○	必要に応じてカウンセラーによるカウンセリングを実施
↓ コーチング	○		ゼミナール担当教員が面談を実施 問題点等をヒアリング、改善を促す
↓ トレーニング	○		出席したくなる授業を展開

（嘉悦大学提供）

図表44　嘉悦大学のフォローアップ体制——5ing モデル

くプロセスの中で学生の実力を引き上げていくことに注力しています。さらに、出席不良学生に対しては追加課題などを出して、単位取得をあきらめさせません。学生は一度諦める癖がつくと、なかなかその癖から抜け出すことができません。そこで、とにかく最後まで走りきらせるようにしています。さらに、これらの取り組みに加えて、学生の意欲を引き出すための褒める制度として、在学生表彰制度や資格取得奨励金の支給などを行っています。

図表45は中退者数の月次推移を表したグラフです。私は2008年4月に嘉悦大学に着任しましたが、本学においては学期中に退学する学生がかなりの数に上ることがわかりました。学生が学期末を待たずに学期中に退学するということは、「1日でも早く大学を辞めたい」という学生の意思表示であり、大きな問題であると考えました。そして、初年次教育の改革をはじめとした大学改革を行った結果、2009年度は、春学期の中退者がゼロになりました。はじめは我々もこのデータの信憑性を疑ったくらいですが、実際に1年生から4年生まで含めて退学者がゼロになりました。もちろん初年次教育の対象

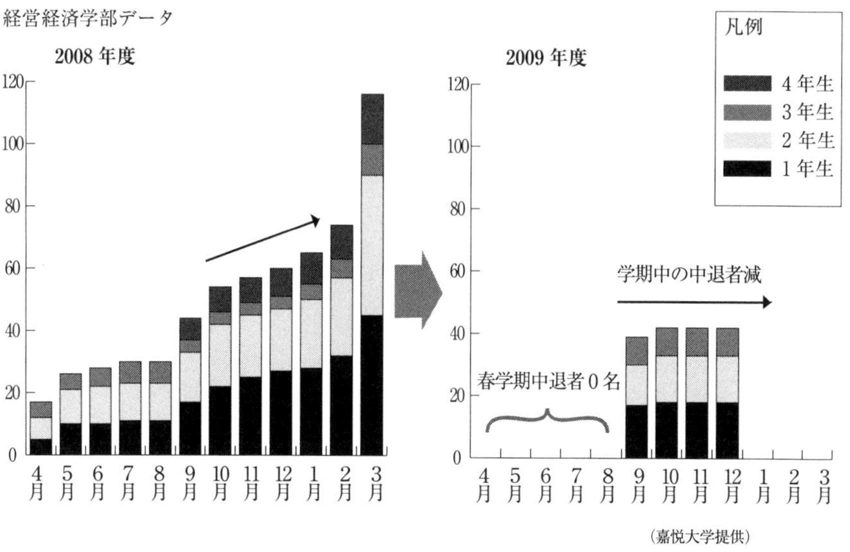

（嘉悦大学提供）

図表45　嘉悦大学の中退者数の月次推移

は1年生のみですが、1年生が積極的に学習する姿勢をみせるようになると上級学年にもその影響があることがわかりました。残念ながら、経済的理由から9月に除籍になる学生が出て中退者が出てしまいました。この経済困窮学生の救済については忸怩たる思いがあります。この点は、今後の課題であると考えています。

われわれは中退防止を目的に施策を検討・実施したことはありませんが、大学改革によって結果として中退者が減少しました。この点、学生の居場所づくりが寄与したのではないかと考えています。学生の居場所づくりは、3つの観点から進めました。1つは空間的な居場所、2つ目は時間的な居場所、3つ目は人間関係における居場所です。空間に関しては、学生のたまり場になるようなラウンジを開設したり、グループワークで自由に机を組み合わせられるようなアクティブラーニングを重視した教室設計を行ったりしました。時間的な居場所としては、ラウンジを24時間解放することによって、24時間勉強に没頭できる環境を作りました。そして、人間関係における居場所は、同期との関係、先輩との関係、教員との関係が密であるということです。本学は家族主義を掲げており、家族主義的な人間関係が、空間的・時間的居場所が生かされる基盤になると考えています。

最後に、2008年に着任した本学の新学長・加藤寛は、大学改革に際して「楽しくなければ大学ではない。楽しいだけでも大学ではない」というスローガンを掲げました。我々は、「楽しくなければ」と「楽しいだけでも」を両立させることに苦心しました。「楽しくなければ」というのは、たとえばカタリバ企画で先輩と話をすることや、模擬店出店などがこれにあたります。しかし、その裏に「楽しいだけでも」の面、すなわち経営の知識やアカデミック・スキル、キャリアの意識づけなどを埋め込むように設計することに頭を絞りました。

私は「人が人を変容する」と考えています。制度主導の改革をしても学生には響きません。たとえば、出席点制度を導入して、「出席するだけで単位取得に近づけますよ」と言えば、当然出席率は上がります。しかし、それが必ずしも学生たちを成長させることにはつながらないのです。語り手である教員が重要であるということは当たり前のことですが、この点はもっとも重要でありながら、もっとも改革の難しいところなのかもしれません。

質疑応答（大阪会場）

司会：中村博幸（コーディネータ、京都文教大学） 最初に、河合塾の調査報告に対する質問、事例に対する質問への回答を、お願します。

谷口哲也（河合塾教育研究部） 私からは「河合塾の調査分析結果を進路指導においてどのように活用するのか」という質問と、「医歯薬系・農学系・教育学系の学系では初年次教育が高いポイントを示している一方で、理学部や法学部が低い。これは受験生から見た人気・不人気学部と相関しているように思われる。この点について何かお気づきのことは」という２つの質問についてお答えします。まず、「調査結果を進路指導においてどのように活用するか」については、初年次教育だけで大学の中身を評価するのではなく、大学の教育力がどこにあるのかということを探っていくときのメルクマール（指標）になるのではないかという仮説で今回調べましたので、これ単独だけで進路指導することは多分ありません。しかし「○○大学の初年次教育はきちんとしている」ということを、ある程度知っているのと知らないのとでは、チューター（進路指導の担当者）の指導に幅ができると思います。

それから、医歯薬系や農学系や教育学系のポイントは高く、理学部や法学部系が低いということですが、これは人気学部とは相関していないと思っています。人気というのは時代によって変わってきますので、たとえば資格系は今不況だから強いけれども、好況になると弱くなります。また、法学部は今でも文系の中では偏差値がいちばん高いです。ただ、理学部や法学部が、比較的出口のことを意識しなくてもいい学部なのかもしれないという印象は持ちました。

友野伸一郎（ライター・ジャーナリスト、河合塾初年次教育調査プロジェクトメンバー）「初年次教育の成果が最終的な専門教育の成果へとつながっている例などを紹介してほしい」という質問があります。当初は、専門への導入ということは除いて、初年次教育でどのような態度変容を促しているのかということに絞って、アンケートもしましたし調査を行うつもりでありましたが、訪問・ヒアリング等々を通じて結果としてわかってきたことは、専門への導入とうまく結びつけている大学が非常にたくさんあるということでした。前回名古屋会場で発表した高知大学の農学部は、農学系の問題意識をどう持たせるのかということを、初年次ゼミと専門ゼミに連関した科目をうまく組み合わせてやっていました。それから専門教育の成果とどういうふうに結びついているのか、もう１つの視点から言いますと、初年次教育で力を入れておくと、卒論や本ゼミの指導がすごくラクになるということがあります。「初年次ゼミは何のためにやっているのかわからないんじゃなくて､自分に戻ってくるということを､実感している」と言っている先生もいました。そういうことが１つの回答になるかと思います。それから、これは教員の意識改革に関わる問題だと思いますが、「初年次教育のテキストを作成中の大学は多いと思いますが、共通テキストやガイドライン、マニュアルを作成する場合、有効性と逆効果の二面性があるということについて、もう少し具体的に話してほしい」という質問がありました。これについては、「教育がマニュアルでできるか」という話もありますが、マニュアルを作ることに教員の関心が向いてしまっていて、現実の学生と向き合っていないのではないか、と感じた例があります。「このマニュアルに基づけば誰がやっても良い授業ができる。そういうマニュアルを私たちは毎年更新しています」という大学がありましたが、それは考えてみたら変じゃないでしょうか。ではそれは誰が教えてもいいのでしょうか。実は初年次教育・初年次ゼミの中で、たとえばグループワークやPBL をやりますと、そのプロセスに教員自身も関わって、その中で教員自身も変わっていくことが起こっているはずだと思います。そういう意味で、単純にマニュアルの完成度によって初年次教育・初年次ゼミを充実させるという方向性のみでは担保できない問題があるんじゃないかということとを非常に感じた例がありました。

信州大学（平林公男・宇佐美久尚、繊維学部） 教員の意識変容という観点で申し上げますと、「学生がモチベーションをもってくれた。学生が変わった」と教員が実感できることが、意識改革の第一歩かと思います。その意味で、毎週チェックシートを書いて、面倒ですがそれをPDFファイルにしてHPにアップし、教員同士で共有するということが1つの効果的な方法かと思います。

「学生の変容を導き出していくというプロ意識を持っていますか」という質問もありました。私たちの課程は2002年から国際的に通用する教育プログラムとしてJABEE（日本技術者教育認定機構）から認定を受けています。認定期間は5年間ですが、大抵は改善すべき点を提起されて2年後に中間審査があります。このため、2年から3年に一度評価されるということで、緊張感を持って教育に当たっています。JABEEプログラムでは、持続的に教育内容を改善する仕組みも求められるため、PDCAサイクルを必ず1年に1回は回す仕組みを持ち、課程内の教員、学生、および評価委員から評価されますので、その意味でも教育者としての意識を担わされると思います。

負担に関しては、1年生の在籍する松本キャンパスに行くには標高1100mの峠道を越えなければならず、冬季には道路が凍結して怖いですが、それでも1年生の導入教育をするのは意味があると感じています。4年生の卒研等の指導においても非常に効果が上がっていることを実感しています。負担をどう軽減するかについては、要所となる回のチェックシートをうまく工夫して、1クラス（40人程度）当たり1人の教員が行けば、チェックシートを配って回収することで、シートの内容を共有しながら指導ができるように改善はしてきています。昨年度から3つの課程が化学・材料系として共同で取り組むことになり、チェックシートの内容、レポート・プレゼンスキルに関する講義などカリキュラム内容を工夫することにより、負担が少し軽くなり、相応の効果が上がっていること、教員の意識も上がってくることと実感しています。

嘉悦大学（杉田一真、経営経済学部） いくつか質問いただいた点について、抜粋してお答えします。まず「基礎ゼミナールの効果について」ですが、今、信州大学から報告があったとおり、効果について教員は肌身で実感することができます。未来履歴書などの提出物のクオリティが向上してくるので、効果が目に見える形で現れてきます。基礎ゼミナールのプログラムを本格的に導入したのは今年度からなので効果は測りにくいが、昨年度、試行実験として行った授業を受講した学生が上級学年に進級しており、彼らがアクティブに動いている活動を見ると、受講した学生と受講していない学生で違いが出ていることがわかります。それは自らのキャリアに対する意識付けができているかどうかということです。極端に言えば、たとえつまらない授業であっても、そこに目的や意味を見出して学びに変えていく力を学生１人ひとりがもてば、実は全体の授業改革をしなくても、学生たちは自分たちで走っていくということです。したがって、私たちは大学改革を、学生→職員→教員の順番で取り組むことをあらかじめ定めました。まず学生に変わってもらうこと。学生が変われば、日々学生と接している職員は変化を感じてくれます。そして、改革を加速するために、教員組織の責任者である委員会の委員長が、職員組織である各センターのセンター長を兼ねることにしました。これは、教職員の連携を強化し、その改革ポリシーを浸透させていく意図からです。最後は、学生の教員に対するコメントや授業評価をてこに、教員の方々にも意識改革を変えていただきます。この順番で考えています。先ほど「SA の授業報告が FD 効果を生む」という話をしましたが、SA に限らず、全学生からの声が教員に届くことが、ゴールではないかと考えています。

また、「基礎ゼミの担当者以外の教員の巻き込み」に関して質問を頂きましたが、全体に対するアプローチは、まだ考えていません。まずは「部分から」ということを考えています。私は、変容可能人数や変容可能割合というものがあるのではないか考えています。企業でも新卒の採用人数および割合は一定以下に設定されていることが通常で、一定数以上は OJT 等の徹底が困難であると考えられています。同じように、本学でいえば全体の２割くらいが改革メンバーで、これは慶應大学を中心に他大学から改革の命を受けて着任した教員たちです。それは全体から見れば少数派であり、この2割が他の8割の先生方を変えるのは不可能です。そこで、たとえば情報系の科目では担当教員8名のうち2名を既存の先生に入っていただき、アクティブラーニングの手法について一緒に研修等を行って効果を実感していただき、次年度以降はその2名を入れ替えていく、というようにしています。また、NPOカタリバとの共同企画の導入時もそうですが、我々は、試行実験→効果実感→本格導入というプロセスを踏むように努めています。NPOカタリバとの共同プログラムに関しても、まずは私の1授業の中で試行しました。1授業の中であれば、担当教員の裁量で講義内容を自由に決めることができるので、教授会にかける必要もありません。まずそこで実践してみて、60名ほどの学生にきちんと火がついたこと、そして彼らが授業を終わった後も走り続けていることを確認して、1年生全体に本格導入しました。カタリバ企画は、4月下旬から5月上旬にかけて4回行うプログラムですが、この時期にいかにスムーズに学生生活に入ってもらうかは非常に重要であり、スタートアップのプログラムとしては非常に効果が出ているのではないかと思っています。先ほど「春学期の中途退学者が0名になった」という報告をしました。0名になったことは我々も予想外で、大学改革に対するご祝儀のようなものだと思っていますが、例年春先の中退者の多くを占める不本意入学者も退学しなかったという点は、評価に値するのではないかと考えています。どの大学にも不本意入学者はいるものですが、その学生が「嘉悦も結構良いじゃないか」と思ってくれたことは、自己評価に値するのではないかと思っています。そのほか、「人間関係で居場所を作る」「将来に対する期待度を高める」「コミュニケーションに対する抵抗感をなくす」などの点は、先ほど話したとおりです。カタリバ企画のメリットのもう1つの大きな点は、企画の中で1年生と話をした先輩たちが1年生のカルテをまとめてくれることです。このカルテには非常にリッチな情報が含まれており、家庭の環境や自分が本当に行きたかった大学名などが生々しく書き込まれています。このような情報は、いくら教員が学生と面談しても出てきません。担当教員は、この情報を頭に入れて基礎ゼミナールの後半の授業に臨みます。このことで、個別の学生に対する指導方針やコミュニケーションの濃度が違ってきます。

司会　今の先生の答の中で、「学生、職員、教員の順番で改革の順序を定めた」というものがありましたが、学生の変容があると教職員も変わってくるということは、その変容が見える形になって教員が変わらざるをえない、という解釈をしてもよろしいでしょうか。

嘉悦大学　今の１年生について、基礎ゼミ以外の授業で先生方が最初に実感されたのが「今年の１年生はうるさい」ということでした。「基礎ゼミがいけないのではないか」と言われましたが、我々としてはシメシメと思っていました。うるさい学生をたくさん作ることが教員の変容を促すと考えていたので、「○○先生の授業はつまらない」と教務センターに文句を言いに来る学生がたくさん出てくることが、望ましい姿であると思っていました。学生１人１人の意見を教員の方々に逐一報告したりはしませんが、このような動きが緩やかに教員の変容を促していくのだと考えています。

司会　今日は良い事例を出していただきましたが、それではハードルが高いと思われる先生もいたりするかもしれませんので、調査から見えてきたなかで、たとえば河合塾から失敗体験などを話していただいて、それに対していろいろ意見を頂ければと思います。

谷口　最近できたある学部で、入学者の学力もどんどん下がってきて、「これは大変だ」ということで、まず読み書き、情報というリテラシー教育から始めました。しかしリテラシー力がある程度ついたら、そこで終わってしまう。次に学生にどういうふうになってほしいのかというビジョンが打ち出せない。そのうち教員間で初年次教育のやり方がバラバラになって、目的は「最終的に自分の専門ゼミにリテラシーの高い生徒がくればいいんだよね」というふうに教員のための初年次ゼミになってくる。今どういう状態になっているかというと、全学的な合意が得られなくて、それぞれで勝手に、「どうしたら日本語表現がうまくなるか」とか、「情報スキルが高くなるか」ということにしか、教育の目が向いていません。良い事例大学との違いは、初年次ゼミの目標とそれに至るまでの工程がはっきりしているかどうかだと思いました。

司会　うまく意識変容していくために誰がどういうコンセプトをもっている

かということについて、何かご意見はないでしょうか。

九州国際大学・山本　本学では初年次教育について、本格的にプロジェクトを作ったのが今年度ですが、3つの学部から若手教員を2人ずつくらい出してもらって、プロジェクトを立ち上げました。これは学長直下のプロジェクトという形にして、そこで決めたことを各学部に実行してもらいます。先ほど嘉悦大学の杉田先生がおっしゃっていたように、まず「学生に何かをさせる」ことが重要だと思っています。ゼミのプログラムを共通化するところまではまだいっていませんが、すべての学部で、たとえばグループワークで取り組んだ内容を発表するために「プレゼンテーション大会をやりましょう」ということだけをまず決めてやりました。そうすると学生はプレゼンをしなければいけないので、ゼミにはどうしてもプレゼンのオリエンテーション的なものが入ってくるわけです。ということでは、ある種のプロジェクトを若手中心で作って、そこで出てきたアイデアをトップで吸い上げて、トップがそれを実行させるということが重要なんだろうと思います。ただ、やはり初年次教育に理解のある教員は、学内ではまだマイノリティなので、それに対する反動はあります。「こんな大変なことはやっていられない」という声が大きくなってしまうと、頓挫することもあって、そこが非常に大変です。我々としては、目標というものを明確にして、そこに至るロードマップをきっちり作っていくことが重要なんじゃないかと、反省とともに今考えているところです。

友野　今のお話を伺っていて、「意義は理解できるが負担が大変だ」というのが1つあります。それからそれ以前の問題として、「そもそも意義があるのか」という、意義そのものを共有するとか理解するというレベルの問題がありまして、それから意義はわかるが負担感が大変でという問題が、今先生がおっしゃった話だと思います。そこで、さっきの話に戻りますが、「意義はわかるが大変だと思っていたところ、やってみたら学生は変わっていくし、自分も見方を変えた」とか、先生自身が担当することによって、そこで自分も変わったとか、結構面白いじゃないかとか、学生の成長の現場あるいは変容の現場に実際に関与するダイナミズムはあると思います。このような事例は、残念ながら今回のヒアリングではあまり踏み込んで伺えなかったですが、何かそんな話があれば、ぜひ紹介いただければと思います。

嘉悦大学　実体験として、基礎ゼミ前期の６～７回目くらいのときには、担当の先生方から「見事に杉田に騙された。基礎ゼミの授業は非常に辛い。P（問題）を与えても誰も話さず、どうファシリテートしていいのかわからない」と言われていましたが、粘り強くやっていくと、後期の２～３回目くらいになったら、先生方に「とてもラクになった」とおっしゃっていただけるようになりました。山を超えると、後はPを与えるだけで勝手にディスカッションが起きて、走っていきます。教員にとってこれほど理想的な姿はなく、3・4年生の研究会や研究室の中では当然行われていることなのですが、これが１年生でも実践できることを実感いただきました。最終的には非常勤の方も含めて「SA1人さえつけていただければ来年もやりますよ」と言っていただきました。山を超えるまでが非常に大変だというのが、このプログラムの特徴なのではないかと思います。

山本　ちょっと補足をさせてください。今おっしゃったことはまさに、最初に基礎ゼミナールの担当の先生方を選ばれたところからが、成功の秘訣だろうと思います。我々はたとえば、「学部ごとにプレゼン大会をやりましょう」と言って、10くらいある各学部のゼミが一斉にプレゼン大会をやりますと、見えてくるのが、教員の指導力の格差です。これがあからさまに出てきます。今までは教員だけが担当者会議で「うちのゼミはこんなことをやっている」と言っても、全然見えてこなかったのですが、学生自身にプレゼンテーションをさせると、これは完璧に出てきます。そして、ものすごく差が出てきたところで、「こんなものはやりたくない」という教員が出てきます。だから最初にある程度、初年次教育に向いている先生をセレクトしてやるべきなんだろうなと思います。そうすると、今おっしゃったように、「この山はキツいがその後ラクになる」という感覚を、多くの教員が共有することができるんだと思います。これはたぶん我々の大学の来年の課題だろうと思っています。

三宅なほみ（東京大学大学発教育支援コンソーシアム推進機構副機構長）

私自身も実は元の大学の中で、広げられなかった経験があります。そこも踏まえて、今杉田先生のお話なども聞きながら、一言コメントさせて下さい。先ほど「学習者というのは多様だというところから出発したい」と申し上げましたが、実は同じ位教員も多様だと思います。そして、教員層が多様であるということが大学の1つのリソースです。「協調をやらない」という先生がいて構わない、と私は思っています。杉田先生の話の中で、学生がわかってくれれば、「あの先生はこういう教え方をするから」というふうになっていくとおっしゃったことは、私にとって非常に印象的なことです。1人ひとりの教員の教え方もやり方も違うということを、教員同士が認め合う必要があるのでしょう。「皆が同じ形でプレゼンテーションの仕方を教えてどうするんですか？」という疑問を誰かがもたないといけないと思います。「私は専門の話を教えたいから、専門の話でプレゼンテーションをさせるんだ」と言う先生がいれば、それは内容がそもそも難しいですから、学生のするプレゼンテーションは下手になるかもしれません。でもそこで、先生が自分の好きなテーマでプレゼンをやって「このクラスは、プレゼンテーション自体は地味だったけど、準備する段階ですごく盛り上がったよね」というクラスを良しとするのか、内容は軽かったけれど「みんなアニメーションとかたくさん使えて面白かったね」というクラスを良しとするのか、その判断は、実は学生にはできないと私たち教員は思っているべきだと思います。SA のコメントは参考でしかないでしょう。SA の質問や批判に対して教員が返答できる、返答していい、というふうにしておかないと、この形の教育は、基本的には研究者としてのバックグラウンドをもとに教育をしている大学の教員の立ち位置、研究者の立ち位置というものをおかしくしていく可能性がどこかにあるように感じます。そこを私たちが間違うと、知的に賢い社会を作っていくところに今の努力がつながっていきません。それはやはり、学習者、学習環境、教員の多様性というものを認めていって、1人ひとりが賢くなっていくのに何が使えるか、という判断が、教員と学習者と両方につくことを目指す必要があるのだということでしょう。もう1つは、「山を超えたら楽になる」というのは、私は幻想ではないかともと思っています。なぜかというと、ゼミに学生が８人いるとします。でその８人が８人とも「本当に自分でこれをやる必要がある」という学生で、「先生これはどこに資料を見に行ったらいいんですか」「先生はこれはやっていないんですか。私はどこに行ってやったらいいですか」などなど聞いてくると想定したらこれは大変です。その中である種の手綱を繰りながら、「あなたのやっている問題はそのままじゃ解けないけど、私と一緒にやるなら、こういう形だったら解ける」という指導をしていかなければいけないわけです。だから、先生方が「楽になった」と言ったら、「いやあ楽になったのは今だけですよ。そのうちまたすぐ峠がきます」と言いたいようにも感じます。峠をなんども越えることで、「学生がわからないことを聞くから研究が進んだ」と言えるようになっていくのが、日本の大学が本当に活性化していくことなんじゃないか、と今お話を伺っていて思いました。

嘉悦大学　私は基礎ゼミナールの中には、多様性はそれほど必要ないと考えています。それは、基礎ゼミは単なる１授業であって、それ以外の授業で教員および教育内容・手法の多様性は確保できると考えているからです。さきほどお話した基礎ゼミの改革は、単に初年次教育の中の基礎ゼミナールという１授業について担当者同士が集まって工夫しただけにすぎません。そして学生に火がついた後は、三宅先生がおっしゃったように実は大変なのですが、担当の先生方はその大変さを喜びに感じる方々です。先生方は、意識の高い学生が集まって色々と要求してきたとしても、「これは大変だ」とは決して言わず、学生に「もっと向かって来い」と繰り返し言います。これは研究室の中で優秀な大学院生が出てきた場合と同じです。苦労の質が変わっていくという意味で、「山を越えた」という表現をさせていただいたと理解いただければと思います。

産業能率大学・林　林と申します。私は教員ではなく、入試企画部の部長として学生募集や大学のブランディングを行っている立場の人間ですが、本学は2004年度に、今日話題になっている改革をしました。そのときに改革をしなければ、ここに来ることもなかったと思いますが、今お話を聞いて、本学では私から見て「向いている・向いていない」に関係なく初年次ゼミを担当していただき、今は５年くらいたって、逆にどちらかというと向いている方にシフトしているところがあります。先ほどの杉田先生のお話でいえば、学生が変わった次の職員の立場で、この10年間くらいずっと見てきまして、いちばん今日のお話の中で痛感しましたのは、2004年以前の先生の学生に対する見方はネガティブで、文句ばかり言っていました。ある教員は学生で満杯になっているバスの中で、学生の文句ばかり言っていて、あわてて「学生が乗っているんですよ」と止めたこともありました。恥ずかしながらそういう先生が1人2人じゃなかったです。おかげさまで今ではそのような先生はいなくなりましたが（笑）。実はそのころ、2003年くらいでしたが、河合塾に調べていただいて、「産能大は2009年度に確実に定員割れする」と言われました。おかげさまで現在定員割れどころか以前よりも志願者が多くきてくれていますが、学生をネガティブに見ている先生ばかりでしたら、定員割れとなるような事態も致し方ないと思っていました。そして、先生方の意識を変えていただくには、1年生を見ていただくのがいちばんいいんじゃないかということを、学長や理事長等々とお話ししたこともありまして、最初はほぼ全教員が関わりました。マニュアルも「このとおりやれ」くらいの勢いで（笑）、「グループワークをやってください」と。これはちょっと賭けみたいなところもありましたが、ここ数年は不思議なことに、毎年のように「今年の学生はいいよね」と基礎ゼミを担当している先生などが言います。実は去年も同じようなことを言われているんです。つまり最近では毎年のように「今年の学生はいいね」とおっしゃる先生がたくさんいます。あるときこんなこともありました。ある1年生が訪ねてきて、「産能大はグループワークが好きな学生ばかりきているかと思っていたら、全然参加しようとしない子がいるんです。どうしたらいいですか？」と相談を受けました。私は「そういうときこそ先生に伝えて、何か手を打ってもらいなさい」と伝えました。そういうことの積み重ねから先生も変わるだろうと思ったからです。だから私は、専門領域になれば多様な先生はもちろん必要だと思いますが、先ほど杉田先生も言っていたように、こういったら失礼かもしれませんが、1年生の基礎ゼミごときで、「向いている・向いていない」と言うなら、そもそも教員をやるなと言いたいと、正直言って思います（笑）。

司会　三宅先生に、先生方の気づきについて、たとえば「あなたは向いている、向いていない」という話は外面的にできると思いますが、自覚するところにもっていくにあたって、何かアドバイスはありますか。

三宅　先生方が自覚するためにはどこかで他者の目が入るといいのではないかと思います。必要、ぜひ入れるべき、と言えるかもしれません。FDと称して「私の授業はいい」と思っている先生の授業を公開して、他の先生方が見に来て参考にするということはどこでもやっていると思いますが、「私の授業はいいんだよね」と思ってやられている授業を、他の教員が見ると、「これは本当にそんなにいいのか」と大抵は思うだろうと思います。そのフィードバックを素直に、いつどこで何が起きていた時、あれでよかったのですか、こっちはどうなんですか、など返せれば、教えていた方にも見てた方にもいろいろな気づきが多分起きると思います。そこから、各自、自分の授業は自分で感じているのと他人が見るのと違う、学生も、自分が期待しているように自分の授業を見ているのではないかもしれない、少し変えてみるか、という自覚が生まれる可能性はありそうです。こういうことが起きるためには、これは塾でやっていることのような感じがしますが、たとえば自分の講義をビデオ記録がいつでも手軽に撮れるように教室をしつらえる。あるいは、２人の先生が同じ授業を受け持って、いつでも互いの授業に出られるようにする。これは大学経営側は嫌がると思います。「１つの授業を１人で教える前提で給料を計算していますので、いつも２人で教えていますと言われても、２人分は出せません」というようなことにはなります。つまり授業数分の給料は出ないので、そこをどう覚悟するかというような話になりますが、少なくとも互いの授業にフィードバックができるようになれば質が上がると思います。私はこれを若い同僚とずっと一緒にやっていたことがありまして、全学部に広めたかったので、「出張しても休講にしないで済むので２人でやっていると楽ですよ」などの理由をつけて他の先生方を説得しようとしたのですが、笑って済まされてしまったことがあります。動機が不純に見えたのかもしれません。実際すべての授業を２人でやって、いつでも相手が教えているときは授業を見に行くようにしますと、いろいろな発見があります。まず見に行っている方に何ができるようになるかというと、学生が同定できるようになります。3〜4週間するうちに、互いに「今日は○○君がこんなことしてたけど」という話が具体的にできるようになっていく。「あの○○君がこれこれなら、次の授業はあそこをこう……」という予測、発展、大げさに言えば授業単位のアクション・リサーチができるようになってきます。ここがすごく大きな変換点だと私は思っています。河合塾がいろいろ初年次教育の評価をなさった時に「先生は1年生のクラスの学生の名前をどれくらい言えますか」という質問があっても面白いんじゃないですかという話をさせて頂いたことがあります。こういう記録をとって変化のプロセスを見て、次の授業のプランを変えてという一連のプチ・アクション・リサーチを積み重ねるためには、授業構成も作り替えてしまうなども必要になります。いつもは週の別の日に分かれてやっている90分の2つの授業を、2人でやり易いように同じ日の3限と4限に並べてやるとか、そのように変えられるところを変えていって、いろんな気づきを引き起こしていくのが各自自覚する手段の一つかもしれません。そういう意味では、安くて使いやすい授業記録用ビデオシステムを河合塾が開発して大学に入れ、撮った記録の使い方のノウハウを売るとか、案外そんなことが、先生方の気づきを引き出していくかもしれないと思っています。

信州大学　「他者の目」という観点で意見を述べたいと思いますが、私たちの課程は先ほど申し上げましたように、2年生から化学・材料系の中にある3つの課程に学生が分属します。しかし、2年生の科目のほとんどのカリキュラムは、系の中で共通であるため、それぞれの専門分野はありますが、物理化学はある課程の先生が、有機化学は別の課程の先生が教えます。他の課程の先生に、自分たちの課程の学生の教育を任せるわけなので、かなり気にしています。現状では内容を評価するところまではまだ十分に進んでいないのですが、少なくとも出席率に関しては各学科の教務委員に報告していただき、それを回覧するようにしています。「ある課程の○○君が3回休んでいます」という情報を共有することで、お互いに授業内容について問い合わせてみるなど、そういう議論ができるベースになると思っています。

嘉悦大学　私からも少し皆さんの参考になればと思いますが、教員同士が刺激し合うことは非常に重要だと思っています。ゼミ選択フォーラムを体育館で教員が一堂に会して開催する際には、先生方は静かに他の先生方がどのような指導をして、どのような研究を行っているかを横目で見ています。これは非常にいい効果をもたらしており、まだ取り組みを始めてから年数が経過していませんが、年々ポスターも充実してきています。先生方には特に何も言っていませんが、モニターを持ってきたり、実験道具を持ってきたり、先生方が変わってきます。もう１つは、私がキャリアセンター長を拝命してから、大学に対する「企業」の方の目も重要であると考え、文科省から補助金を頂いて、「就職フォーラム」というものを行いました。企業の方を 150 名くらいお呼びして、私のほうから本学のキャリア教育の取り組みを紹介して、そのあと教員２～３名と企業の方７名程度の小テーブルを約 20 用意して、本学のキャリア教育に対して企業の方々に徹底的にダメ出しをしていただき、先生方にはそのヒアリング結果を記録していただきました。加えて、すべての先生方にテーブルごとに「どのようにキャリア教育を意識して担当の授業を設計しているか」ということを報告いただき、それについてもまた企業の方々にダメ出しをいただくという、非常に自虐的なイベントを行いました。これから、学生および外部からの刺激を活用しながら、どのように個々の教員力を高めていくのかは今後の課題です。

司会　簡単に結論が出ない問題ですが、これから１歩ずつ進めて行ければと思います。どうもありがとうございました。

大学事例報告⑤（東京会場）

3人の特任講師中心で全学の初年次教育をカバー：三重大学（全学）

三重大学 副学長 中川　正

1. 三重大学の教育目標

三重大学で今年度から取り組んでいる「4つの力」スタートアップセミナーについて報告します。これは、本学のすべての学生にクラス指定をして初年次教育を行うプログラムです。今年度は医学・工学・生物資源学部では必修、人文・教育学部では選択という形で進めました。

三重大学は、5学部が1つのキャンパスに集っています。1年次生から4年次生までを合わせると6,200人が在籍し、1年次生は1,300人余りです。

本学の教育目標は、「感じる力」「考える力」「生きる力」「コミュニケーション力」という4つの力を身に付けさせることにあります。教養教育においても専門教育においても、この4つの力を身に付けさせます。4つの力それぞれの下位の項目と、中教審、文科省の「学士力」を対応させてみると、三重大学の教育目標「4つの力」との整合性が明らかになります。4つの力の小項目は、第一期で作成したものが全学によく浸透してきており、来年度からの二期目では多少の変更はするが、根本は変わっていません。

本発表の内容は、2009年度から全学1年生対象科目としてスタートした「4つの力スタートアップセミナー」（4SUS）の紹介です。最初に導入の背景を述べ、2番目に全体デザイン、3番目に各回授業のデザイン、4番目に授業実践の評価、5番目に今後の発展に向けて、という5つの項目で報告します。

2. スタートアップセミナー導入の背景

まずスタートアップセミナー導入の背景について説明します。

第１期中期目標期間の成果は、大きく言えば次の３つです。１つは全学的なPBL（問題発見解決型学習）を推進したことです。第１期の学長が、学長就任前に医学部にPBL授業を導入した経験に基づき、「医学部に限らず文系も教育系も併せてPBLを推進する」という大きな目標を立てて、取り組んできました。２つ目は、Moodleを通した情報基盤の整備です。PBLを実践するうえでは対面的な教育が一番大切になりますが、自己学習を発展させたり、授業と授業の間に学生が会わないときでも情報を共有したりすることを可能にしたいと考え、Moodleと呼ばれるコースウエアを導入しました。クラスごとにWEBページが設けられており、課題を入れたりディスカッションをしたりすることができます。その情報基盤整備の一環として、全学的に無線LANが利用できるようにしました。家庭でもMoodleにアクセスできますが、特定のパスワードがないと入れない仕組みになっていますので、受講生以外はアクセスできません。成果の３つ目は、「4つの力」を測定する修学達成度評価システムを作ったことです。

PBLを推進するうえで、まずはFDを頻繁に行いました。年２回、９月と３月に行うPBL用のFDは定例になっています。また、学部に出かけて説明したこともあります。これらのFDの結果、PBLがどのようなものかに関しては、知らない人はいないようになりました。それから『PBL実践マニュアル』を作成しました。次に授業事例集の整備をしました。幾らか予算を配分するということで、「自分の授業はPBLである」という事例を、募集をして、応募してきた方には、PBLの専門家からのアドバイスを参考に、よりPBLらしいものに変えて、それを事例集として掲載してきました。そして、PBLセミナーを共通教育に開講しました。全学の教員たちにPBLとはどのようなものかを見ていただくためには、まず共通教育で典型的なものを導入することがよいだろうと考えました。現在は20科目があり、毎年300～400人の受講者がいます。学生数は1,300～1,400人なので、３～４人に１人が受ける形になっています。また、現在は電子シラバスを作成するときに、PBLかどうかをチェックする項目を設けました。それによると、2009年度は専門・共通教育を併せて400科目以上のPBL授業が成立しています。

このPBL事業を推進するうえで、モデルが必要と考え、PBLセミナーを作りました。これは4単位で、週2回のハードな授業です。「PBLセミナーを開講したい」という先生には、教育補助金を出し、TAもつけました。そのかわりに、FDに参加すること、成果を共有するために、公開発表会を合同で行うことを義務づけています。PBLセミナー授業担当者は、公開発表会を通して他のPBLセミナーにおける実践事例にも触れています。また、すべてのPBLセミナーの発表要旨やプレゼンテーションファイルは、共通のMoodleに入れていきますから、毎年事例が蓄積されていきます。PBLセミナーは、自己学習とグループワークを繰り返し、学生が自ら問題を発見して解決して、そしてそれをプレゼンテーションするというところまでもっていく授業形態です。

3．Moodleの構築

そのPBLを効果的に進めるために、Moodleと呼ばれているネットワークを構築しました。もちろんPBLの実践は、教員のファシリテーションのもと、授業中での学生間の対面式ディスカッションが中心です。しかしPBLで、グループの中で1人ひとりが次回まで調べるべきことを分担し、次の授業が始まる前にMoodleにアップしておいて、次の授業で効果的にディスカッションを継続することが可能な形にしています。このPBLとMoodleという2つの主要なツールは、高等教育創造開発センター、総合情報処理センターが中心になって、基盤整備が進められてきました。

図表46がMoodleの画面です。ユーザー名、パスワードというところで、統一アカウントと呼ばれている学生個人に与えられている番号とパスワードを入れ、ログインします。コースカテゴリは人文・教育・医学・工学と並んでいますが、ここに入ると、Moodleを利用している授業科目が出てきて、クリックすると中に入れるのですが、パスワードを入力しないと入れません。このように、Moodleは、基本的にはクラス内で閉じたものです。

中身については、たとえば「最初に自己紹介をしよう」ということになると、各自が自己紹介をして、それに対する返答を書いたり、自分のグループの人には質問をしてみたりします。このような形で次第にMoodleに習熟させて、

（三重大学提供）

図表 46　三重大学の Moodle

授業での活用に抵抗なく入れるようにしてきました。

4．修学達成度評価

修学達成度評価は、「4 つの力」を定量的に測定しようとするものです。真に「客観的」に測ることは不可能ですが、学問的にある程度実証された心理尺度を用いて、「感じる力」「考える力」「コミュニケーション力」「生きる力」というものを測ることにしました。これは、「あなたは感じる力がつきましたか？」というように、単に直接的に測定しようとするものではなく、経験や態度･志向性に関わる、いくつかの具体的な質問への回答を総合して、感じる力がついているかどうかを総合的に評価できるようなテストです（**図表 47**）。

毎年行うので、1 年から 2 年、2 年から 3 年、3 年から 4 年になったときに、どうそれが伸びているかということが 1 人ひとりチェックできるようにして

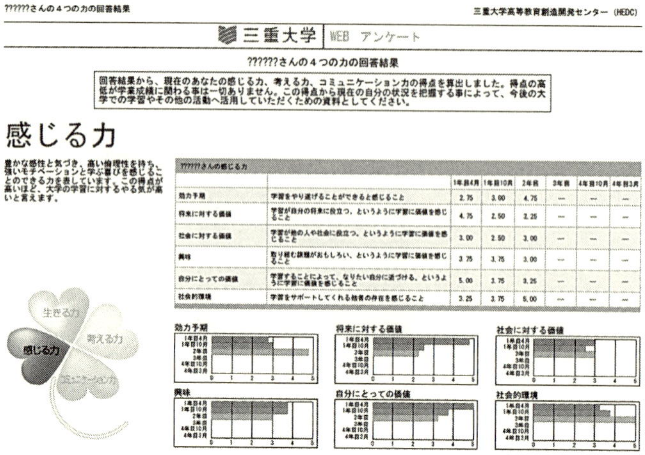

??????さんの４つの力の回答結果

三重大学高等教育創造開発センター（HEDC）

三重大学 WEB アンケート

??????さんの４つの力の回答結果

回答結果から、現在のあなたの感じる力、考える力、コミュニケーション力の得点を算出しました。得点の高低が学業成績に関わる事は一切ありません。この得点から現在の自分の状況を把握する事によって、今後の大学での学習やその他の活動へ活用していただくための資料としてください。

感じる力

豊かな感性と気づき、高い倫理性を持ち、強いモチベーションと学ぶ喜びを感じることのできる力を表しています。この得点が高いほど、大学の学習に対するやる気が高いと言えます。

??????さんの感じる力

		1年目4月	1年目10月	2年目	3年目	4年目10月	4年目3月
効力予期	学習をやり遂げることができると感じること	2.75	3.00	4.75	—	—	—
将来に対する価値	学習が自分の将来に役立つ、というように学習に価値を感じること	4.75	2.50	2.25	—	—	—
社会に対する価値	学習が他の人や社会に役立つ、というように学習に価値を感じること	3.00	2.50	3.00	—	—	—
興味	取り組む課題がおもしろい、というように学習に価値を感じること	3.75	3.75	3.00	—	—	—
自分にとっての価値	学習することによって、なりたい自分に近づける、というように学習に価値を感じること	5.00	3.75	3.25	—	—	—
社会的環境	学習をサポートしてくれる他者の存在を感じること	3.25	3.75	5.00	—	—	—

（三重大学提供）

図表 47　三重大学 修学達成度評価——感じる力

あります。今年からは、後期の履修申告に際して、基本的には「修学達成度評価」に回答（WEB入力）しないと履修申告できない仕組みにしました。（ただし、一定の手続きを行えば、回答せずに履修申告することができる。）これにより、自動的にWEB入力をして、毎年の達成度が4年間どのように変化するかということが分かるようにしています。

その結果、「4つの力」自身は、客観的な尺度から見ても少しずつですが伸びてはきています。特に「感じる力」は、0が「ない」、1が「ある」という形で規格化すると、0.51から0.61に伸びています（**図表48**）。

このように、第1期中期目標のときには、PBL、Moodle、評価システムなどの環境の整備による成果はみられます。この成果を生かして、さらに伸ばしていくためには、学生にこの「4つの力」の内容自体を理解させ、各々の授業を履修することによってどのような力を付けたいという明確な目的をもたせる必要があると考えました。このように、「4つの力」そのものを理解させ、自己省察を繰り返しながら学習する習慣を身につけさせるために、全学部共通の初年次教育の導入が効果的であると考えました。

この背景には、「一貫した初年次教育のシステムが必要だ」という意識が

「４つの力」は向上

	平成 17 年度	平成 19 年度
感じる力	0.51	0.61
考える力	0.65	0.66
コミュニケーション力	0.57	0.58
生きる力	0.59	0.62

0（ない）～1（ある）に規格化

（三重大学提供）

図表 48　三重大学 修学達成度評価――「４つの力」の結果

高まったことがあります。その理由の一つは、教育の質にばらつきが存在するということです。各学部で、「オリエンテーションセミナー」等の導入科目はありますが、教員にその内容がゆだねられていることが多く、質にバラツキがあります。もう一つは、「4 つの力を身に付けさせたい」という教育目標が、学生に十分に伝わらないということです。教員の意識もさまざまです。そのような状況の中で、私たちとしては、初年次教育を統一プログラムで実施する必要性を強く感じました。それで高等教育創造開発センター（HEDC）と少数の特任教員によって授業の立案・検討・実施をしました。この初年次教育を通して、教育目標を定着させ、能動的な学習態度への転換を図り、アカデミックスキルを身に付けさせようと考えました。

5．スタートアップセミナーの全体デザイン

以下、「4 つの力」スタートアップセミナーの全体デザインについて説明します。

授業は、授業が始まる前、HEDC 専任教員と 4 学部の多様な分野の教員たち 10 名によってデザインされました。週に 1 度、2 時間議論をして、半年くらいかけて全体構成を作りました（**図表 49**）。

2008 年秋には基本デザインの企画を行い、「何を中心にどのようにやりたいのか」という全体の方針と、15 回の授業の構成を決めました。そして、3 月から心理学専攻の特任教員を 3 人雇用し、我々が考えた基本デザインを、具体的な授業にできるようにシナリオとしていただきました。さらに、特任

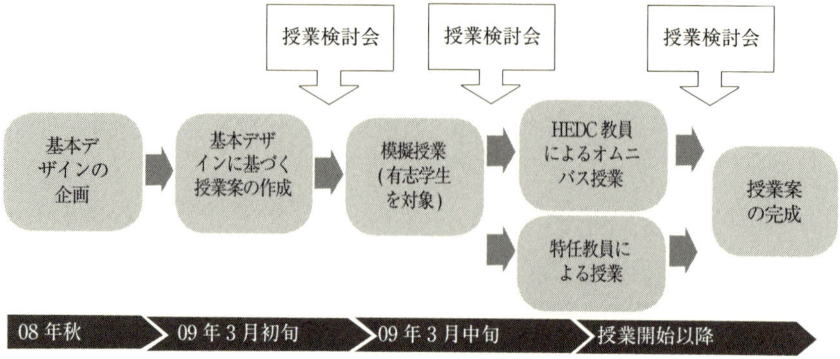

（三重大学提供）

図表49　三重大学スタートアップセミナー 授業案作成のプロセス

教員は、3月中旬より授業で提示する資料も準備して、教育学部の学生を相手に模擬授業をしました。その成果を、委員で検討して、2種類の授業を作りました。1つは特任教員による授業で、この3人が26クラスを担当することとしました。もう1つは複数のHEDC教員によるオムニバス式授業です。各回の企画案を作っている教員が中心となって、当該の授業回を担当する形で、火曜日の1コマ目のクラスを担当しました。火曜日の2コマ目には、授業作成にかかわった教員たちが集まってその回の授業の検討を行うこととしました。授業案を完成させた後は、毎週同じプログラムで実施しました。

6．授業内容設定のポイント

授業内容設定のポイントは、「4つの力」を理解してもらうこと、ノートテイキング・情報リテラシー・レポート作成・プレゼンテーションなどのアカデミックスキルを獲得すること、グループ活動を通して能動的学習を推進すること、プロジェクト遂行を組み合わせた実践的学習を行うこと、の4つです。

授業の基本的要素としては、必ず次の3つがあります。1つはディスカッション。1つのクラスは約40名で、この40名を4人くらいのグループに分け、毎回同じメンバーでディスカッションを行います。

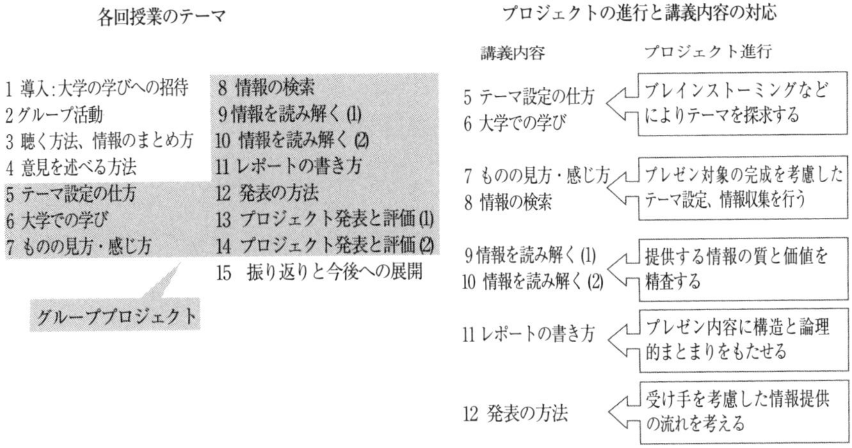

（三重大学提供）

図表 50　三重大学スタートアップセミナー 各回授業のテーマ

２つ目の要素は講義であり、10 分～ 15 分程度のものです。

３つ目の要素はグループプロジェクトです。三重大学について理解を深めてほしいという期待も含めて、「三重大学の魅力」というテーマを設定し、「高校生を相手に、自分の高校に戻って三重大学の魅力をプレゼンテーションするつもりで作ってください」という働きかけをしました。

図表 50 が 15 回の授業のテーマです。1 回目から 4 回目までは慣れていないと思うので、グループ学習に慣れさせることに重点を置いています。5 回目から 14 回目には、プロジェクトが加わります。13・14 回目はプロジェクトのクラス内発表なので、基本的には 5 回から 12 回までの、最後の 20 分だけをプロジェクトに当てる形で授業を進めてきました。

プロジェクトの進行に合わせて、講義の内容を進めていきます。たとえば、「ブレインストーミングによるテーマの探求」、「プレゼン対象の完成を考慮したテーマ設定」、「提供する情報の質と価値の精査」という形で、4 つの力のそれぞれの部分を鍛えるような形で、要素に分けて、プロジェクトを進行させています。

必修化の状況ですが、前期の受講者総数は 1,029 名。1 年次学生数は休・退学を含み 1,388 名。28 クラス（各クラス 40 ～ 50 人）。全学必修化をめざして、現在5学部中3学部が必修、残り2学部は選択ですが、2学部では今後の教授会で、来年度からの必修化を検討することとなっています。

7．各回授業のデザイン

基本的な授業の流れを説明します（**図表51**）。1回目から4回目までは、最初の40分間で流れの説明をして課題の共有（活動1）をします。全部の授業で、課題を出して自ら考えさせて、グループで共有します。コミュニケーションゲームの中で、最初は目を見て話を聞き、次にそっぽを向いて聞いたら、どのような印象を持つか、嫌なことを言ったらどう感じるか、などの活動を行います。次に、体験したことをもとに、効果的なコミュニケーションとはどのようなものかに関する短い解説をして、2回目の活動に入ります。最後の10分でまとめと次回の予告を行います。5回目からは、第2回目の活動が「三重大学の魅力を紹介せよ」というプロジェクトとなります。毎回20分程度の限られた時間なので、入門レベルです。共通教育において、本格的なプロジェクトに取り組みたい場合には、PBLセミナーなど他の授業が準備されています。「4つの力」スタートアップセミナーのプロジェクトは、あくまで「全員が必ず一度はプロジェクトができるようにしたい」という、ボトムアップ的な性格のものです。

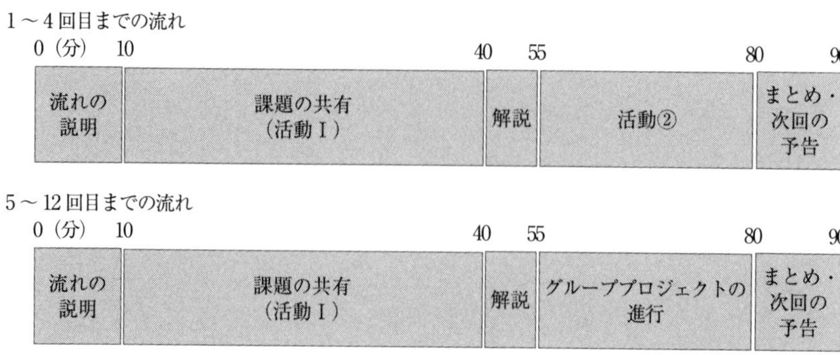

（三重大学提供）

図表51　三重大学スタートアップセミナー 基本的な授業の流れ

8．テーマ設定の仕方

1回の授業の流れを、第5回目のプロジェクトが始まる回を事例に説明します。最初は「今日の授業はテーマの設定です」と、テーマを提示し、「グループのメンバーが個々人で、あるいは分担して集めた情報をもとにアイデアを発想し、得られたアイデアを1つのテーマに絞っていく作業のやり方について扱うことが今回の授業です」という形で教員が紹介します。その後は「学習目標はこれとこれです」という形で説明します。

事前に、「皆さんが考える三重大学の魅力は何だと思うか、いくつか書いてきなさい」という宿題があるので、それを4人で情報共有をします。その後はテーマ探しと設定、全体でデモンストレーションをします。

このようなプロジェクトを行うときには、内部探検と外部探検を繰り返して、情報を整理して文章化させたり、パワーポイントとしてまとめさせたりする指示を出します（**図表52**）。そのときにKJ法などを教えます。後半は具体的に紙の中にラベルを貼り、KJ法という形でテーマの設定というところにもっていく授業になります。

授業の最後には、各グループでリフレクションを行う課題が出されます。グループリフレクションのためのシートを記入するにあたっては4人が集まって、今回の授業で自分たちはどんな力がついたかを考えなければいけま

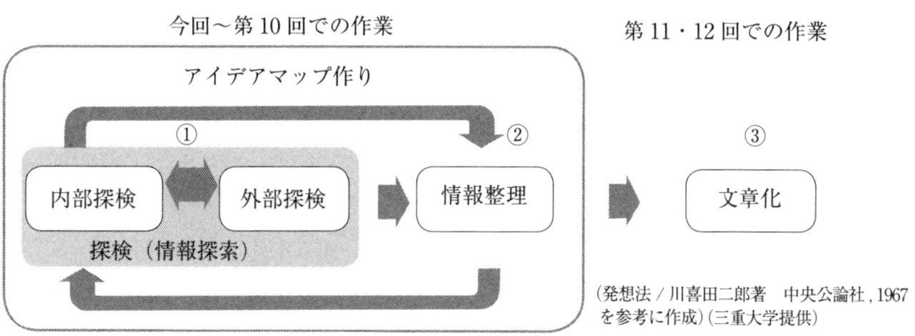

図表52　三重大学スタートアップセミナー　テーマ設定のプロセス

毎回の課題：グループで集まりリフレクションシートを作成

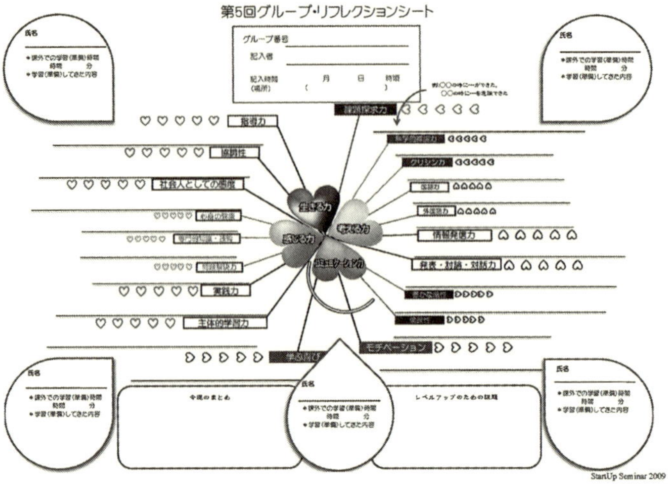

（発想法 / 川喜田二郎著　中央公論社 , 1967 を参考に作成）（三重大学提供）

図表 53　三重大学スタートアップセミナー グループリフレクションシート

せん。四つ葉のクローバーが、「考える力」「生きる力」「感じる力」「コミュニケーション力」という「4つの力」で、その先には、それぞれの細かい構成要素が書いてあります。それぞれの授業には「この力をつけさせたい」という狙いがあるわけですから、その部分は少し大きめに書いてあります。「今回我々はクリティカルシンキング力をつけたから、ここは4つくらいつけようか」とか、「ここはあまり力がついていないな」とか考えながら記入するのがグループの宿題です。グループ番号と記入者名、集まった場所を書く欄もあり、グループメンバーそれぞれの氏名を書く欄では、「学習時間はどれくらいだったか、何を学習してきたか」ということを書かせて毎回提出させています。このように14回リフレクションを繰り返して、それを習慣化づけています（**図表 53**）。

9．スタートアップセミナー導入の成果

「4つの力」を測定する「修学達成度評価」は、第一期の目標期間にすで

に構築されています。この修学達成度評価は、「４つの力」スタートアップセミナーだけではなく、前期の授業を全部履修したあとに、最初に行った自己評価と、前期が全部終わったときの自己評価になります。つまり、「４つの力」スタートアップに限らず、他の共通教育の授業や、英語や体育などを履修した後に実施したものなので、１つの授業の成果を表すものと言い切れない部分はありますが、今年度に関しては選択の学部もあったので、受講者と非受講者の比較を行いました（**図表 54**）。

社会的スキルについては受講者しか調べていないのですが、向上しました。図２の「個人志向」とは、「人と一緒にやるより、個人でやったほうがいい」という志向で、点線で表した非受講者は上がっていますが、実線で示された受講者は上がっていません。図３の「互恵懸念」は、「一緒にやるのはもう嫌だ」という気持ちで、非受講者は上がっていますが、受講者は上がっていません。このように、ある意味で、協調性やコミュニケーション力は、受講者と非受講者では違うということがわかりました。

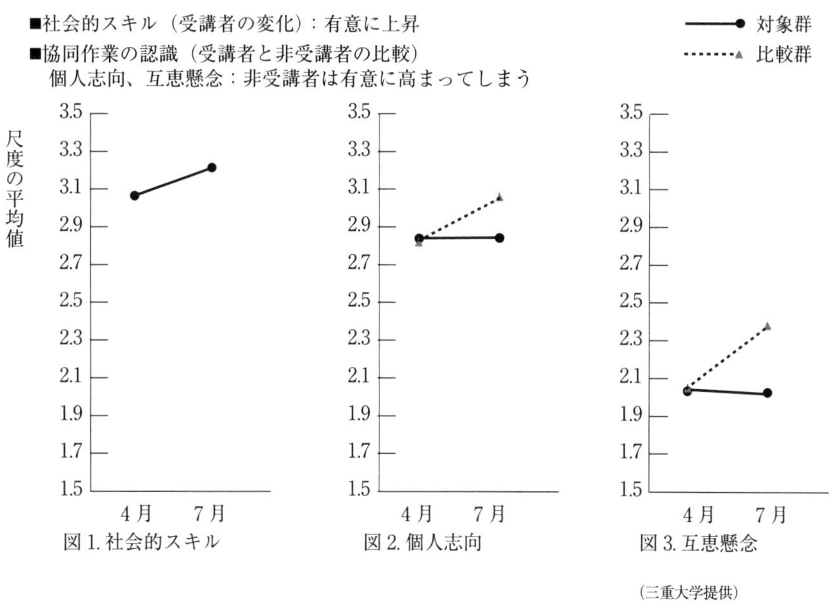

図表 54　三重大学スタートアップセミナー導入の成果①

あと１つ、「三重大学の教育を通して、感じる力、考える力などがつくことを期待するか？」という質問を、毎年入学時と１学期の終わりに行っています。例年、学生たちは大学に入るときに過大な期待をもち、「大学に入ったらどんな力でもつくだろう」と思う傾向がありますが、入学して学習が進んでくると、期待度はかなり下落します。今年も下がっているのですが、受講者が非受講者と比べて下がり方が小さいことは、スタートアップセミナーの効果だったと思っています（**図表55**）。

学生の声として、中間評価と最終評価をMoodle上に自由記述で書かせるようにしています。あるクラスでは40人中39人が肯定的で、１つだけが否定的でした。肯定的な意見としては、「少しずつだが自分の意見を主張する勇気などが増していったと思う。セミナーを通して友人たちの輪を広げることができたのもよかった」など、「コミュニケーション力がついた」とか、「人と話し合うことに抵抗感がなくなった」という意見が圧倒的に多いという結果でした。その他の意見としては、たとえば「スタートアップセミナーは授業の振り返りや、まとめ、Moodleによる課題の提出があったので、期限に遅れたりすることがなくなり、計画性が身に付いた」「あるものごとについて深く考える時間が増えたように思います」「多くの人はこれが面白いと言っ

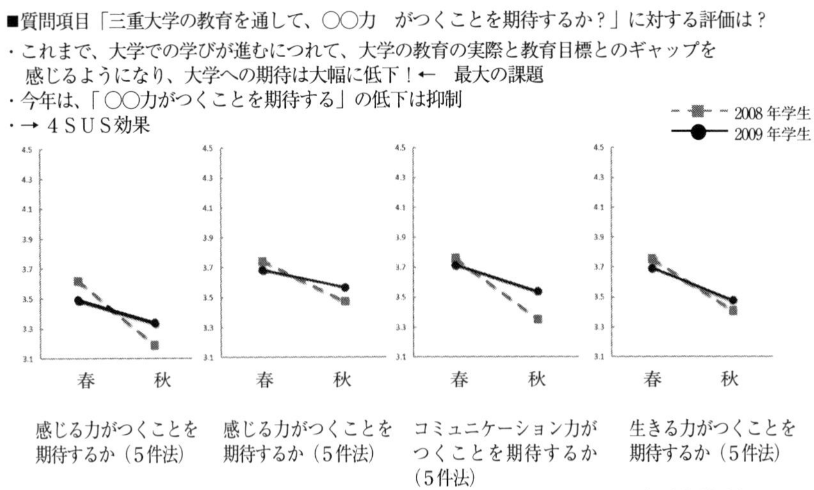
■質問項目「三重大学の教育を通して、〇〇力　がつくことを期待するか？」に対する評価は？
・これまで、大学での学びが進むにつれて、大学の教育の実際と教育目標とのギャップを
感じるようになり、大学への期待は大幅に低下！←　最大の課題
・今年は、「〇〇力がつくことを期待する」の低下は抑制
・→ ４ＳＵＳ効果
2008年学生
2009年学生
4.5
4.3
4.1
3.9
3.7
3.5
3.3
3.1
春
秋
感じる力がつくことを期待するか（５件法）
感じる力がつくことを期待するか（５件法）
コミュニケーション力がつくことを期待するか（５件法）
生きる力がつくことを期待するか（５件法）

（三重大学提供）

図表55　三重大学スタートアップセミナー導入の成果②

ているが、自分にはそう思えない、この感受性の違いはどこから来るのだろうか」というものがあり、やはり、グループワークを中心とした授業の組み方には、効果があったのかと思っています。

否定的な意見としては、「変化がなかったと思うのは、ノートの取り方である。高校の時より字が汚くなった。まとまりができなくなった」など、自分の取り組み方を振り返るものや、「プレゼンが１回しかなかったので、プレゼンの技術は大して変わらなかったところが残念だった」というものが出ました。これらの意見は、自ら省察した結果の比較的健全な問題意識であると考えられ、各自の学習に対する取り組み方の改善につながるものです。

「特に科学的推論力は前期を通してあまり理解ができなかったので、その部分は変化がなかった」という意見もありましたが、普通の授業はほとんどが科学的推論力を養うものですから、こういう意識をもって普通の授業をとってもらえればいいかと思っています。この「４つの力スタートアップセミナー」だけで完結させるのではなく、渇きや物足りなさを覚えさせて、それを他の授業にも能動的に生かしてほしいというのが狙いですから、その狙いはある程度達成できたのではないかと思っています。

その他の成果としては、やはり「友達を獲得した」ということが大きいと思います。「各回の活動やプロジェクト活動を行う中で、連絡先の交換や授業外での集まりの回数が増え、グループとしてのまとまりができた」という意見が代表的なものです。しばしば、「１人の先生が何百人もの面倒を見ることができるのか」という懸念がなされましたが、そのことについては、あまり心配していませんでした。４人が一緒になってグループワークをすると、彼らだけで面倒を見合うようになり、問題は学生同士で解決することが多くなります。実際には、教員は、本当に問題のある個人やグループに集中すればよいという結果になりました。

あと１つは、「不適応傾向学生の発見と対処ができるようになった」ということです。３人の心理学専攻の特任教員で大多数のクラスを担当するために、１年生全体の適応状況を有る程度網羅的にみることができるようになります。グループワークをしている学生たちを観察すると、不適応を起こす何人かの学生たちを発見できます。今までは、専門が多様な教員たちが、自分たちに割り当てられたクラスだけを観察していたために、不適応学生を「たるんでいる」とみなし、アスペルガー症候群などの症状を見逃してしまうことがあったと思われます。心理学に関する専門的知識をもって、「学生何でも相談室」の専門カウンセラーと連携をとって個別対応をしてもらい、親や担任の先生とも相談することができる体制が整いました。これは当初予期しなかった副産物でした。

また、学生が学生を助けるピアサポーターという制度があって、サポーター同士のコミュニティーも形成されています。このコミュニティーを活用すれば、適応に問題のある学生にとって共感的なグループになってもらえることが期待できます。今後は、このような形でのフォロー体制も構築予定です。

もう1つの効果は、授業を手掛かりとしたFDができたことです。本セミナーは全授業参観可能としました。とくに、最後のプレゼンテーションのときは、積極的にアピールをした結果、大学の執行部、部長、学部長なども参観に来ました。

大学に対する興味・関心の増大としては、プロジェクトが「三重大学の魅力」だったので、受講生たちが「何が三重大学の魅力だろう、どうしたらそれを高校生に紹介できるだろう」という形で考えたために、愛校心らしいものが芽生えたことが期待されます。250グループすべてが発表まで辿り着けたことは大きな成果と考えています。

10. 今後の発展のために

まず、各授業でPDCAサイクルを作っていきたいと思っています。本セミナーで学生が繰り返し行った振り返りを、さらに繰り返す仕組みを作っています。今年度準備しているeポートフォリオは、2月末に完成する予定です。完成すれば、この授業で用いた“振り返りシート”を、どの授業においても活用できるようになります。

「授業改善アンケート」も、来年度から新しい形式とする予定です。今までは「先生の声が明瞭か」、「板書がわかりやすいか」と、教員に対する評価が中心だったのですが、来年度からは、アンケートの半分を、学生が自らの

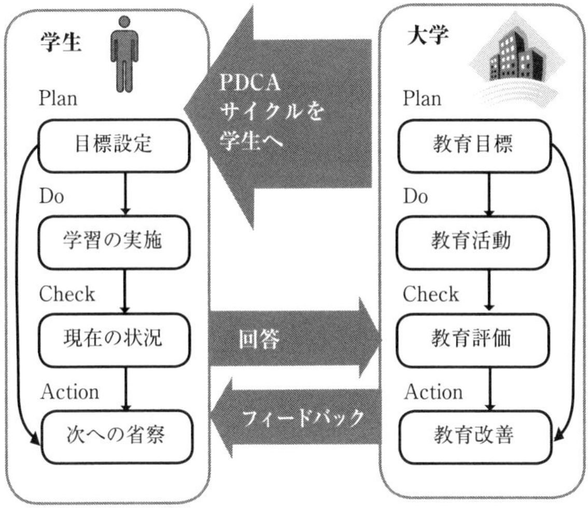

（三重大学提供）

図表 56　三重大学各授業での PDCA サイクル

学習を振り返るリフレクションシートに変えます。その一方で、予め、先生方にはシラバスに「4 つの力のどこの部分を自分は狙いとしている」ということを記述します。学生はリフレクションシートで「自分はこの力が身に付いた」というところを記録します。「自分はクリティカルシンキングを狙いにしたのだが、あんまりそこは効果が出ていない。でもコミュニケーション力は伸びた」とか、そんな形で先生方の授業改善につなげたいと考えています。つまり、学生が自ら振り返るリフレクションを、先生方の PDCA にも結びつけて、教員にもこの「4 つの力」の浸透を測っていきたいと思っています（**図表 56**）。

そのために今、Web アンケートシステムを開発しています（**図表 57**）。

これから完成する e ポートフォリオを何とか活用して、「4 つの力　スタートアップセミナー」で、ある程度、リフレクションをし始めたものを契機として、その後、4 年間にわたって継続するようなやり方ができないかと思っています。

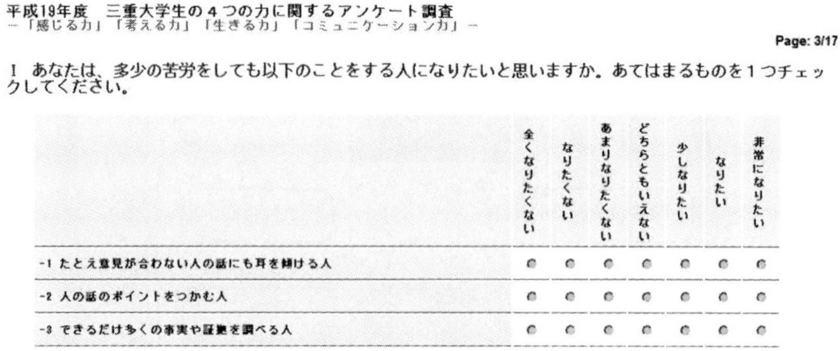

平成19年度　三重大学生の４つの力に関するアンケート調査
―「感じる力」「考える力」「生きる力」「コミュニケーション力」―

Page: 3/17

1 あなたは、多少の苦労をしても以下のことをする人になりたいと思いますか。あてはまるものを１つチェックしてください。

	全くなりたくない	なりたくない	あまりなりたくない	どちらともいえない	少しなりたい	なりたい	非常になりたい
-1 たとえ意見が合わない人の話にも耳を傾ける人	○	○	○	○	○	○	○
-2 人の話のポイントをつかむ人	○	○	○	○	○	○	○
-3 できるだけ多くの事実や証拠を調べる人	○	○	○	○	○	○	○

（三重大学提供）

図表 57　三重大学ウェブアンケートシステム

11. キャリア・ピアサポーター

あと1つは、「4つの力」スタートアップセミナーというものをコアにした、4年間にわたったキャリア教育を行うことです。三重大学は職業人育成のために、表面的なマナーやテクニックだけではなく、「4つの力」という実力を身に付けさせたいと考えています。そこで、そのような学びのプログラムを、共通教育に「キャリア・ピアサポーター資格教育プログラム」として準備しました（**図表 58**）。このプログラムでは、「4つの力スタートアップセミナー」に加えて、あと二つの授業をとることによって初級資格を得るようにしています。まず、「キャリアプランニング」という授業は、4つのクラスで、同じ内容の授業を行うので、希望者は全員取得可能です。ここでは自己省察の習慣化をさらに徹底させ、キャリアデザインを行います。「キャリア実践」は、広報誌の作成や、キャリアイベントの企画など、学内の実際のイベントを動かしていく授業です。

1年修了時に初級資格を獲得した学生が2年になったら、SAとなるための訓練として「学習支援実践」を履修することができます。前期に「4つの力スタートアップセミナー」が30クラスくらい開講されるので、そこに、教育実習生のように送り出して、グループワークのファシリテート実践を体験させます。さらに、「こころのサポート」と選択科目を履修したならば、

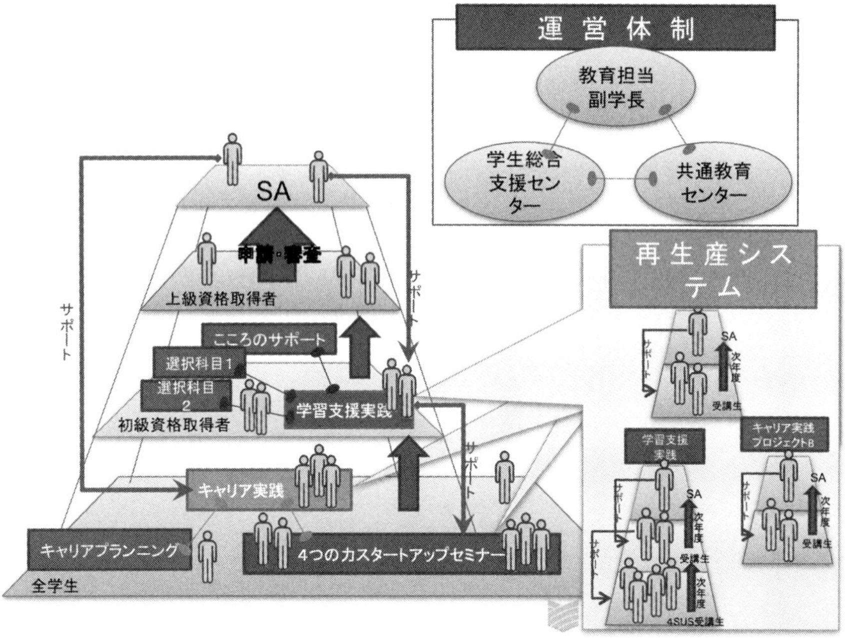

（三重大学提供）

図表 58　三重大学キャリア・ピアサポーター資格教育プログラム

上級資格を取得し、SA としての申請資格が得られます。最短で 2 年の前期末に上級資格を取れるので、前年度キャリア実践の中で広報誌作成に力を発揮した学生を、当年度の広報誌作成の SA として先輩として指導することができます。3 年次になると、また「4 つの力スタートアップセミナー」が始まり、「学習支援実践」が始まりますので、優秀な学生はこれらの授業の SA として活躍できます。このような形で回しながら、4 つの力スタートアップセミナーを利用した、4 年間に渡った修学体制というものを作っていくことを構想しています。

大学事例報告⑥（東京会場）

学生に将来設計を考えさせる初年次教育：名古屋商科大学（全学）

名古屋商科大学 経営学部 教務委員会委員長　原田義久

1．初年次教育導入の経緯

大学の概要について。名古屋商科大学は日進市にあります。日進市は名古屋市の東で、豊田市との中間のところに位置しています。緑に囲まれた非常に環境のいい大学です。2010年度から学部構成が少し変わり、商学部、経済学部、経営学部、コミュニケーション学部の4学部構成になります。学生数は3600名で小規模と言っていいと思います。年度によって若干前後しますが、毎年900名前後の学生が入ってくる形になっています。建学の精神はフロンティアスピリットです。カナダに渡って非常に苦労した後、「教育の仕事をやりたい」と大学を興した先代の心意気を建学の精神としています。ただ、開拓者魂を教えようとしても、ついてこられる学生が少ないというのが我々の悩みです。

初年次教育の経緯について、簡単に話をさせていただきます。2002年に基礎セミナーという形で1年次の導入教育をスタートしました。このときは1年前期だけの開講で、大学生活に慣れてもらうことを主眼にしていました。2006年には、大学に入って何をすればいいかという目標がしっかり定まっていない学生が多かったため、将来のビジョン設計をしてもらおうということで、VPS（Vision Planning Seminar＝ビジョン・プランニング・セミナー）を1年前期のみ開講する形でスタートさせました。この翌年からゆとり教育を受けた学生が入ってくることもあり、少し前倒しでスタートしようと考えました。そして今年2009年度からは、新VPSという形で、1年前期だけではなく、1年前期・後期の通年の形でスタートさせました。

ビジョン・プランニング・セミナーは名前のとおり、将来の設計をさせて、そのために大学の中でどういう学びをすればいいかということを、初年次の段階で考えさせる教育です。

２．ビジョン・プランニング・セミナー（VPS）について

まず概要を簡単に説明します。対象は１年生全員なので、今年の場合は900名くらいの学生が対象になっています。各VPSは25名前後の学生で構成されています。本学の場合は、来年度開設するコミュニケーション学部だけは教育方法が少し異なるので、１年の段階からその部分を少し入れていきたいということで、完全に独立してVPSを構成していますが、残りのVPSは全学部・学科をシャッフルした形にしています。これは「友達をなるべく作ってほしい」かつ「同じ学科だけで進めると交流関係が狭まってしまうのではないか」という考えに基づいており、１年の段階ではいろいろな分野の学生がいる形にしたほうがいいのではないかと考えたからです。

また、各グループにはSAを１人入れています。SAは３年生を中心にしています。各VPSを担当する先生は２年生から４年生までの本セミナーも持っているので、そのセミナー受講生の中から「これは」と思う学生をリストアップしてもらい、その学生をSAとして講義にも必ず参加させる形で実施しています。４年生は就職活動があるため、講義に毎回参加するのは大変だろうということで、３年生を中心に据える形でスタートさせました。時間帯としては週に１回、通常の講義枠を使って行っています。また、半期２単位という通常の講義とまったく同じ形で単位認定もしていて、通年で４単位を学生に与えています。そして、統一マニュアルでの指導ということで、ワークシートと先生・学生向けのマニュアルはすべて全学統一にしています。

VPS以外の初年次教育としては、入学前に５日間のオリエンテーションを行い、通常の大学生活のほか交通マナーなども含めていろいろなことを伝えています。パソコンに関しては通常の講義もありますが、先ほども触れたように、本学ではすべての情報をパソコン上で把握するシステムをとっており、これが使えないと大学生活ができないので、大学からの連絡はどう見るか、掲示板の中はどのような構成になっているかという最低限のパソコン講

習は別途時間外で行っています。

3．VPS導入の背景

このような初年次教育を行おうとした背景の1つには、名古屋商科大学の学生気質があります。よく言えば「まじめな学生が多い」のですが、これは裏を返すと「あまり豪傑がいない、突出した人がいない」ということでもあります。「無気力、意にそぐわず入学した」「大学に入る目的が不明確なまま来てしまった」「まだ友達がいない」などの学生も多くいます。このような学生たちは退学する可能性も高いと思われるので、こういう部分を何とかしていかなければいけません。

このような学生に対してアンケートをとってみると、そうは言っても名古屋商科大学に期待しているという学生は多く、81％にのぼります。これは回収率が100％近い中での話でありますから、我々はこの期待になんとか応える必要があります。商科大学でやりたいことが明確にある学生の割合は若干減っていますが、それよりも大きな問題は、「卒業後にやりたいことが明確にある」学生が43％しかいないことで、ある程度希望に燃えている1年生の段階でもこれくらいの数値なのです。もちろん本学は文系の大学ですから、学生は専門家意識をもっていないというのは確かです。理工系であれば将来意識が明確な学生が大半だと思いますが、文系の場合はどうしても不明確になりがちで、それがまさにここに出ています。「物事に積極的に取り組むことができる」については、半数以上ができるという自覚をもっています。これらの部分を我々はなんとかしていかなければいけません。入学1年目というのは学生の学習意欲は結構高いわけですから、この学習意欲をいかにして持続させるか、これが初年次教育のいちばん大事なところではないかと考えています。「初年次教育で学ぶ意識をとにかく明確にさせる」、これが私どものVPSの背景になります。

４．新初年次教育の目的と指導内容

どういう目的でやるかということを考えると、まず１つ目には、早く大学になじんでほしいということがあります。２つ目は、自分の将来の夢を描きそのために大学生活で何をすべきか考えてほしい、３つ目は友達を作ることであります。それぞれの項目について、どんなことを実際にやっているかを紹介します。

１つ目の「早く大学生活になじむことができるようにすること」については、まずキャンパスツアーを行っています。先ほど見ていただいたように本学は非常に広いキャンパスで、正門から裏門まで歩くと30分近く、校内全部を歩くと小１時間はゆうにかかってしまいます。ですからキャンパスツアーを通して、少しでも早い段階で大学内にどのようなものがあるかを見てもらいたいと思っています。それから情報センター（図書館）を利用することです。今は図書館をほとんど利用しない学生が結構多く、本学の例でいうと､4年生になって図書館を１度も使ったことがない学生が20%近くいます。「とにかく１回行って本を借りなさい」と、強制的に本を貸し出しています。貸し出した本については、A4の紙１枚に簡単にレポートを書かせて、宿題のような形で提出させています。この影響もあって、従来の１年生と比べると図書館の利用率も上がっています。

次に、研究室を訪問することです。これはグループ単位で、１つのグループは必ずどこかの先生の研究室を訪問します。大学の先生をより知ってもらうことが目的なので、先生の専門を調べて質問内容を考えた後に、研究室を訪問して先生に質問して答えを聞くという形をとっています。最初の段階で一度でも訪問するようにすれば、後々少しは学生が研究室を訪ねてくれるのではないかと考えました。

それから「大学とはどういうもので、学部ごとにどのような方針をもっているか」ということについては、学部長講演会を開きました。

２つ目の、「自分の将来の夢を描き、そのために大学生活で何をすべきか考えること」のためにどういうことをしているかといいますと、後でもう少し詳しく説明しますが、まずは各講義の履修目的をそれぞれが自覚して履修登録をしてもらいたいということです。将来会計関係の仕事をしたいのなら、それに関係する科目を受講してほしいと思います。なぜ自分はこの科目を履修したのか、学生自身が自覚することが大事ではないかということで、これを4年間積み上げれば、後で振り返ってみたときに、4年間自分がやってきたことが確実に残ります。今はこれがなかなかできていない学生が多いと思うので、初年次の段階から完全に習慣づけてもらおうと、ワークシートにそれを書かせる形をとっています。そして4年間各自に管理をしてもらいます。それから夢ノートという形で、過去から現在までどういう夢を描いてきたか、これをもう1回振り返ってもらいます。そして大学生活で力を入れることの目的意識を自覚してほしいと思っています。クラブ活動やアルバイトでもいいから、とにかく大学全般で何かに打ち込むことができれば、それがトリガーとなって他のことも何とかできるようになるのではないかという思いで、「少なくとも1つ、どれかに注力するようにしなさい」と言って、意識付けをしてもらおうと考えています。

3つ目の「友達を作ること」に関しては、VPSの25人の間で、すべての学生が全員と1対1で話をする機会を作っています。これを90分の間で行い、ワークシートの最後の部分に「友達リスト」というものを用意しておいて、そこにセミナーの友達の名前を全て書きます。そして、「彼は色に例えるとどういう色で、動物に例えるとどういう動物で、何が趣味」などということを書ける欄を用意しておいて、すべてのセミナー生について書かせています。それからグループワークの積極的な活用も望んでいます。グループで行動することによって、グループのメンバーとより親しくなるので、このことを積極的にやっています。また、グループ活動をしたあとは必ず振り返りシートで、「自分は発言できたか」「グループの中で誰が一番積極的だったか」ということや、グループワークに対しての感想を書かせています。

5．VPSの特徴

特徴については、1つ目は統一マニュアルの活用、2つ目はワークシートの活用、3つ目は学生サポーター制度の導入、4つ目は教員の意識の統一です。

これらについて個別に説明していきます。

統一マニュアルの活用に関しては、とにかく「指導内容の共通化をはかりたい」という思いがありました。それまで行ってきたVPSは、どうしても各先生方が自分のやり方で展開してしまうということがあったので、全学統一で何とかしていきたいと考えました。そのための教職員の会合で、議論を重ねてきて、マニュアルは約50ページ、ワークシートは約30ページのものを作り上げています。

具体的なワークシートの活用について、いくつか説明をします。先ほども触れたように、履修科目と履修理由・目的を明確にする記入欄があります。1年前期の科目名を全て書いて、履修理由・目的、そして半期終わったところで自分自身の達成度はどうだったかを評価します。学生に書かせると多くは「成績が良かったから5、成績が悪かったから2」という書き方になるのですが、成績はどうでもいいから自分自身でどういう評価をしたのか、なぜこれを5にしたのかという理由をしっかり書いてくれればいいという形にして、これを4年間丸々蓄積するようにしています。それから、「大学を知る」ということで、学部長の講演と研究室訪問、情報センターの利用。夢ノートに関しては、過去を振り返ってもらいます。我々もそうですが、小学校の時の夢、中学・高校の夢と、多くの場合だんだん夢は変わっていきます。それがどういう具合に変わってきているのかを、もう1回振り返ってもらいます。書けば、後々またそれに対して思いが出てくると思うので、こういうものを残すことが大事ではないかと考えています。それから大学入学の時点でどう思っていたか、それが半期過ごしたときにどう変わったか。これも大事ではないかと思います。それからもう1つ、かなり早い段階で、「卒業した後しばらくしてからどうなっていると思うか」についても書かせます。これは別のところで作られているものをそのまま拝借して学生に書かせていますが、これも含めて自分自身の夢がどうかということを、もう1回この時点でしっかり見つめさせています。

それから学生生活の目標設定。これは半期ごとにしっかり目標設定をさせるべきだということで、フリーで書く形ですが、1年前期はどういう目標で過ごしたいのか、具体的にどんなことをやったのか、自分の目標に対してどれくらい達成できたかを必ず書いてもらって、来期はどうしたらいいのかという振り返りをここでしてもらいます。これを1年前期・後期、2年前期・後期という形で4年間繰り返します。これでPDCAを繰り返してもらうということです。

それから、学生生活チェックシートということで、学士力とか社会人基礎力の各項目を挙げて、1年前期の自分自身の評価はどうかという形で書かせています。これに対しては一応ルーブリックを用意して、「こういうことができたら1、こういうことができたら2です」という評価基準を学生に提示しています。その提示内容にあわせて、それぞれが上がっていくのかを見ています。場合によると下がるかもしれませんが、上がってくれれば大学の教育力ということになるものですから、それを積み重ねていきたいと考えて用意しました。それから、先ほど言った友達リストもあります。

このようなワークシートの評価・管理については、学生の自己評価が中心になっていて、今のところ教員はその確認という程度なので、関与の仕方については今後考えていかなければいけません。そしてワークシートには書くタイミングがあるので、「このタイミングでこういうことを書いてください」という管理表を先生に渡して、「この管理にあわせて、あるタイミングで先生が回収して、見て、書かれているかどうかという確認をしてください」というお願いをしています。

6．学生サポーター制度

学生サポーター制度に関しては、各VPSに上級生が1人サポーターとして参加しています。役割としてはグループワークが多いものですから、たとえばそのサポートをしてもらいます。1つのVPSには25人がいて、これを5つのグループに分けているところが大半なので、グループワークを中心にやっている場合には、先生が3つのグループを担当して、残りの2つを学生サポーターに分担させるという方法をとったりしています。それから休みがちな学生のケアも重要です。先生は他の講義もあり、どの学生が続けて休んだかということがなかなかわからないので、学生サポーターに「出席は必ずチェックしてくれ」「２回続けて休んだら先生に話をしてくれ」と言って、休みがちの学生のサポートをさせています。場合によってはサポーター学生から声をかけてもらうことも頼んでいます。それから、なかなか実行できていませんが、学習サポートや相談相手になってもらうことを期待して、今年そのような形も導入しました。学生サポーターへの指導としては、月に１回集まりをもって、皆で話をして、問題意識の共有化を図っています。また、メーリングリストも作っているので、何かあればメーリングリストで連絡する形をとっています。

学生サポーターのインセンティブについては、学内のインターンシップ制度を流用する形にしました。ノルマとして各授業に入るのはもちろんですが、ある割合でサポーターデスクに座るとか、それ以外のところでもいろいろなサポートをすることにして、条件を満たせば、単位認定をする形にしています。半期で２単位、通年で４単位の認定になります。学生サポーターの評価そのものは、サポーター各自に日誌を書かせるとともに、それぞれのサポーターがその日どういうことをやろうとしていたかという計画表と、それに対する評価・反省、及び来期に向けてどうしたらいいかということを書かせています。評価については、これら提出物と日常の講義の中でサポーターがどういう役割をしたかということをあわせて、教員が成績評価を行っています。

また教員の意識統一を進めるため、事前の説明会を２回実施しています。また、VPS の反省会という形で、前期２回、後期１回の会議を実施しています。後期はこれから行う予定です。そのほか、FD 会は年間４回開いていますが、日本人教員は全員参加が義務づけられていますので、外国人教員（外国人教員は、別の FD 会を実施）を除けばほぼ 100％の先生が参加しています。FD 会の今年の中心テーマには VPS を挙げて、３回をこのテーマで議論する形をとりました。

VPS の後、２年次からは３年間、前期・後期６タームの「本セミナー」を実施しています。本セミナーの目標は、基本的には最終的な卒業論文を仕上げることですが、常日頃の学習指導や就活指導などもあわせて行う形で進めています。

7．反省点と課題

1年間やってきたうえでの反省点として、まずワークシートは内容的にはかなり良いものができていると自負していますが、これを1年生に理解してもらうのが非常に大変だと思っています。サポーター学生が見ると、「これは就職を考えるとすごくいいですね」と言うのですが、1年生はなかなか理解ができません。今回本学ではできませんでしたが、早い段階でVPSの全学生と個人面談をして、「それぞれこういう意味があるのだよ」と説明する必要があると感じています。今の学生は、教壇で話をしたときに「わかっているだろう」と思っても、実は全然理解できていないことが多くあります。1対1で懇切丁寧に説明してやらないと、内容が十分伝わらないのではないかと思うので、その指導を早い段階でやる必要があります。また、教員の指導力の差も大きいです。これはどちらかというと全学出動に近い形で、38のVPSがあり、日本人教員の半数以上が携わっているので、教員の指導力の差が自ずと出てしまいます。これをいかになくしていくか。マニュアルはありますが、スキルの面でもっと共有化をする必要があるのではないかとも考えています。

反省点の2つ目は、グループワークの進め方です。「グループワークではこういうことをしてください」と伝えてテーマを完全に決めたものや、「分野的にはこんなことをしてください、やり方としてはこうです」という形で進めたものもありますが、やはり教員のスキルに違いがありますから、十分やりきれたものと、そうではないものがあります。だからノウハウの共有化ということが、やはり必要になってきます。

反省点の3つ目は、学生サポーター制度についてです。これは1年次生・サポーター学生ともに効果がある非常に良い制度だと考えています。しかしインセンティブとして単位を与えてしまったことがあるのかもしれませんが、なかには「単位さえもらえればいい」という学生がいます。学生サポーターの質により、グループワークの仕方も大きく変化するので、こういう部分を今後考えていく必要があります。さらに、今回は教員及び学生用のマニュアルしか作成しませんでしたが、サポーター学生の指導マニュアルも用意していく必要があるのではないかとも考えています。

8．まとめ

本年度から新しい初年次教育をスタートさせましたが、とにかくスタートさせることを最優先で進めてきたので、準備不足もいろいろありました。予定しただけで実際にはできなかった項目もあります。ただ、以前と比べると教員側の負担は増えてはいますが、教員には概ね理解はしていただけています。現時点での教員、学生サポーター、学生の評価は良好です。とはいえ先ほどから触れているように、これは４年間を通して初めて効果が出てくると考えていますので、今年度の学生が卒業する時点で、本当に良かったかどうかという最終的な評価をしていきたいと考えています。

質疑応答（東京会場）

司会：中村博幸（コーディネータ、京都文教大学）　それでは幾つか質問を整理していただいて、まず河合塾のほうからお願いします。

友野伸一郎（ライター・ジャーナリスト、河合塾初年次教育調査プロジェクトメンバー）　「学生を恥じている大学と誇りに思っている大学の違いはどこからくるものだと思いますか」という質問がありました。かなり印象的なことではありますが、感じていることを申し上げますと、例えば「効果測定をして実証的に自信をもっている」ということもあるのかと思ったのですが、ちょっと違う感じがしました。現実の大学の難易度もほとんど変わらなかったりしますから、実際はそんなには違っていないのかもしれません。しかし、先生の側が誇りに思えるといいますか「今年の学生はいいじゃないか」と思えるのと、思えないのは、「今はこうだが、今後はこういう方法でこういう学生に育て上げていく」という目標が明確で、それに向けての手法などについて何らかのビジョンを持っているということが大きいのかなと思いました。大阪会場でそういう議論になったときに、ある東京の大学の方が次のようなことを言っていました。6～7年前までは、ある先生が「うちの大学は学生がダメだ」ということをすごく言っていました。ところが初年次ゼミを導入して初年次教育を強化し、「こういう学生を育てるためにこういうふうにやっていこう」と目標を明確にして、その先生も担われました。そうすると、毎年「今年の学生はいいよ」と言うように変わったらしいのです。そんなに入り口が変わっているわけではないのですから、やはりそれは、展望をもって学生を見ることができるかどうかという違いが非常に大きいのではないでしょうか。これが、訪問および議論を経ての、私の実感です。

三重大学（中川正副学長、高山進共通教育センター教養教育部門長） すべての質問には答えられないので、関連しているものをまとめて答えさせていただきます。例えば「紹介していただいた授業以外の授業での初年次教育はどうなっているか」。また我々は大体40人でやっているが「学生数は20人以下にするべきではないか」。それから「他の科目、他のゼミと有機的に関連付いているのだろうか」。「一部の教員による実施から、全学への普遍化をどのように行おうとするのか」。これらのことについて少しまとめて話したいと思います。

まず、この「4つの力」スタートアップセミナーを導入したスタンスですが、今までも人文学部では、現在必修のオリエンテーションセミナーがありました。これはPBLになっていて、全教員出動でやっています。教育学部もコースごとに少人数セミナーがあり、内容はコースに任されていて、かなり実践的なものがあります。工学部でもコースごとにそのような、20名未満の少人数のものがあります。医学部はプレチュートリアルと言われる、初年次の少人数集中セミナーがあります。このような初年次教育が専門にはあるという前提で、それを併用させるか、それとも全学的な教育目標を一貫して与えるものをやるかということを考えたときに、現在のものを否定するのではなく、「それは素晴らしい。さらに専門性を生かしたものをやっていただきたい」という意識をもって、しかし全学統一で同じプログラムで教育目標を徹底させて、「これをやることによってそれぞれの専門が1からアカデミックスキルを教えなくても、かなり自分たちの特徴が出せるようになるから」、というようなスタンスで、3名の特任の先生を中心に30科目近くの統一授業を行うという形をとっています。ですから、そのことによって学部の先生方の負担が増えるわけではありません。そして予算については、当初は概算要求でとったお金を使います。「そういうことで皆さんの益にはなるがデメリットにはならない。そしてそれぞれの学部の初年次教育がさらに活きるような形でできる」というスタンスで進めています。

つまり、紹介した授業だけが初年次教育というわけではなく、各学部でそれぞれの初年次教育があります。また発展科目としては「PBL セミナー」という、4 単位で 1 週間 2 回のかなりハードなセミナーが 20 コマあります。それに加えて「共通セミナー」という、2 単位ものがあります。それを合わせると相当の科目があるから、そこに出て行くことができます。また「キャリアピアサポーター資格プログラム」の初級向け選択必修科目として、「キャリア実践」という、かなり実践的な授業を来年度から 5 つ開講します。そのような形で、関連した実践的な科目はあるので、この「4 つの力」スタートアップセミナーは全ての人が受講して、全員「プレゼンテーションをやれた」という達成感と、「協調できた」というところを主眼においています。レベルは下げているつもりはありませんが、全員が合格できるように、もちろん人によって点数は異なりますが、できない人は後期までフォローしてなんとか単位をとらせることをしています。一部の教員による実施から全学への普遍化をどのようにするかといったときに、やはり上から強制的にやることは大学という風土にはなかなか馴染みません。先生方はそれぞれの専門家で誇りがありますから、それを無視してはいろんなものが進まないと思います。だから、「現在のオリエンテーションセミナーをしっかりと、重複部分はカットして構わないからどんどんやってください」と言って、そうすると今まで初年次教育を体系的に行っていなかった生物資源学部では、「4 つの力スタートアップの学部版をさらに開講したい」ということが出てきます。また人文学部のほうは、「今までオリエンテーションセミナーだったものを、人文学部スタートアップという形に変えて、学部版のスタートアップというふうに名称を変える形で対処したい」というような形で、組織的な自主的な変革が出てきます。そのときに、ワーキンググループで「4 つの力スタートアップセミナー」を研究し始めたり、成果を見出したりという形があります。だから、上から強制的にというスタンスはできるだけとらないで、できるだけ皆さんが自発的に動けるように、授業はいつも公開にして、30 コマあるので自分の都合のいいときに見て、研究していただけるような装置を作っていきたいという形で対処しています。

名古屋商科大学（原田義久・経営学部教務委員会委員長、杉浦学・学生支援

部門長）「全学出動ということも含めて、授業担当教員と担任の役割分担について」という質問がありました。本学の場合は、先生に「この科目をお願いします」と言えば、ほとんど拒否できない状況です。従来の前期のVPSも、「これをお願いします」とお願いしていました。ところが研究志向の先生、教育志向の先生、いろいろいるわけです。そうすると、日常のサポートを十分してくれる先生とそうでない先生がいます。だからこそ、今年度は通年でしかもマニュアルを作って、ある程度「これに沿ってやってください」という形にすれば、それなりにやってもらえるのではないかという狙いがありました。このように、なんとか全学出動をうまく軌道に乗せたいという思いでやってきているところがあります。父母会などでは「セミナーの先生を担任の先生と考えて下さい」という説明の仕方もしています。ただ初年次教育については、通年といっても今期に関しては前期と後期で変わる先生もいたりして、そういう意味では担任ほどの親しさはなかったかもしれません。ただ２年次以降の本セミナーについては日常から３年間同じ先生が担当しますので、今私の隣に職員がいますが、教務の職員のほうから「この学生は出席率が悪いです、なんとか指導してください」と出席率が月ごとに回ってきます。そういう学生を、セミナーの担当教員が日常のサポートという形で面談をして指導することも行っています。だからVPSと本セミナーをトータルすれば、日本人の先生はすべて何らかのセミナーを担当するような全学出動になっています。

三重大学　あと、私たちはやはり、先生を変えようとしても皆さんプロなので、まず学生に変わってもらって、その成果を見て先生が自発的に学んでいただくことが良いかと思っています。PBLセミナーの場合は共通の発表会を設けて、そこに来る先生方がそれを見て学びます。あとは「４つの力」スタートアップも発表会があるので、それを見て学びます。その他全学のいろんな授業や教育成果の発表は、「アカデミックフェア」といって２月に毎年行っています。そこではポスターセッションがあり口頭発表がありますので、そこにまた来ていただいて、どのようなことをやっているかを見ていただきます。ですから学生がやった発表を見ながら学んでいただくことが必要かと思っています。リーダーシップに関しては、これは非常に重要で、三重大学では教育担当は副学長が２人います。私の上に理事副学長がいて、私は副学長で、二人三脚でやっています。「4つの力スタートアップセミナー」は、理事のかなりのリーダーシップで進めました。そして今回のプログラム関係については、私がかなり関わりました。また毎回の授業の後の検討は、理事も副学長も一緒に毎回出ています。各学部には２人で出かけて、というようなリーダーシップで、「大学がやるぞ」というところは、やはり見せていく必要があると思っています。

名古屋商科大学　本学の場合は教務委員会が全学共通の教務委員会になっています。教務委員会で議論し、方向性を定め具体化する形です。初年次教育に関しては、教務委員会を中心にメンバーをピックアップして、そのメンバーを中心に議論を重ね、実際の形作りをした後、学長、教授会の了承を受け､全学に「これでお願いします」とお願いしました。「お願いします」でやりきってしまうところが、良いところです。「俺はやらないよ」と言う先生はいないので、表向きは従っていただけます。だからより共通化をはかるために、いろいろなことを考えていかなければいけません。今日の反省点でも話したように、まだまだ足りない部分がありますから、そういう部分を埋めてさらに共通化をはかっていこうというのが、今の我々の正直なところです。

司会　リーダーシップについて、山田先生はどう思いますか。

山田礼子（同志社大学社会科学部、教育開発センター所長）　啓蒙する部分とリーダーシップでできる部分があって、それが何かというと、私どもの場合は評価の部分でした。学生の自己評価を中心とした評価はトップダウンでできて、はっきりと学部ごとの学生の違いが見えるので、それを学部に戻すと、先生方は認識したがらない部分がありつつもその現実を受け止めて、そして自分たちの中でサイクルとして変えていくというような部分があったため、そういう意味ではトップダウンを組み合わせながら作っていったことになります。大きな大学の場合は、なんといっても学部間の目に見えないライバル意識みたいなものがモチベーションになる部分もあるので、それをどう使うかということもあるかもしれません。

三重大学　導入教育で三重大学の歴史を見ると３段階がありました。まず

10 年ほど前に、「共通セミナー」という形で、少人数セミナーという形だけを決めて、内容と方法は先生に任せるということで全学必修でやった時期がありました。ところが、レベルや方法の研修は一切やらないお任せ型でしたので、4 年ほど前に「PBL セミナー」を導入しました。これはガイドラインを決めて、「とにかくやる人はガイドラインを守ってください」ということで、ガイドラインに沿っているか否かを研修してさらに検証することをやって、一歩上がりました。検証というのは、例えば公開発表も検証の 1 つです。学生がどういう発表をするか、先生がそれに対してどういうコメントをするかとか、それは皆が見るわけですから検証になっているわけであり、その FD 研修と検証をやりました。これが第 2 段階です。第 3 段階ではマニュアルを作って、統一的な方法で全学必修化しました。ただし、これは 3 人の特任の先生にやっていただいています。河合塾はそれに対して、「一部の教員に固定するあり方がいいのかどうか、ゴールではなく過渡的なものとして位置づけられるのではないか」というふうに言っていますが。このマニュアルを作る際には HEDC の教員はかなりしっかり関わっています。毎週模擬授業をやって、3 人の特任の先生はそれを見ながら一緒に議論をして、内容を決めました。つまり、よくわかっている一部の先生が、責任をもつ中身を作った。ただし実施は 3 人の特任の先生にやっていただきます。これは結構いい形かなと思っています。誇りの高い、自分のやり方をなかなか変えようとしない専門の先生に全員担当でやっていただくというやり方が本当にいいのかどうか。三重大学のようなやり方も 1 つの方法であるのかどうか。その辺りのところは議論していただきたいと思います。

沖縄県立看護大学教員　初年次教育に全教員がこれから関与するということで、どのように意識改革をするかということについて、今まで出てきた意見も「なるほど」というふうに思っています。出てきていないことで、私が考えていることの 1 つは、それぞれの大学は設置のときに理念や教育目標を立てて設置していますが、年数がたつと開学当初のことを知らない教員が増えてきますので、自分が働いている大学が何をめざして作られたのか、共通認識を持つようなことが必要ではないかと思います。私の大学は今年11年目で、8年目に認証評価を受けました。そのときに大学の設置の理念や教育目標に照らして、自分たちが知っていることを評価する機会があって、そのときに参加した教員は認識がすごく深まったような気がします。ただ、いろいろな都合で認証評価に参加できなかった教員とはやはり温度差がありますので、大きなところから考えていく機会をもっていくことが必要ではないかと思います。また、学生に対する考え方も、教員によっていろいろあります。たとえば授業に出てこなかったり、怠けて成績が追いつかなくて単位がとれなかった場合は、「自己責任だし、学生のやる気が大事ではないか」ということで、どこまで教員が踏み込んで指導していくかというところでは、個別にいろんな意見が出てきます。そのときに教職員同士で共通認識をもつ必要があると思うのは、学生の背景だと思います。学生たちがどういうプロセスを経てこの大学に来て、何を学んできているのかということです。退学せざるを得ない状況になったときに聞いてみると、その人が途中でやめて社会に出て行ったときに、その学生だけではなくて学生の家族自体も、ずいぶん厳しい状況になるなということが見えたときに、やはり簡単にはあきらめられないということがあったり、成績が悪い理由にもいろいろあるので、学生の背景や思いを共有するようなことも必要かと思っています。

司会　意識改革もそうだし、初年次教育もそうでしょうが、「シンク・グローバリー、アクト・ローカリー」ということで、一歩一歩やっていくのがこれからの課題だと思います。今日来られた先生方が、何か1つでもそれぞれヒントをもって帰っていただいたり、「こういうことがある」とアイデアを膨らませられればいいのではないでしょうか。これをきっかけに初年次教育を考える輪がどんどん拡がっていけばいい、ということで総括討議を終わりたいと思います。

第３部

初年次教育のこれからを考える
問題提起

新しい評価のパラダイム
—パフォーマンス評価の観点から—

京都大学 高等教育研究開発推進センター 松下佳代

私の話は特に初年次教育に限定したものではなく、これからの大学教育で課題になってくると思われる、評価の問題に関するものです。なかでもパフォーマンス評価について詳しく取り上げたいと思います。今からお話しする内容ですが、まずは評価論の2つのパラダイムについて示し、その後はパフォーマンス評価の内容と方法、事例、課題ということで進めていきたいと思います。

1. 評価論のパラダイム

評価論の2つのパラダイム

まず、評価論のパラダイムについてですが、大きく2つにまとめることができます。1つは精神測定学（psychometrics）のパラダイムです。精神測定学というのは、教育的・心理的な測定（知識や能力、態度、人格特性などの測定）の理論や技法に関する学問分野です。テストや質問紙などの評価用具や、その統計的手法の研究などが、この学問の中では行われています。もう1つのパラダイムは、オルターナティヴ・アセスメントのパラダイムです。これは伝統的な評価法に代わる評価法の総称なのですが、具体的には、精神測定学的パラダイムに立つ標準テストや教師作成テストに代わるものとして、この新しい評価法が唱えられてきました。

この2つのパラダイムの違いを**図表59**に整理してみました（松下，2010）。これは、理念型として捉えていただければと思います。現実にはこの2つのパラダイムの中間や混合のような評価も数多くありますが、理解しやすくするためにこの2つのパラダイムに分けてみました。精神測定学的パ

	精神測定学的パラダイム	オルターナティヴ・アセスメントのパラダイム
学問的基盤	精神測定学、知能理論	状況論、構成主義、解釈学
評価目的	アカウンタビリティ 政策評価	指導 教室評価
評価項目	分割可能性	複合性（クラスター性）
評価文脈	脱文脈性 統制された条件	文脈性 シミュレーション、真正の文脈
評価基準	単一次元性、二値的 客観性	多次元性、多段階・連続的 間主観性
評価データ	量的方法を重視	質的方法を重視
評価主体	評価専門家、政策担当者	実践者自身
評価法	標準テスト、客観テスト （多肢選択問題、正誤問題など）	パフォーマンス評価、真正の評価、 ポートフォリオ評価など

図表 59　評価論の 2 つのパラダイム

ラダイムは、精神測定学や知能理論が学問的な基盤になっています。評価目的としては、アカウンタビリティ、つまり説明責任を果たすために、あるいは政策評価を行うために用いられることが多く、こういう場合は集団が対象になります。評価項目はかなり細かく分割してあって、知能テストなどのように統制された条件の中で評価が行われることが多いです。評価基準は単一次元で正か誤かがはっきりわかるような場合が多く、特に客観性が重視され、データとしては量的なデータが用いられます。この評価を主体となって行うのは評価の専門家や政策担当者で、多肢選択問題や正誤問題などの客観テストや標準化されたテストなどの評価法が用いられます。センター試験などが典型的な例です。

一方、オルターナティヴ・アセスメントのパラダイムは、状況論や構成主義、解釈学などが学問的基盤になっており、主に授業単位で個人の能力や知識を見るために使われたり、指導のために使われたりすることが多いです。評価項目としては、総合的な力を見たいときに使われることが多く、複合性をもった評価項目が用いられます。そこでは、「どのような場面の問題とするか」といったような、文脈性が重視されます。

先ほど河合塾からの報告の中で、「命題知から活用知へ」というお話がありましたが、活用知というのはまさに「ある文脈の中で、どのように知識や技能を用いるか」ということなので、文脈性が重視されているということになります。そうした文脈は実際の場面の場合もあるし、シミュレーションの場合もあります。評価基準は、いくつかの次元（観点）を設けていたり、また正か誤かという設定の仕方ではなくて、何段階かの連続的なものであったりします。客観性を求めることは困難な場合が多いですが、単なる主観に陥らないように間主観性が重視されています。データは質的なものを用いることが多く、実践者自身が評価の主体になります。評価主体は教員である場合もあれば、学生自身である場合もあります。代表的な評価方法としては、今日お話しするパフォーマンス評価や真正の評価（オーセンティック・アセスメント）があり、それから先ほど報告された２つの大学の事例で用いられていたポートフォリオ評価なども、こちらに入ります。

オルターナティヴ・アセスメント登場の背景

①社会的・政治的背景

このオルターナティヴ・アセスメントがなぜ登場してきたのか、その背景として、社会的・政治的背景と学問的背景をあげることができます。まず、社会的・政治的背景についてお話しします。アメリカでは、1983 年に教育省が出した報告書 *A Nation at Risk*（『危機に立つ国家』）をきっかけに、学校に対してアカウンタビリティの要請が強まり、それに応えるため、多くの州でコスト効率のよい標準テストが多用されるようになりました。この動向に対して、標準テストによる評価やその拠って立つ理論の正当性が問われるようになります。そのなかで生まれてきたのがオルターナティヴ・アセスメントでした。「標準テストでは自分たちが子どもたちに付けさせたい力は評価できない」ということで、標準テストに代わる評価法が模索され、試行されてきたのです。2001 年のブッシュ政権時に出た「No Child Left Behind 法」——いわゆる「落ちこぼれゼロ法」——以降、アカウンタビリティの要請はいっそう強くなっています。ここでは学校がきちんと教育できているかどうかを見るために年１回のテストを実施することになっていて、その結果次第で学校が潰されたりする場合もあります。そんななかで、標準テストに代わる評価法の模索・試行もいっそう重要な課題となってきたのです。大学教育との関連も考えていえば、「学習成果（learning outcomes）の質をどう評価するか」

という課題に応えようとするものと言うこともできます。

②学問的背景——学習論

オルターナティヴ・アセスメント登場の学問的背景としては、2つの学問分野での展開をあげたいと思います。1つは学習論、もう1つは能力論です。まず、学習論からみていきましょう。評価において文脈が重視されるようになってきたことの背景にあるのが「状況論的アプローチ」という考え方です。この考え方は80年代に、情報処理的アプローチに対抗するものとして生まれてきました。一言でいえば、人間の認知というものを情報処理的アプローチのようにコンピュータをメタファーとして捉えるのではなく、状況（そこには道具や他者などとの相互作用が含まれます）に埋め込まれたものとして捉える考え方です。この考え方を受けて、たとえば認知心理学者のレズニック（Resnick, L. B.）は、精神測定学のテストには、知識は要素に分割できるという「分割可能性」と知の「脱文脈性」という2つの誤った仮定がある、という批判をしています。それから、パフォーマンス評価や真正の評価を提唱しているウィギンズ（Wiggins, G. P.）は、評価の文脈における「真正性（authenticity）」をもっと重視しなければいけないという主張をしています。

③学問的背景——能力論

もう1つの学問的背景である能力論については、少し詳しくお話ししましょう。

現在、非常にさまざまな能力概念が提案されています。これは高等教育に限らず、初等・中等教育や労働政策、成人一般にも及び、つまり人生全体を覆うような形で、いろいろな能力概念が提案されているわけです。

図表60に、日本で提唱されている新しい能力概念を挙げてみました。たとえば、96年の文科省の「生きる力」、これは現在の学習指導要領にもそのまま引き継がれています。それから皆さんもご存知かと思いますが、OECDのPISA調査で言われている「リテラシー」、内閣府の出した「人間力」、それからこれはすぐ後でまた述べますが、同じくOECDのDeSeCoというプロジェクトが出している「キー・コンピテンシー」、こういった能力概念が、

名称	機関・プログラム	出典	年
【初等・中等教育】			
生きる力	文部科学省	中央教育審議会答申『21世紀を展望した我が国の教育の在り方について―子供に［生きる力］と［ゆとり］を』	1996
リテラシー	OECD-PISA	国立教育政策研究所編『生きるための知識と技能』	2001 (04･07)
人間力	内閣府（経済財政諮問会議）	『人間力戦略研究会報告書』	2003
キー・コンピテンシー	OECD-DeSeCo	ライチェン&サルガニク『キー・コンピテンシー』	2006 (原著2003)
【高等教育・職業教育】			
就職基礎能力	厚生労働省	『若年者就職基礎能力修得のための目安策定委員会報告書』	2004
社会人基礎力	経済産業省	『社会人基礎力に関する研究会「中間とりまとめ」報告書』	2006
学士力	文部科学省	中央教育審議会答申『学士課程教育の構築に向けて』	2008
【労働政策】			
"エンプロイヤビリティ(雇用されうる能力)"	日本経営者団体連盟(日経連)	『エンプロイヤビリティの確立をめざして―「従業員自律・企業支援型」の人材育成を』	1999

図表60　わが国における〈新しい能力〉概念

主に初等・中等教育段階で提案されてきています。高等教育・職業教育では、今日も話に出ましたが、「就職基礎能力」や「社会人基礎力」、「学士力」などが、2000年代の半ばくらいから立て続けに出されてきています。それから、比較的早かったですが、労働政策のところでは「エンプロイヤビリティ(雇用されうる能力)」という概念が日経連から出されています。これももともとは海外で用いられている概念です。厚生労働省は「就職基礎能力」に関して「YESプログラム」という事業を実施していますが、このYESのEはEmployabilityのことなので、「就職基礎能力」と「エンプロイヤビリティ」は、ほぼ同義だといっていいと思います。

これらは日本の場合ですが、いわゆる経済先進国と言われる欧米、オセアニアなどでも似たような概念が用いられています。たいていの場合、「generic」や「key」「core」といった修飾語がついて、その後に「skills」や「competencies」「qualifications」などの名詞がつきます。そして、たとえば「generic skills」といった概念として、大学時代に身に付けさせるべき能力が語られています。このようにさまざまな能力概念が世界各地で提唱されてきていますが、OECD-DeSeCoは、そういった百花繚乱の能力概念を整理し、理論的・概念的に再検討するためにOECDが行ったプロジェクトで、Definition and Selection of Competencies（コンピテンシーの定義と選択）の略です。このDeSeCoの能力概念が基礎になって、たとえば15歳児対象にPISA調査が行われ、大学生に対してはAHELO（Assessment of Higher Education Learning Outcomes：高等教育における学習成果の評価）が実施されつつあるわけです。

では、これらの土台となっているDeSeCoにおいて、コンピテンス（能力）はどのように捉えられているのでしょうか。これを表現したのが、**図表61**にあげた「コンピテンスのホリスティック・モデル」と呼ばれるものです。ここでは、コンピテンスを、「人が特定の文脈において、自らの内的構造（認知的・非認知的側面）を結集して要求（demand）に応答する能力」と捉えています。この中の「コンピテンスの内的構造」という部分だけをみると、従来、経営学などでいわれてきたコンピテンシー（Spencer & Spencer, 1993）などと大差ありません。ただし、DeSeCoの場合は、明確に文脈というものを位置づけた上で、何らかの要求に対し、本人が、自分の内側にあるこれらの要素を結集して、文脈の中でその要求に有能に応えていくことができるということ全体を、コンピテンスと定義したわけです。ここには、先ほど述べた「状況論的アプローチ」の影響がはっきり見てとれます。

このようにコンピテンスは複雑な性格をもち、文脈と深い関係にあるの

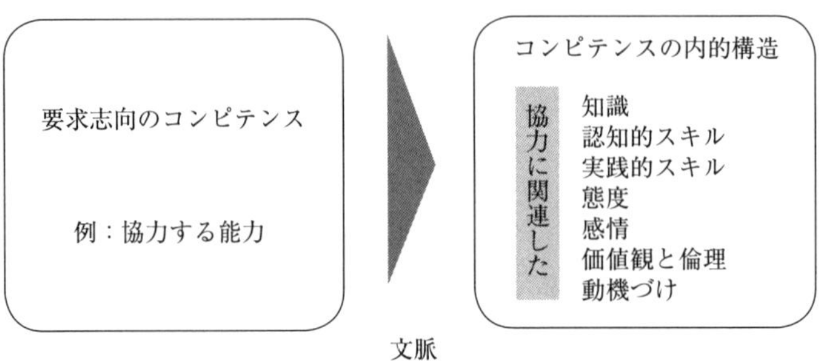

（Rychen & Salganik, 2003, p.44より訳出）

図表61　DeSeCoによるコンピテンスのホリスティック・モデル

で、コンピテンスは直接測定できないし観察できない、とされます。つまり、コンピテンスは、多数の状況の中での要求に対するふるまい（パフォーマンス）の観察を通して推論するしかないものなのです。先ほど、DeSeCoの能力概念が、PISAやAHELOの基礎になっていると言いましたが、PISAやAHELOのような大規模調査で設定できるのは、このような要求や文脈の近似値でしかなく、十分とはいえません。

むしろ、このような能力観に立てば、その評価のためにこそオルターナティヴ・アセスメントが必要になってくるわけです。

2つのパラダイムの関係

ここまでオルターナティヴ・アセスメントの背景について話してきましたが、改めて精神測定学的パラダイムとオルターナティヴ・アセスメントのパラダイムの関係について整理しますと、これはいわゆるパラダイム・シフトといったようなものではなく、現実には、2つの間で棲み分けが行われたり、あるいは2つのパラダイムの中間型・混合型という形をとったりしています。棲み分けに関しては、先ほど話したとおり、集団を対象にした政策評価などの場合は、精神測定学的パラダイムに立つ場合が多いようです。それに対して、個人に対して限られた空間の中で用いられるときは、オルターナティヴ・アセスメントが有効であることが多くなります。ただし、オルターナティヴ・アセスメントが大集団に対して用いられている場合もあります。一方、混合型・中間型とはどのようなものかというと、たとえばOECDのPISA調査があげられます。PISAの場合、評価目的は政策評価で、評価主体は評価専門家や政策担当者ですが、評価方法では質的な方法も用いられています。また、評価問題も、文脈性や複合性などを重視した問題を用いています。

代表的な3つの評価法

先ほどあげたように、オルターナティヴ・アセスメントには3つの代表的な評価法があります。

①ポートフォリオ評価

ポートフォリオ評価は3つのうち大学教育で最も普及している評価法で

す。先ほどの事例報告でもかなり具体的な話がありました。ポートフォリオとは、もともとは画家や建築家などが自分の作品を綴じ込む「紙ばさみ」のことで、評価論においては、「学習者が自分の作品（学びの証拠資料＝エビデンス）を収集・整理したもの」というような意味で使われています。ポートフォリオ評価というのは、ポートフォリオに収められた資料にもとづいて、学習者が自分の成長のプロセスを評価する方法のことです。先ほどの事例報告で挙げられたラーニング・ポートフォリオに加えて、最近では、教員が自分の教育実践を綴ったティーチング・ポートフォリオも大学教育の中で注目されるようになってきています。

②真正の評価

真正の評価（authentic assessment）は、意味としては、「生徒が、知識や技能などを使って、仕事場や市民生活など現実世界の課題と類似した、本物らしさ（真正性）をもった課題に取り組ませる評価の方法」ということになります。パフォーマンス評価とも似ていますが、パフォーマンス評価がある文脈での「遂行（パフォーマンス）」に重きをおくのに対し、真正の評価はその文脈が真正であることに重きをおく、ということで一応概念的には区別されています。実際には一致することも少なくありません。

オルターナティヴ・アセスメントの代表的な評価法の３番目がパフォーマンス評価です。これは、私の報告の中心的テーマですので、詳しくお話しすることにします。

２．パフォーマンス評価とは何か

パフォーマンス評価とは？

まず、パフォーマンス評価とは何かというところから始めたいと思います。“performance”の意味は、「遂行／業績、成果／演奏、演技、（作品の）できばえ」などいろいろありますが、パフォーマンス評価の「パフォーマンス」の意味は、もちろん「遂行」という意味も入っていますが、単なる「業績」や「成果」

というよりも、「演奏、演技、（作品の）できばえ」といった意味に近いものです。「パフォーマンス評価」を定義するとすれば、「ある特定の文脈のもとで、さまざまな知識や技能などを用いながら行われる、その人自身の作品やふるまい（パフォーマンス）を直接に評価する方法」となります。わかりやすい例でいうと、教育という文脈からは離れますが、フィギュアスケートの演技、ピアノの演奏、美術作品などに対して行われている評価は、パフォーマンス評価ということができます。

私は、パフォーマンス評価の特徴を４つにまとめてみました（松下，2010)。第一の特徴は評価の直接性です。つまり、「パフォーマンスを実際に行わせて、それを直接、評価する」ということです。第二にパフォーマンスの文脈性、「そのパフォーマンスは文脈の中で可視化され、そして文脈の中で解釈される」ということ。第三はパフォーマンスの複合性（クラスター性）です。これは、「それ以上分割すると本来の質を失う、ひとまとまり（クラスター）のパフォーマンスを行わせる」ことを通じて評価を行うという意味です。パフォーマンスがこのようにひとまとまりをなしている場合、評価する側がそれをきちんと分析し、主観的にならないように評価する必要があります。そこで第四の特徴としてあげられるのが、評価の分析性と間主観性です。つまり、「ひとまとまりのパフォーマンスの質を評価するために評価基準と複数の専門家の鑑識眼が必要になる」ということです。

パフォーマンス評価では、複合性をもった課題として、「パフォーマンス課題」というものが用いられることが多くあります。それから、評価の分析性と間主観性を担保するということで、「ルーブリック」といわれるものがよく使われます（ルーブリックについてはまた後ほどお話しします）。先ほど「フィギュアスケートの演技の評価はパフォーマンス評価に近い」といいましたが、たとえばフィギュアスケートの場合は「数分間、<u>実際に演技</u>させる」といった、ひとまとまりのある課題をさせます。これがパフォーマンス課題にあたります。そしてそれを、「<u>専門家</u>からなる<u>複数</u>の審査員が、一定の<u>評価基準</u>にしたがって採点する」ことになっています。これはルーブリックの機能と同じです。

図式化すると、**図表62**のような感じになります。コンピテンスとパフォーマンスは対になっている言葉で、先ほどお話ししたように、コンピテンスそ

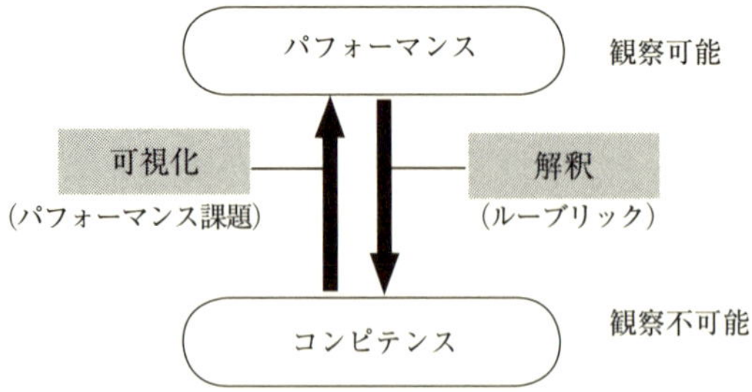

図表 62　パフォーマンス評価の構図

のものは観察不可能です。どんな能力もそれ自体は観察不可能なので、なんらかの目に見える形にしますが、その場合にしばしばパフォーマンス課題というものが用いられるわけです。そして観察可能になったパフォーマンスに対して、なんらかの解釈を加えて評価を行います。そのときのツールとしてルーブリックというものを用いる、こういう構造になっています。

パフォーマンス評価の方法

①パフォーマンス課題

では、具体的にどのようにしてパフォーマンス評価は行われるのでしょうか。ここからは、パフォーマンス評価の方法についてお話ししていきたいと思います。

パフォーマンス課題とは、学習者のパフォーマンスを評価するためにデザインされた課題のことです。リアルな文脈（あるいはシミュレーションされた文脈）において、様々な知識やスキルなどを総合して使いこなすことを求めるような課題です。そして繰り返し述べているとおり、文脈性・複合性というものが要件になります。ギップス（Gipps, C. V.）というイギリスの評価研究者は、このように言っています。「簡単にパフォーマンス評価の意図をいえば、テストの内容を、基準となるパフォーマンスで示される批判的な思考や知識の総合を求めるものにしていこうとするところにある」(Gipps, 1994)。批判的な思考や知識を総合することは、今の大学教育の中でもますます重要になってきていますが、そういうときにこそ、パフォーマンス評価が威力を発揮するということです。

【評価方法の分類】

このようなパフォーマンス課題は、評価方法全体の中では、どのように位置づけられることになるでしょうか。大ざっぱに評価方法を分類してみると、**図表63**のようになります（西岡，2003；田中，2005）。

「筆記と実地」「要素的と複合的」というふうに分けると、客観テストや、筆記テストでも短答式で答えられるようなものは、筆記で要素的というところに位置することになります。それから実技でも部分的なもの、たとえば実験操作の仕方などスキル的なものは、実地ではありますが、やはりかなり要素的です。パフォーマンス課題というものは、筆記でも実地でもかまわないのですが、複合的であるという性格をもっています。たとえば数学などでは、紙と鉛筆で、自分の思考を論理立てて証明していくことが重視されるので、その場合は筆記であってもかまわないのです。パフォーマンス課題は、たいてい実演や作品といった形をとります。大学教育では比較的以前から行われている、論文や卒業研究なども、ほとんどはパフォーマンス課題にあたると言っていいと思います。

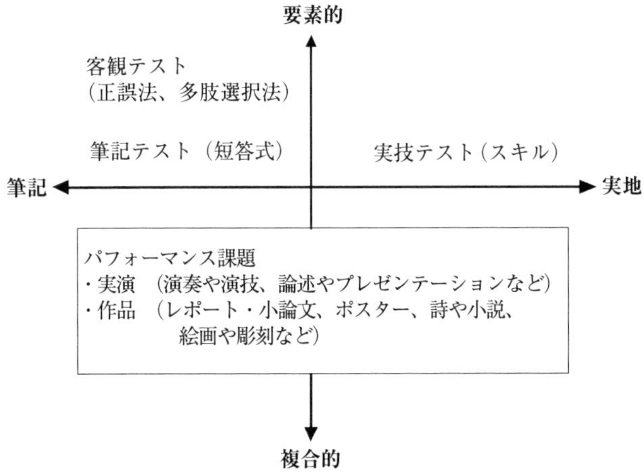

図表63　評価方法の分類

②ルーブリック

ルーブリックについては、「成功の度合いを示す数値的な尺度(scale)と、それぞれの尺度に見られる認識や行為の特徴を示した記述語から成る評価指標」(田中, 2005)という定義がなされています。ちょっとわかりにくいかもしれませんが、パフォーマンスの質というものは連続的なものなので、それを段階的に評価するための評価基準というふうに考えていただければと思います。

ルーブリックは、その領域で一般的に使えるものなのか、それとも、その課題だけにあてはまるものなのか、また、いくつかの観点に分けて分析的に評価するのか、それとも、観点に分けずに全体的に評価するのかによって、4つのタイプに分類することができます(**図表64**)。

たとえば、**図表65**は私が小学校6年生に対して行った「速さの比較」の課題についてのルーブリックの一部ですが、このように段階が0・1・2・3の4段階に分かれていて、どのような力を見たいかが、「概念的知識」「手続き的知識」「推論とストラテジー」「コミュニケーション」の4つに分かれています(松下, 2007)。たとえば、いちばん左上のセルには、「どのような認識や行為の特徴が見られれば、概念的知識で3のレベルにあると言えるか」といったことを記述していきます。このようにして、ルーブリックが作られていきます。

このルーブリックは、課題特殊的で分析的なルーブリックですが、先ほど言ったように、その領域で一般的に用いることのできるようなルーブリックもありますし、このようにいくつかの観点に分けるのではなく、ざっくりと段階だけ区切っていくようなルーブリックもあります。ですから、ルーブリッ

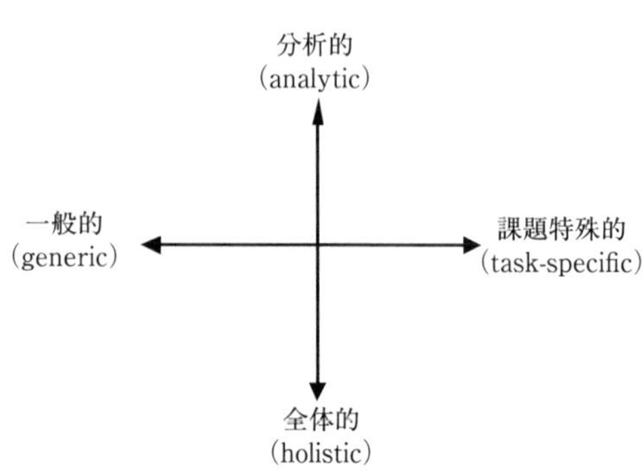

図表64 ルーブリックのタイプ

	概念的知識	手続き的知識	推論とストラテジー	コミュニケーション
3	・時間、距離に関する情報が正しく取り出せている。 ・時間、距離、速さを正しく関係づけられている。	・解を導くために必要な計算が正しくできている（分数・小数を含むかけ算・わり算の計算、単位換算など）。	・どんな量や比で比較するかを正しく選択できている。 ・比較のしかたに一貫性と順序性がある。 ・手続きの結果を題意にてらして吟味できている。	・考え方（プロセスと答え）が数式や言葉などを使ってきちんと書かれており、しかも、その根拠が十分に説明されている。
2				
1				
0				

図表 65　「速さの比較」課題で用いたルーブリック（小６算数）

クを作る際には、「観点に何を設定し、それを何段階で評価するか」ということを考える必要があります。

オルターナティヴ・アセスメントにおいてはしばしば、「妥当性と信頼性のジレンマ」が問題になります。妥当性や信頼性は、測定論や評価論の古典的な概念です。妥当性とは「テストなどの評価用具が、測定しようとしているものを実際に測定できているか」ということ、つまり、実際に自分が見たいと思っているものが、ちゃんとそれで見られているのかどうかということです。信頼性とは、測定の一貫性や安定性のことで、「異なる採点者が採点しても結果が同じになるか」ということや、または、1人の採点者が時間をかけてやったときに、「前と同じように採点できているか」というようなことが問題になります。

この妥当性と信頼性には両立させにくいという問題があります。それが「妥当性と信頼性のジレンマ」です。たとえば客観テストは、高次のレベルの能力を見たりするときには必ずしも妥当性が高いとは言えませんが、信頼性は非常に高いのです。それに対してパフォーマンス評価のほうは、妥当性は高い問題が作れますが、信頼性は低くなりがちです。それでその信頼性をできるだけ確保するために、パフォーマンス評価ではいくつかのことを行います。

まずルーブリックによる評価基準を明示し、共有化していくということが挙げられます。それから、複数の評価者間でモデレーション（調整）を行う、つまり評価結果をつきあわせるということをやります。また、「どのような事例がどのように評価されるのか」という評価事例を蓄積していきます。すべてが評価基準として言語化できるわけではないので、言語化しにくい内容も含めて、評価事例を通じて説明するわけです。さらに、評価者が適切に評価できるよう、しばしばトレーニングも行われます。このようにして、パフォーマンス評価での信頼性を確保していきます。もっとも、大学教員はその分野の専門家であり、たいていの場合はすでにパフォーマンスの質をみるための鑑識眼を備えているはずですから、小学校や中学校などの教員とは違って、トレーニングはほとんど不要なのではないかと思います。

いくつかの具体例

① OECD-PISA

ここから、いくつかの事例についてご紹介していきたいと思います。

まず、OECD-PISA からお話しします。PISA は 15 歳児対象に行われた調査ですので、ひょっとすると「大学教育には関係ない」と思われるかもしれませんが、現在の評価の動向に大きなインパクトを与えたものとしてやはり重要です。

PISA の調査問題としては、数学的リテラシーの場合であれば、たとえば**図表 66** のような問題が使われています（国立教育政策研究所，2001）。縮尺入りの南極大陸の地図を見せて、大陸のおよその面積を求めさせます。PISA のような非常に大規模な調査で、このような記述式の問題を、しかも本物の地図を使ってやるのは、これまで行われたことがなく、画期的でした。PISA の問題は、内容、文脈、能力クラスター（competency clusters）という 3 つの要素からできています（OECD, 2004）。先ほど、オルターナティヴ・アセスメントの学問的背景として学習論（特に状況論的アプローチ）と能力論をあげましたが、そのことは、「文脈」や「能力クラスター」といった要素の中にも表れていますね。

もっとも、PISA での評価のしかたは、方法が正しく答えも適切な値であれば、「正答」（2 点）、方法は正しいが答えは不適切な値であれば、「部分正答」（1 点）、「誤答・無答」（0 点）というシンプルなものでした。

とはいえ、PISA 調査は大規模調査でありながら、パフォーマンス評価的な性格も持つテストを行ったという点でやはり注目に値するものだと思います。

3.3.3　大陸の面積に関する問題

大陸の面積

下の図は南極大陸の地図です。

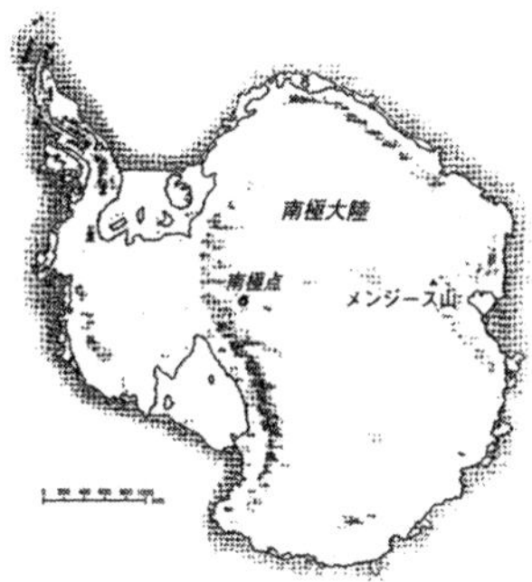

問2　大陸の面積

地図の縮尺を用いて、大陸のおよその面積を求めてください。

どのように求めたかも説明してください（必要なら、地図の上に、およその面積を求める方法を書き込んでもよいです）。

図表66　PISA 調査の問題例

②大学版 PISA（OECD-AHELO）

PISA の大学版と言われるものが、前にもちょっとふれた OECD-AHELO です。いま日本でも試行試験が行われていますが、アメリカの Council for Aid to Education という組織が開発した、Collegiate Learning Assessment（CLA）という評価方法をアレンジしたものが使われているようです。

CLA には4つの特徴があります。まず、複数のスキルをひとまとまりにして評価していることです。これはパフォーマンス評価の特徴として挙げた「複合性（クラスター性）」に通じるものであり、複数のスキルの中には、批判的思考、分析的推論、問題解決、文字コミュニケーションなどが含まれています。また、そのために、多肢選択ではなく、記述課題やパフォーマンス課題が使用されています。それから、大学教育によって得た“付加価値”を分析しています。つまり、入学時と卒業時の変化を見るというやり方がとられています。そして、このような課題を Web 上で実施しています。

CLA のパフォーマンス課題の例を1つ紹介しましょう。これはジェネリック・スキルを評価するための課題で、全部で90分の課題です。まず場面設定のために、あるシナリオが提供されます。たとえば、「あなたはある企業の社長秘書で、社長に、部下の推奨するジェット機を、会社専用機として購入すべきかどうかをアドバイスすることになっている」というようなシナリオです。その上で、そのジェット機は、最近事故を起こした飛行機と同じ機種で、果たしてそれが会社専用機として妥当かどうかをさまざまな情報を用いて判断しなければならないという課題が与えられます。あらかじめ、新聞記事やメール、性能比較表などを含む「文書ライブラリ」が用意されており、それを使ってどういう結論に至ったか、その根拠を含めて説明させます。これは、パフォーマンス課題の中でも、「実演」させる課題ということになりますね。

このようなビジネス場面を模したパフォーマンス課題が、大学教育における学習成果を評価する課題として適切かどうかは議論の余地がありますが、PISA と比べると、ずいぶんリアルな文脈を設定した複合的な課題になっていることがわかります。

③ OSCE

このような実演課題は、すでに医療教育分野では広く行われています。特に医・歯・薬系では、臨床実習に行く前に基本的な臨床能力を見るために、OSCE（オスキー）（<u>O</u>bjective <u>S</u>tructured <u>C</u>linical <u>E</u>xamination：客観的臨床能力試験）と呼ばれる評価が実施されています。OSCE では、**図表 67** の写真のような場面を設定して、模擬患者に対し、学生が実際に医療面接や診察などを行います。そして、複数の評価者（ふつう 2 人）がその様子を観察して、学生が基礎的な臨床能力を身に付けられているかを評価します。

たとえば、**図表 68** にあげたのは、藍野大学の平山朋子さんが中心になって開発・実施した理学療法教育における OSCE の課題と評価表です（平山・松下，2009）。一見すると実技試験のように見えるかもしれませんが、先ほど申し上げたパフォーマンス評価の 4 つの特徴――評価の直接性、パフォーマンスの文脈性、パフォーマンスの複合性（クラスター性）、評価の分析性と間主観性――を満たしているということからすれば、パフォーマンス評価と言うことができます。なお、OSCE という名称には“Objective（客観的）”という語が入っていますが、2 人の評価者がトレーニングを受けたうえで観察

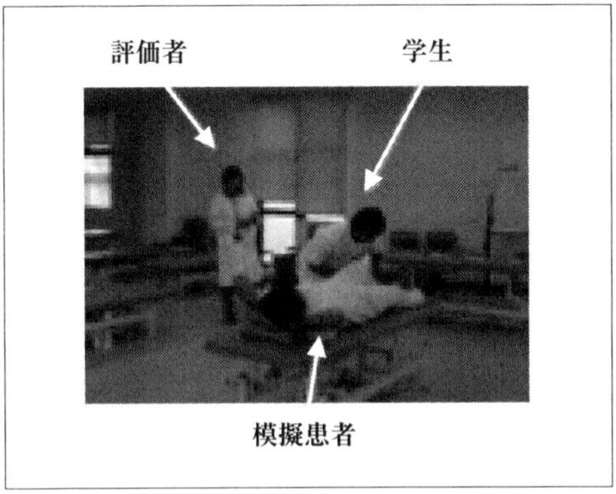

図表 67　客観的臨床能力試験 評価の実施の様子

【課題】

＜患者氏名＞　(　　　　　　　　)さん
２２歳　　女性・男性　　現在、大学４年生
＜疾患名＞　右大腿切断
　　　(約２ヶ月前の交通事故によるもの)
ここは、病院のリハビリテーション室です。
あなたは先週から臨床実習に来ている学生です。
臨床実習指導者の指示によりこの患者さんに医療面接を指示されました。
面接では、患者さんの心配している事柄について話すことが課題です。

※制限時間は６分間です。

[一部省略]

【評価表】

医療面接	良:1悪:0
視線を合わせて話ができたか	□　□
適切な顔の向きであったか	□　□
適切な声の大きさ・スピード・音調であったか	□　□
ていねいな言葉使いであったか	□　□
話を途中で遮らなかったか	□　□
理解しやすい用語で話ができたか	□　□
質問の組み立てはよかったか	□　□

図表 68　OSCE の例（理学療法教育）

し評価するという点で、むしろ正確には「間主観的な形で行われている」評価だと言えると思います（松下，2010)。

④レポートの評価

４番目に、レポートの評価の例を挙げます。これは青山学院大学の鈴木宏昭さんたちのグループが実験的に行っておられる実践(鈴木，2009)から引っ張ってきたものです。鈴木さん自身はパフォーマンス評価だと銘打っておられるわけではありませんが、内容的にはパフォーマンス評価に近いので、事例として紹介します。鈴木さんは、レポートライティングに含まれるスキルとして2つのスキルを挙げています。1つ目は「問題を発見し、洗練していくスキル」で、2つ目は「論証の形式を理解し、説得力のある文章を構成するスキル」です。どちらも複合的なスキルです。

2番目のスキルを身につけさせるための初年次の授業の中では、「駅から学校までの一番良い道順について論じなさい」というレポート課題が与えられます。そしてそのレポートは、**図表69**のような評価基準にしたがって評価されます（図表69は私がルーブリック風に書き直したものです）。

「主張」から「比較」まで6つの観点が挙がっていますが、これらの観点はトゥールミンの論証図式をアレンジしたものです。実際の授業では、最初にまずレポートを書かせ、その適切さを学生たちに相互批評を通じて考えさせるなかで、この論証図式が導かれています。そして、6つの観点のそれぞれについて、「0・1・2」という3段階で教員が評価しています。

どんなレポートを書かせ、それをどう評価するかは、教員が学生にどんな力をつけたいと思うのかによって変わってきますが、ここでは、「論証の形

	主張	データ	基準	基準根拠	反証・限定	比較
2	ある道がよい道であるという明確な主張がある	一定程度客観的なデータがある（時間や交差点の数など）	用いる基準が明確に述べられている（所要時間、利便性など）	なぜその基準を用いるかが明確に述べられている	対立する意見に対する検討がなされている。あるいは、自らの主張が成り立つ条件を述べている	複数の道の比較が明示的に行われている
1	主張がやや曖昧である	データは挙げられているが客観的ではない	曖昧な形で基準が導入されている	曖昧な形で基準を用いる理由が述べられている（単に「早い方がよいので」など）	自らの主張の問題点が単に述べられている	比較が曖昧な形でしか行われていない
0	主張がない、あるいは個人の好みを述べている	データは挙げられていない	基準が明示されていない	用いた基準の根拠が述べられていない	反証・限定が行われていない	他の道との比較がなく、1つの道についてのみ書かれている

図表69　レポート評価の例

式を理解し、説得力のある文章を構成する」という目標にそって、評価の観点が立てられていることがおわかりいただけると思います。

⑤プレゼンテーションの評価

次に、プレゼンテーションの評価についてご紹介します。平成15年度の特色GPに採択された徳島大学工学部のPBLの取組（「進取の気風を育む創造性教育の推進」）の中で行われたものです。

この実践では、1年生から4年生の卒業研究までPBLがカリキュラムの中に組み込まれています。PBL自体も興味深いのですが、評価の面でもいろいろと工夫がなされています。

たとえば卒業研究のプレゼンテーション評価は、**図表70**のような形で行われています（英，2004)。6つの観点と3つの段階が設定され、それがレーダーチャートとして表現されています。各段階の認識や行動の特徴が記述され共有されているわけではないので、厳密にはパフォーマンス評価とは言えませんが、パフォーマンス評価的だとは言うことができます。興味深いのは、だんだん評価が上がっていることもさることながら、学生の評価と教員の評価が次第に似てきていることです。これについては解釈がいろいろできると思いますが、「学生の評価する眼、鑑識眼が、教員という専門家のものに近

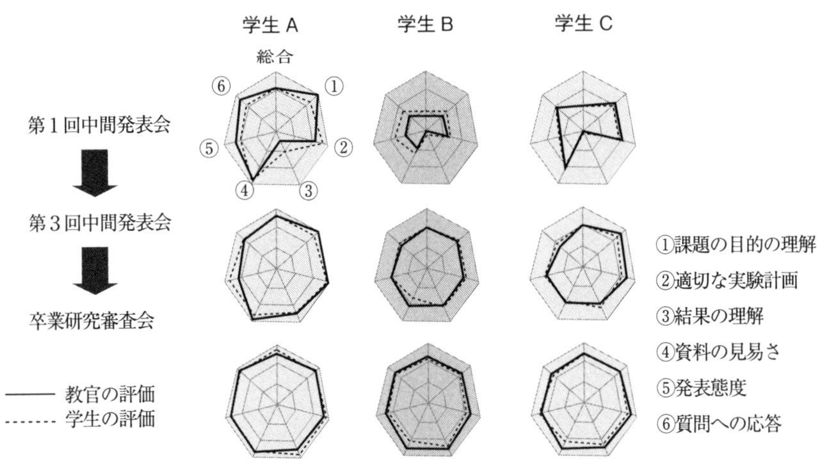

図表 70　卒業研究のプレゼンテーション評価

づいていったプロセス」と言えるのではないでしょうか。

以上、5つの例を紹介してきました。こうしてみると、パフォーマンス評価、あるいはパフォーマンス評価的なものは、すでに大学教育の現場で様々に試みられていることがわかります。大学教員はその分野の専門家ですので、パフォーマンスの質を評価するのに必要な専門家としての鑑識眼はたいてい持っているはずで、その点、初等・中等教育段階の教員より有利だとも言えます。

パフォーマンス評価の課題

①評価の実行可能性

最後に、パフォーマンス評価を大学教育に具体化していく際の課題について考えたいと思います。

評価の満たすべき条件としては、先ほど挙げた「妥当性」や「信頼性」のほかに、「公平性」があります。これは、「ある人には有利で、ある人には不利」といった偏りがないということです。また、「実行可能性」も条件として挙げられます。パフォーマンス評価はどうしても時間と労力がかかります。それでなくても大学評価や授業評価などでいろんな労力がかかっているところに、新たな「評価疲れ」を生むのではないかというおそれがありますので、「実行可能性」は見過ごすことのできない条件です。これに対処するには、「より簡単な評価と併用する」「パフォーマンス評価を用いる範囲を限定する」ことが重要だと思っています。

では、どんな場合にパフォーマンス評価を使えばよいのか。経営学のコンピテンシー論では、知識やスキルは可視的で開発も比較的容易と言われてきましたが（Spencer & Spencer, 1993）、知識やスキルそのものにも深さがあります。**図表71**は、知識とスキルの深さの軸を図式化したものです（McTighe & Wiggins, 2004）。いちばん表層的なところにあるのは、「知っておく価値がある」という程度の知識、たとえばインターネットで調べてもすぐ手に入るような、あるいは客観テストや簡単な筆記テストで評価できるような「事実的な知識」です。あるいは、簡単な実技テストで評価できるような「個別的なスキル」も同じように表層的なところにあると言えます。これに対して、より深いレ

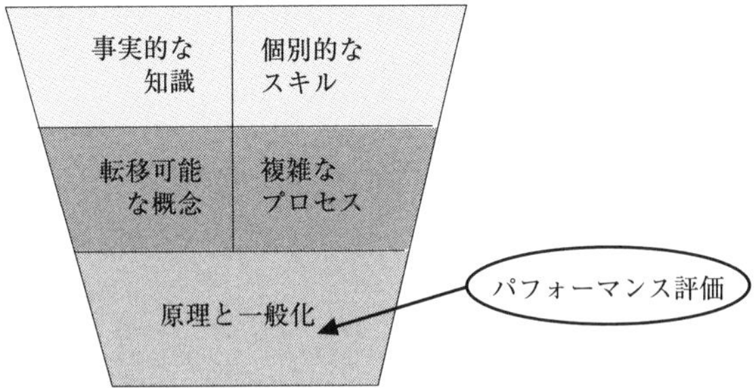

（McTighe & Wiggins, 2004）

図表 71　知識とスキルの深さの軸

ベルには、その学問分野のさまざまな知識やスキルの土台となっていて、その理解が永続的なものであってほしいといったような「原理と一般化」のレベルも存在しています。パフォーマンス評価が有用なのは、このような深いレベルの知識やスキルを評価しようとする場合です。逆に言えば、パフォーマンス評価はこのようなレベルの評価のために限定的に用いることが必要なのではないかと思います。

②教員の評価と学生の自己評価

第二の課題として、パフォーマンス評価を単に教員側の評価として用いるだけではなく、いかに学生の自己評価としても機能できるようにするか、ということが挙げられます。今日のこれまでの各報告の中でも学生の自己評価の話が出てきましたが、パフォーマンス評価を学生の自己評価と結びつける方法としていくつかのやり方が考えられます。1つは、「評価の観点を前もって示したうえで学生に自己評価をさせる」というやり方で、徳島大工学部の実践がその例です。また、教員の評価と学生自身の評価をつきあわせることによって、「両者の評価のズレに気づかせる」というやり方も有効だと思います。さらに、「学生自身に評価基準を作らせる」こともできます。藍野大学では、OSCE を行う際に、初めは学生に評価表を見せていましたが、「評価表を見せられると点数だけを上げようとしてしまうので、ない方がよい」という学生の声を受けて、今では学生自身に評価表を作らせています。教員が作成した評価表と大差ないものができあがってくるそうです。学生自身にパフォーマンスの質を評価する鑑識眼を形成する上では、一歩進んだやり方だと言えます。

③学生の学習との関連

OSCEというのは、今の医・歯・薬学系教育では臨床実習を行うだけの能力があるかどうかを判断するための総括的評価として使われていますが、この藍野大学では形成的評価として用いることで、学びを深めるのに生かしています。「OSCEを使って自分の学びをリフレクションさせる」ということから、「OSCE-R（OSCEリフレクション法）」という名前を付けました。1回目のOSCEをやって、その後に4人1組のグループでリフレクションをさせます。そこで、自分たちのOSCE場面のビデオと上級生や教員の模範ビデオとを付き合わせることによって、自分たちのスキル・知識や態度を振り返るとともに、評価表を学生たち自身に作らせます。そして2回目のOSCEを実施する、という流れになっています。

この方法を採ることで、劇的に学生たちが学び始め、想像していたよりもはるかに大きな成果を挙げることができました。パフォーマンス評価は、パフォーマンスに対する具体的な評価なので、このように学生の学習との関連がつけやすく、指導にも生かしやすいのです。パフォーマンス評価を単に総括的評価として使うのではなく形成的評価として使っていくことが重要だと思います。

④評価を通じての同僚性の構築

4番目の課題は、評価を通じて教員どうしの同僚性の構築やFDを促すということです。オルターナティヴ・アセスメントは、評価が「間主観的である」という特徴がありますが、それを逆手にとって、評価において教員間の協働をはかるわけです。たとえばパフォーマンス課題を一緒に作ったり、評価基準を作成したり、共に評価を実施したりしていくことで、評価を通じたFDというものが行えるのではないでしょうか。

実際に藍野大学では、パフォーマンス評価をきっかけに自生的なFDが展開しています（平山・松下，2009）。前に述べたように、OSCEというパフォーマンス評価とそのリフレクションは、大きな学びの変化を学生にもたらしたのですが、そこから今度は、教員の側が「なぜあんなふうに学生が学び始めたんだろう。もっと良くしていくためにはどうすればいいんだろう」と考え始め、自主的にさまざまな研究会が立ち上がって、まさにボトムアップの形で学科のFDが行われています。藍野大学の場合は、医療系であるため、目に見える形でインパクトのある評価を行いやすいという条件が備わっていたとも言えますが、他の学問分野でも同様のことは可能ではないでしょうか。このような形でパフォーマンス評価が使われていけば、評価が単なる評価にとどまらずに、学生の学びや教員の成長（FD）などにつながっていくのではないかと考えています。

きょうは、パフォーマンス評価を中心に、新しい評価のパラダイムについてお話ししてきました。「新しい」と言っても、実際の事例を見ていただければわかるとおり、大学教員がこれまでやってきた評価とかなり共通する部分を含んでいます。こうした評価を、客観性や信頼性が低いとか質的方法に頼っているとかいった理由で一段劣ったものとみるのではなく、まさに「もう一つの」評価のパラダイムとして、教育実践での試みを通じて鍛えていくことが、いま求められています。

文　献

Gipps, C. V. (1994). *Beyond testing: Toward a theory of educational assessment*. Falmer Press.　ギップス, C. V. (2001).『新しい評価を求めて― テスト教育の終焉』（鈴木秀幸訳）論創社.

英崇夫（2004).「進取の気風を育む創造性教育の推進」大学コンソーシアム京都第9回FDフォーラム発表資料.

平山朋子・松下佳代 (2009).「理学療法教育における自生的FD実践の検討― OSCEリフレクション法を契機として－」『京都大学高等教育研究』第15号, 15-26.

国立教育政策研究所編 (2001) .『生きるための知識と技能― OECD生徒の学習到達度調査（PISA）2000年調査国際結果報告書―』ぎょうせい.

松下佳代 (2007).『パフォーマンス評価』日本標準.

松下佳代 (2010).「学びの評価」佐伯胖監修・渡部信一編『「学び」の認知科学事典』大修館書店, 442-458.

McTighe, J. & Wiggins, G. (2004). *Understanding by design: Professional development workbook*. ASCD.

西岡加名恵 (2003).『教科と総合に活かすポートフォリオ評価法』図書文化.

OECD (2004).『PISA2003年調査―評価の枠組み―』（国立教育政策研究所監訳）ぎょうせい.

Rychen, D. S. & Salganik, L. H. (2003). *Key competencies: For a successful life and a well-functioning society*. Hogrefe & Huber. D. S. ライチェン・L. H. サルガニク（2006）.『キー・コンピテンシー―国際標準の学力をめざして―』（立田慶裕監訳）明石書店.

Spencer, L. M. & Spencer, S. M. (1993). *Competence at work: Models for a superior performance*. John

Wiley & Sons. L. M. スペンサー・S. M. スペンサー (2001).『コンピテンシー・マネジメントの展開—導入・構築・展開—』(梅津祐良・成田攻・横山哲夫訳) 生産性出版.

鈴木宏昭編 (2009).『学びあいが生みだす書く力—大学におけるレポートライティング教育の試み—』丸善プラネット.

田中耕治編 (2005).『よくわかる教育評価』ミネルヴァ書房.

田中耕治 (2008).『教育評価』岩波書店.

Wiggins, G. P. (1993). *Assessing student performance: Exploring the purpose and limits of testing*. Jossey-Bass.

知の活用のためのコラボレーション
—認知科学、学習科学を基盤にした新しい学びの創造を目指して—

東京大学 大学発教育支援コンソーシアム 副機構長 三宅なほみ

1．初年次教育のジレンマ

私たち教員は初年次だけではなく相手が小学生でも大学3, 4年生でも、やりたいことは、教えることを児童・生徒・学生に「わかって」「使える」ようになってほしいということだと思います。伝えたいのは究極的にはものごとの「わかり方」であり「使い方」だと言えるでしょう。

ところで私の専門の認知科学から言うと、「わかり方」や「使い方」は、コンテンツ（内容）に依拠します。つまり状況に依存してコンテンツがあり社会との繋がりがあり、体験に支えられて初めて「学んだことの役に立たせ方」を理解できます。ポリアの『いかにして問題をとくか』という本が、最近昔の表紙で復刻されているようですが、そこでも「数学の問題を解くときにはこうだ」という話をしています。そう考えると、私たちは、「わかり方」や「使い方」を教えようという時、私たち自身の専門内容をベースにしてしか、たぶん勝負できないのではないでしょうか。私たちの一番の強みは何か、なぜ私が学生の時間を使って授業をして授業料を払ってもらえるか、それは私の専門性があるからだと考えると、そこを活用して初年次教育ができた方が実りが多くて効果も高い授業ができるはずではないか、と思っています。

授業を1つしか持っていない先生、「それだけやっていれば私は研究して給料をもらえる」という先生は、たぶん今の社会にはいないでしょう。下手をすると1年生から4年生までもっていて、さらにマスターの学生と「どうしても来年博士論文を書かないと困るんです」という学生と社会人を教えているかもしれません。私たちのいろいろな経験則から考えて、いちばん難しいのは、初年次だと思います。学生の過去を知らないからです。どういう人たちなのか情報収集するのに１～２年はかかるというのが、私が大学で教えていての実感です。１～２年かけて、「あなた誰？何知ってるの？ドブってわかる？」みたいなやり取りをしながら、お互いがお互いに「私の強みをあなたにあげる。あなたの強みと一緒にして生かしてよ。で社会人になってからも面白く生きられる力を今のうちにつけようね」という教育をやっていくいちばん難しいところが1、２年生時期だと思うのですが、相手が分からない時には、こちらが一番強くて、恐らく相手は押し並べてそれほど強くない、という状況で勝負する方が話が速いはずです。討論の仕方とか、プレゼンテーションの仕方とか、ものごとの説明の仕方にしてもそうですが、一般にどんなテーマの話であっても通用するもののやり方というのは、「ない」のが普通です。テーマがあって、聞き手や相手が想定できて、その中で自分の言いたいこと、伝えたいことがあって初めてほんものの討論やプレゼンテーションが「やり易く」なるものだと思います。ただ、討論やプレゼンテーションそのものが自分の専門だ、という教員がいる時には、それを一般的な能力として育成できる可能性もあるでしょう。だから、「それについてはできる人たちが引き受けてやりましょう」というのは１つのやり方で、今日のお話の中でもそれは出てきました。それは１つのやり方なのだと思います。初めから、素人の教員にそのやり方を広めて行くことは考えていない。そのテーマについて素人の教員ができることではないからです。

専門領域を厳選すれば、コミュニケーション能力などの名で呼ばれるある意味一般的なスキルを獲得させる初年次教育も可能なのだと思います。ただそれは、そのような一般的なスキルを使うことが専門的なスキルである領域を専門とする教育者がいて、その人の専門性が活かせる形でカリキュラムが組める時なのでしょう。実はある領域で専門家になってしまうと自分がどうやって専門性を発揮しているのかは意識し難くなるものですが、「こういう場面の中でこういうことをやってもらったら、こうなるはずだ」という予測はある程度付きます。そういう専門性を活かして、モノの調べ方なりわかったことの説明の仕方なりについて「こういう場面の中でまずこういうことをやってみて、それでだめなら次は場面をこう変えて、こんなふうな見方をしてみればいいんだよ」ということはわかるので、そういう状況を作って初心者を導くことであれば、案外いろいろな人ができる。このことは１つ、私たちが初年次教育に携わる時に覚えておいていいことかもしれません。

２．「学び」の認知科学

もう少し話を戻して、「人はいかに学ぶか」を、私たちはどの程度知っていて教育をしているのか、という問題を考えてみたいと思います。教育や学習を研究するといっても今までは例えば「問題が解けなかった人が解けるようになりました」など、最初の状態と最後の効果のところだけはわかっていて、その間に起きたことは全部推測する、ということしかできなかった時代も長くありました。それではその過程に何があったのか、プロセスの分析ができるようになったのはつい最近のことです。ですから人が学ぶ過程でなにがおきているのかを、実はまだ私たちはよく知りません。過程の解明に基づく支援の実践・評価は、1999年あたりからアメリカやヨーロッパを中心に広がってきて、2003年に国際学会が作られまして、私もその発起人でしたが、まだ「これから頑張ろう！」という段階にあります。

学びの過程がまだ分かっていませんというと、「その位知っています、私も学んできましたから」という反応が返ってくることもあります。大変大きな会社の会長さんになったとか、非常に国際的に評価の高い実績をあげたとか、ノーベル賞をとったという方に「あなたはどのような教育を受けましたか。どうやって学びましたか」と聞いて、答えを参考にして何かしようという試みもありますが、そもそも人の学び方は非常に複雑なたくさんの要因が集まって相互作用しながら起きる多様なものですので、特殊な効果を上げた人の学びが誰にでもやれるかどうか、同じような効果を持つかどうかは疑問です。さらに言うと、その方たちが語っていることが本当に起きていたプロセスなのかどうか、認知科学的にはむしろそうではないと考えた方が良い根拠がたくさんあります。「あの先生に巡り会えてよかった」と言っていたとしても、実は教室の形だとか仲間が良かったのかも知れませんし、本当に先生が良かったのかもしれない。その辺りはわかりません。本当に起きていたことを話せたとしても、その過程は複雑すぎて、わかりにくい話になるでしょう。何がわかりやすいかというと、「やはり基礎をきちんとやっておいたことが効いたんだ」というような単純で明快な話、いわゆるグッドストーリーです。基礎学力が大事、繰り返しが大事、など私たちは、人が学ぶとはどういうことかについて、なぜかこういう good story をたくさん持っています。でも good story は疑似モデルかもしれなくて、本人はそんなことは全然やっていなかったかもしれないのですけれど、話がわかりやすいし、そう言われればそれができるような気になって実際一生懸命基礎勉強するようになりました、ということだって起きないとは限らないです。疑似モデルは、このように真偽をはっきりさせる手立てがありませんから、なくなりません。

疑似モデルの中に真実があることもある、そういうことを分かっていて、自分はどんなやり方がいいのか、これはやはり自分で体験して少しずつわかっていくよりない、そういうことを大学では体験して、高等学校までよりやりたいことをやってみてうまくいったのかどうか自分を振り返る時間がありますから、自分自身の学びについてのメタ認知にしていく、高等学校までに身に付けた「試験対策型メタ認知」を、実社会で生きていくためのメタ認知として作り替えて行けるような時間が確保できるといいように思います。

3．学習のゴールは人それぞれ

こうやって考えると、もうお話ししたいことはほとんど終わりというような感じもしますが、もう一つ、学習のゴールは一つか、という話をさせて下さい。教育の仕方を考える時に、教え方だけではなくて、学び方、学ぶ人自身の中でなにが起きるかを問題にするようになったのは一つの進歩だとおもうのですが、それでもまだ私たちの中のどこかには「学習のゴールは1つ」だというイメージがあるように思います。ある一カ所にゴールがあって、しかもそれはものすごく遠いところにあって、文化勲章をもらったような人がインタビューされて「私はまだまだです」と言うと、「学ぶ人間は美しい」というイメージになって、「あそこのゴールは私は到達しないけど皆であそこに行く努力をするのが学習ね」というような美談が生まれてしまったりします。私たちは、「学習すればするほどどんどん人は違ってくるし、そもそも最初の出発点が違うんだから相当長いことやったってみな同じ理解をするようになるわけはないし、ものごとはやればやるほどその人らしさが出て来て他の人とは違ってくる」というイメージをあまり学習に対して持っていないようです。実際トップレベルの学者同士、たとえばノーベル賞を受賞した益川敏英・小林誠チームですけど、お互いあれだけ一緒に仕事をしていても二人の結論が簡単に「同じ」になることはなかなかなかったのでしょうね。それであれだけ楽しく続いた。そういう考え方の違いがなければ、毎日毎日あれだけ長い間議論をして、理論を新しく作り替えつづけていくということはなかったのではないかと思います。ひとりひとり、同じようなことを教えてもらっていても、了解の仕方や使い方が違えばそこに、互いの考え方を伝えてみようとするコミュニケーションのチャンスが生まれ、互いに相手のことを理解しようとするコラボレーションの努力を重ねる中で、ひとりひとりがそれぞれこれまでにはなかったような新しいわかり方やアイディアを生みだすイノベーションを経験できるかもしれません。みんなが早目に同じことを同じように了解したら、こういうPISAが要求しそうな活動は却って置き難くなります。それだけでも、みんなが同じゴールに到達しない方がいい、とも言えます。

学習のゴールは１つには決まらないものです。深めたい学生もいるし、適当に付き合っておきたい学生もいる。「理解のゴールはバラバラである」と言ったほうがいいかもしれませんが、理解の形は学習者の数だけあるのが普通です。それを引き受けていくのが、「私の言うことも聞いてみてよね。面白い場所を作ってあげるから一緒に考えようね」という学習の場をデザインする教員の側の特権であり、押しつけであり、という感じがしています。

４．長持ちし、修正でき、成長する知識

では、何かを教える時に、特定のある事実なり考え方をゴールにするのではないやり方があるか考えてみますと、例えば、「長持ちして、修正できて、成長する」ような知識を伝えたいという考え方はできると思います。「知識にとってはポータビリティとディペンダビリティとサステナビリティが大事

です」と言うと工学的ですが、教育というものは、もともと再現性がありませんし、客観科学よりは非常に工学デザインの分野に近い性格を持っています。

先ほどの話ですが、教えたいのは専門領域のコンテンツだとすると、人は、どんな風にして、ある領域の科学的概念を獲得するものか、という学びのモデルに従って、学生が既に持っている知識をこちらの専門領域の知識に作り変える手助けをしつつ、専門領域の知識が大学を出てからも長持ちして、専門領域の研究が進んできたらそれに応じて時々修正、更新もすることができ、社会の中で必要に応じて実際使えるようになって欲しいのだと思います。そうすると、まずそもそも人は日常的になんとなく知っていることをどう科学的な専門領域で言われているいわゆる「科学的概念」に変化させてゆくものなのか、教える立場にたつ人間はその概要を掴んでおいた方が良い、ということがあると思います。

これは、実は学習科学をやっている人たちだけではなくて、発達心理学や認知心理学領域の人たちが「概念変化研究」として、世界中でたくさんの人たちがかなり熱心にやっているテーマです。

この領域でなにが問題なのかというと、子供は生まれてすぐ、日常生活の中で普段の経験から概念を形成します。ピアジェが構成主義的なものの見方を導入して提唱した基本的な考え方です。何かを見て「これはこういうものね」と認識する、たとえばボールを押したらしばらく進んで止まったということから、「物を押すと最初は動いてどこかで止まる」ということを一事例を元に理解します。ですが、多くの場合、こうやって作った日常的な概念と、学校で教えられる「科学的な」概念は異なっています。「基本的に物質は力を加えると等速運動をする」というような話は、見ていることと違うわけですね。ですから、この日常経験に基づく素朴概念をどうやって科学的な概念に変えるか、が問題になってきます。「科学的」というのも真実だとは限らなくて、私たちが今ここで生を受けているこの時代で科学者が頑張ってくれて「わかった、たぶんこれがいちばんいいだろう」というだけの話なわけですけれど、それにしても今その考え方が一番良さそうだ、ということになっているわけですから、みんなが一応その科学的な概念をわかって利用できるようにしておきたい。その方が、おそらく社会的な共通理解に基づいて社会的な営みについてもできるだけ賢く合理的な判断ができるだろう、と考えられるからです。こうなると、問題はどのようにしてみんながなんとなく日常的に作り上げた疑似モデルを科学的なコミュニティの中で了解されている科学的概念に変化させるか、が研究テーマになるわけです。

難しいのは、日常的な概念というものは、状況が支援することです。日常的な概念の例として、「なぜ昼と夜があるのか」という問いに対して「それはお日さまが山の向こうに沈むから。見ればわかるじゃん」というところから出てくるのが日常的概念です。これは非常に頑強です。毎日毎日確かめられるからです。「毎日お日さまが向こうに沈んでるじゃない。今日も沈んだし。おじいちゃんのところに行ってみたら山はなかったけど海の向こうに沈んだし。あ､山じゃなくてもいいのね。何かの向こうに沈めばいいのね」と、とにかく「私は動かなくて、太陽が動いて、夜になったり朝になったりする」ということを、毎日確証している。繰り返し実験をしては確認しているみたいなもですから、どんどん強い信念になっていきます。これをどうやって変えるか、日常経験を超えて「一般的な現象」についての説明、判断、推論を可能にするような科学的判断をどうやって作るか、が、大学を含めて学校と呼ばれる場で引き起こしたい一つの教育の形です。

5．概念変化の4段階

ではどうやって概念が変化すると考えられているのか、たくさんの研究があるのですが、私なりにまとめたものを紹介させて下さい。

私流にまとめたモデルを**図表72**に示しました。最初はとにかく一度見て了解してしまうところから始まると考えられます。なんで夜になるのかな、と考えていたら「太陽が山の向こうに沈んだら夜になった」ということで、このレベル1のところでは「太陽があの山の向こうに沈んだら夜になった」というような非常に具体的な事例をことばで表現しただけのような理解の仕方かもしれません。素朴概念の始まりです。そういうものができていると、その次にはいろいろな経験をまとめて表現する少し質的なパターン記述に

	レベル	例
理論	4．形式理論原則	地動説
	3．説明用モデル	納得できる説明
観察（データ）	2．質的パタン記述	「太陽が何かの向こうに沈めば夜になる」
	1．観察記録	「太陽が山の向こうに沈んだら夜になった」

図表 72　概念変化の 4 段階

なってきます。例えば「おじいちゃんのところでは山の向こうじゃなくて、海の向こうに沈むけど、おんなじことね」みたいな話で、自分の経験の中で、「何かの向こうに沈めばいい」とまとめてしまえる。「太陽が向こうに沈んでお月様が出てきてお寺の鐘が鳴ると夜になるんだ」みたいな説明、これが個人の中でできてくると、少し「概念」っぽくなってくる。ここまでは、個人の、観察ベースで話が進みます。だれでもみんな、その気になればできる、あるいは自然にできてしまうレベルです。ところが、いろいろ本を読んだり人の話を聞いてみたりすると、社会の中ではいろんなことを言う人がいます。「夜になるときは太陽が沈むが、太陽は沈むように見えるだけで実は地球が回っていてね」という話が出てくるわけです。それとの整合性をつけて納得する、というレベルが3のところで、この3番目では他人との関わり合いの中で、さまざまな違う話を自分で整合的に納得できる話にしなくてはならないところです。そして、その納得の対象として、最後には、いま現在の科学者が「一応これでまとめましょう」というコンセンサスをとっている形式論的な原則があり、そこでは地球は自転をしつつ太陽の周りをぐるっと回っているから、昼夜が起きる、ということを科学的に整合的に説明できる理論があって、それをきちんと理解できていると、その知識を使って専門的な仕事ができたり、更にその知識そのものを検討して作り替える仕事に従事したりできる、ということになっています。

1・2で結構苦労してきた学生に4を理解させたい時、実は「手っ取り早くそれができたように見せる」方法があります。「1・2は学生はもうやってきているよね、何をどうわかっているか知らないけど、それをいちいち学校でやる必要はないでしょうね」と考えて、あとは４を、教科書にも書いてあるし、そのまま頭ごなしにわっと「教え込んでしまう」というやり方です。たとえば90分の授業で、当初はオームの公式も知らなかった学生に、最後に「公式を書いてごらん」と言って書かせるようにする授業だったら、誰でもできますよね。「100回書いてみよう」みたいなことをやれば、90分の最後には書いてくれるだろうと思います。１週間先に残っているかどうか、保証はしませんが、その場で「正しい答えを書かせる」ことはできます。つまり４は「形の上では」そこに到達したかのような振舞いを学習者から短時間で引き出すことはできるのですが、その「形」が３をきちんと経ているかどうか、そこが実は、教えた知識が「長持ちして、修正可能で、必要な時に使えるかどうか」にかかってきます。これまでの、特に大学での教え方は、「とにかく正しい概念である４を教えましょう。教えたその場でとにかく学生が分かっているように振舞えるところまではしっかりやります」というところまでを保証してきたと言ってもいいかもしれません。ドリルでもいいですし、プラクティスの繰り返しでも、何でも良いのですが、とにかくこういうことをやる方法はこれまでもいろいろ試されて来て、うまく行く方法もたくさんあります。で、その結果学生はどうなるかというと、答えは出せるがなぜそうなるのかという根拠がわかっていない、という学生が出てきます。試験は通ったけれど、教えてもらったはずのことが卒論では使えませんでした、という話、大学ではそう不思議な話ではありません。学生の学力は入学試験時がピーク、あそこが瞬間最大学力だよね、という話も、こういうところにルーツがあるかもしれません。

こういうことが経験的にわかってきていますので、レベル３をどうするかが問題になってきます。日常的な観察経験に基づいた概念を「誤概念」と言いますが、ではこの誤概念を指摘して、消去してもらえばいいのではないか、という少し安直な方法も考えられるかもしれません。ところが、「あなたの考え方はダメなのよね」と意識させると、すなおに「これはダメなのね」と納得してくれる学生もいないとは言いませんが、それでも大抵の場合学習者のほうが自信を失います。「自分は本当にそうだと思っていたのに違うのか」となって、これが小中学校で理科が嫌いになる一つの原因ではないかと思います。上から「あなたがやっているこれは違うから、それは全部ご破算にして新しいことをしましょうね」と言われるのはやはり嫌ですよね。一生懸命自分が買ってきた衣装を「似合わないから私が買ってあげるものを着なさい」と言われるのは皆あまり嬉しくないので、「じゃ、あなたの前にいなきゃならない時だけその衣装を着ます」みたいな話になって、教えたと思ったことは教室に置いて行かれてしまう。長持ちすらしない結果になりかねません。

もう少し工夫して、メンタルモデルやアナロジーを使う方法もあります。ギリシャの研究者の例ですが、昼と夜が入れ替わるのは実は地球の方が太陽の周りをまわっているからだということを納得して貰うのに、ギリシャでは良く見られる肉を棒にくっつけて、下から火をあてて、肉を回して全体を上手にあぶる装置を使って説明した、という例があります。「回っているほうが地球で、太陽は動かなくても、この肉の上にあなたがいるとすると、火の方を向いている時には昼で、反対の方に回って行った時には夜になっているでしょ」というようなアナロジー、いわば日常的に何度も見て知っていてうまい橋渡しをしてくれそうな知識とつないで4へ持って行こう、というやり方です。これは上手くいくときは非常に良いのですが、ヒットする学生が限られます。ちょっと見方が違うとヒットしなくなってしまうので、研究としては「アナロジーを自分で作れるようにするにはどうするか」というような方向にどんどん進んでいきます。それはそれとして、人の賢くなり方の解明としてはとても興味深い研究ですが、教室の中でうまくいかせるのは難しい、という難点があります。

こういう経緯の中で、いろいろなところで試されるようになってきたのがのがPBLであり、コラボラティブ・ラーニング、協調学習です。もともとレベル3は、いろいろ世の中に流布している考え方を、科学者が言っていることも含めて、自分の考えと比較吟味して統合しましょう、というレベルな訳ですから、素直に今科学者や社会が関心を持っている課題をいろいろな角度から解いてみたり、いろんな考え方を集めて来て、それを全部まとめたらどうなるかを、学生自身に考えてもらったらいいんじゃないか、という、案外素朴な考え方です。

学生たちが「こういうものなんじゃないか」と思っている、学習者が持っている基本ベースはまず尊重します。彼らはその知識が知識として成り立つ状況というものを持っていて、そこから作ってきた知識なわけですから、それはそれで尊重しようと。1人ひとりがわかっていることは違うということを尊重したうえで、「でも私はレベル４の内容を教えたいのよね」というときに、本人が１人ひとり違う形でレベル１・２と４を繋いでいく納得を作るために、本人が自分自身で自分に説明するときに納得のできる説明ができるような、そういう活動を学習者中心で作っていこう、というわけです。このためにPBLがあり、協調活動があるというふうに私は位置づけています。専門教育の第一歩として何をやるかを決める時、先生が教えられるコンテンツの中で１年生にどんな概念変化を起こしたいか、そのときにどういう課題がいいはずか、どういう協調がいいはずか、ということを判断する時の基準として、大学の専門領域で必要な初年次教育として引き起こしたい概念変化はどんなものかを検討することが一つのヒントになると思います。それがうまく行くはずだというのはまだ仮説ですけれど、そういう枠組みを作って、やってみて、その効果がどうだったか、というデータをためこんでいけば、だんだんいろんなケースが出てきて、そこから私たち自身がある程度一般的に通用する学習理論、あるいは少なくとも有効な経験則を持てるのではないかと考えています。

ここで協調的な過程を使う場合、それで説明モデルが納得づくで作れるはずという根拠としては、「建設的相互作用」と呼ばれる考え方を参考にして頂けると思います。人には自分が何かをわかってくると、他の人に説明したいという基本的な動機付けがあります。大学教師が講義好きなのはほとんどこの理由に依るかもしれません。「わかった。説明したい」と説明して、うまく説明できて、ついでに相手がわかってくれるとすごく嬉しいものですね。敵が本当にわかったかどうかは実は不明です。わかってくれない人の方が、本当は多いはずで、どの話にしても100％賛同なさる方ばかりだったら社会として成り立たないですね。で、説明すると、大抵の場合、相手は納得せずに、別の視点を提供してきます。わかっていない人は当然「お前の説明はわからない」と思っているだろうし、わかっている人は「今頃何を言っているの？」と思っているでしょう。そこでお互い「なんでこの人は違うことを言うの？」

と考え始めると、大抵の場合人は「私のわかり方のどこがまずいの？」と自分のわかり方に戻って行きます。小林・益川ペアのような科学者同士の対話も原則そういうものですし、小学生もそうです。「うちの子が『なぜ？なぜ？』と言うようになった」というときに、お母さんはやっぱり賢くなるチャンスです。「どうしてこれはこうなってるの？」と言われてはじめて答えを考えて、「あら、私もよくわかっていなかったわ、おもしろいわね、子供が寝てから実験してみよう」なんてことが起きて、それでわかって来たら説明したくなりますし、しかも子供がわかりそうな答えを適切に考えるのは結構難しいので、あの時期に科学者になる母親がいても不思議はないです。

この過程に近いことを引き起こす実績のある学習環境デザインがあります。1人ひとりの学習者がそれぞれ少しずつ違うことを学んで、自分の知っていることや学んでいることを互いに説明し合う。あるいはグループに分かれて同じ問題を解いてみると、少し込み入った問題だとグループ毎にそれぞれ解き方が違うというようなことが起き得ます。そうしておいて、周りの人と解き方や答えを比べて「そうなのね。私は8割OKだったけど、ここに○○さんが言っていることを組み込んで少し変えてみると、もう少しまともな感じになるのね」というようなことを繰り返していく。これがうまく行くと、1人ひとり、自分でわかっていたレベル2までの理解を、自分で納得のいく形でレベル4に昇華させる可能性が出てきます。これが起きるような形でグループ活動を作れればいい、ということになります。

6．ジグソー法

具体的な形を一つ、紹介します。ジグソー法と言われる、これは既に良く使われているやり方を、レベル3の概念変化を引き起こすために適用できる、という例です。

まず、コンテンツをPBLのPだと思ってください。例えば、中学2年生の理科で今、「海面レベルが1気圧であるときに、そこでお湯を沸かすと100度で沸騰する。高い山の上では沸点は100度より高いか低いか」という問いに、自分なりに納得できる答えを出すことが、協調過程を使ってじっく

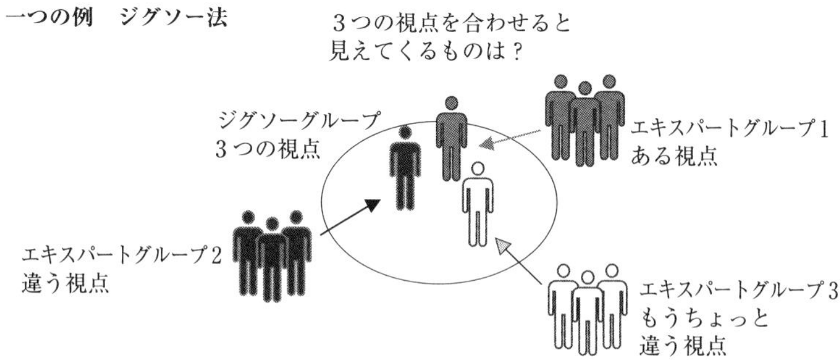

図表 73　ジグソー法

りやっておいて価値がある課題だ、と先生たちが決めたとします。そうしたら、その準備として、この課題に答えを出すのに必要なことで、しかも生徒が既習か、今丁度勉強しかけているところだから資料等を読んで自力でわかるだろう、という程度の要素を３つくらい、準備します。そして、その中にある１つの視点をとる生徒たち、別の視点をとる生徒たち、もうちょっと違う視点をとる生徒たちにグループを分けます。例えば、１つのグループには「水の三態変化ってやったよね。どんなふうな分子構造だったっけ。もう１回復習してみようね」と問いかけてヒントになる資料を渡す､2 つ目のグループには「山の下と上とで気圧が違うね、どうちがうのだろう」という問いかけと、ヒントになる資料を渡す、そして３つ目のグループには「85 度くらいの水を密封してその中の空気を真空ポンプで減らしてゆくとどうなる？」というような問いと答えを出すヒントを渡します。こんな風に、最初の問いに答えるために必要な要素をみんなに分担した上で､それぞれのグループに、「今みんなが調べてくれていることを３つ合わせると、さっきの問題に答えが出るはず。だから、今渡されたヒントをグループでしっかり確認して、後から他のグループの人にきちんと説明できるようになってね」と頼みます。**図表 73** の円の外側、この段階を示していて、この活動をエキスパート活動と呼んでいます。最近学校の先生を相手にこのやり方のワークショップをやるようになったのですが、その時参加した先生方から、「そんなに急にエキスパートになる訳がない」とのコメントを頂いたので、「即席エキスパート活動と呼ぶ方がいいかもしれません。

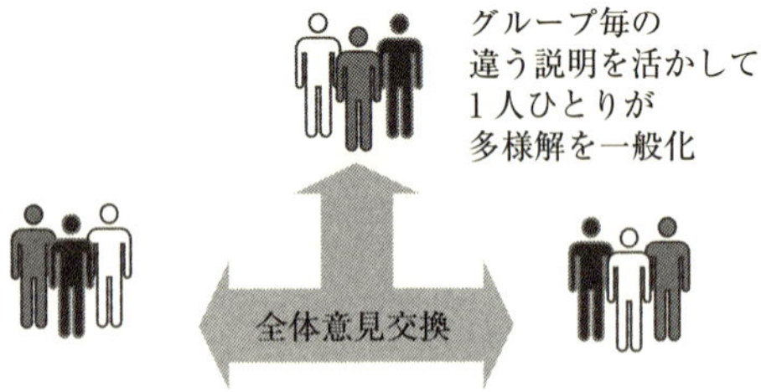

図表 74　クロストーク

その後は、それぞれのグループから1人ずつ出て来てもらって新しいグループを作り、「さあ山の上の沸点は100度か高いか低いか」、そしてここが大事なのですが、「答えを出すだけではなくて、どうしてそう考えたのか、なぜその答えでいいのか理由も言ってね」というところに話を持っていきます。それぞれ異なる視点を統合して、納得できる説明を作ってレベル3をクリアして、というわけです。これがジグソー活動で図73の中央の状態です。そして、それぞれのグループが「大体わかった、100度より低いみたいだね」となったら、あとは説明を交換してもらいます。これをクロス・トーク、と呼んでいます。図で表すと**図表 74**のような感じになります。こういう名前を付けておくと、繰り返しやっているうちに学生の方が今何をやっているのか、名前でよぶことができるようになって、便利です。

このクロス・トークをやる時、そう急に科学的な公式などにたどり着くわけではもちろんありませんので、各グループともことばで説明するわけですから、説明はそれぞれのグループで必ず違います。小学校でも大学でもどこでも良いですが、「自分たちのグループはこういうふうに思いました。理由はこうです」と発表してもらった時、全く同じ説明が2つのグループから出てきたら、やはりそれは奇妙ですよね。実際にはそんなことはありえないので、教員のほうは安心して、各グループからは違う説明が出てくると思っていて大丈夫なのですが、学習者のほうにしてみたら「違う説明がある」ということが面白かったりします。大変うまく行くと、それぞれのグループから出てきた説明をまた個人が統合したりする活動が自然に起きたりもします。だいたい1週間くらいたってから、「あなたはどの説明をした？」と聞くと、実際に自分がした説明ではなく、「これがいい」と思った説明を自分がしたと思っているのが人間だったりもします。これは簡単な仕組みですが、こんな風にして、いろんな見方を取り入れて統合して、１人ひとりが自分なりに納得しようとする活動を引き起こすことができます。

７．ジグソー法の実例から

現在、私が仕事をしている大学発教育支援コンソーシアム推進機構というところで、小さな町の教育委員会を通して小学校でジグソー法を実践して頂く、という試みも始めています。宮崎県五ヶ瀬町というところでは、地域ぐるみで大変面白い教育体制を作っています。廃校にされそうな小学校が４つと中学校が２つあるのですが、簡単に統廃合すると全体の教員の数も減り、教育の質が落ちる可能性があるので、町の教育委員会でバスを買って、必要な時には子供たちと先生を一つの学校に集めて人数をたくさんにして大きなクラスで授業をするなどの工夫をしています。この五ヶ瀬町で「協調活動をやってみたい」という先生に、メールで「課題はどうしますか。どういう資料の組み合わせ方にしますか」など先方の希望を聞き、たたき台を作って頂いて、「それはこのようにしたらどうでしょう」などのやりとりをして、ジグソーは初めてという先生にやってもらいましたが、うまく行きました。課題は、先ほど例に使った「高い山の上の沸点は？」というものです。

45分授業の最後に子供たちがまとめたものを紹介します。「山の上で気圧が低いと飛び出しやすくなるから、100度より低くて沸騰する」。なんだか説明としてはどこか抜けているように感じられるかもしれませんが、本人の理解はこうなっているのですね。わかっていることを全部ことばで説明するのは、難しいことですから、ここで表現されている以上のことがわかっている可能性も高いです。この中学生は､これを次の授業にもっていける可能性､後から聞いたら、覚えている可能性も高いです。ここで、先生が、説明がなんだか怪しいからと言って「気圧が低いと、というのはわかるけど、どうして低いの。何が飛び出しやすくなったの」と一所懸命直してやっても、直したものは本人が作ったものではないので、残らないでしょう。むしろ、こういうことを何度もやっていくうちに、だんだん説明の仕方そのものが本人にとってしっかり納得できるものになっていきます。このようなまとめ方は、生徒によって異なる理解の仕方です。どの程度、どうわかっているかということは、1人ひとり違うわけで、私たちはこのような言説の中で、「この生徒はここがわかっているから、これだけしゃべれる」ということを理解して行く必要があります。それができるためには、人の知識の構造やわかり方についての理解というものが必要になるでしょう。認知科学や学習科学という研究領域は、そこのところをもっと明らかにして行くべきだ思っています。このジグソー活動では、「なぜ沸騰するのかが不思議」という感想がでてきました。ジグソーは初めてという先生の、一回目の実践からこのような感想が出たのは私たちにとっても驚きでした。というのは、質問というのはある程度対象領域のことがわかって来ないと出てこないものなので、このように「説明にはなかった先の疑問が出てくる」ことを、私たちは、授業がうまくいっているかどうかの1つの判断基準に使っているからです。こういう次の疑問が出てくるのは、学びが継続するために必要なことですし、良いことです。少なくとも「なぜ沸騰するのかって不思議だなあ」と思って教室の外に出てくれたら、これはその生徒の中に残ると思います。少なくとも興味は持続するでしょう。この疑問、実は深い疑問です。なぜ水が他の物質とはまったく違う100度という沸点で沸騰するのか、そもそも沸騰とは何か、という問いは専門家でも答えるのが難しい問いです。

他の感想としては、「自分たちで答えを求めることができてよかったです」とか「よく出そうな問題だけど理由がよくわからなかった。今日わかってよかった」などの感想が出てきました。そういう意識をもって、「次にもう1回こういう授業をやってもいいよ」と生徒が言ってくれるのは、大事なことだと思っています。

8．ジグソー型の授業を組むコツのようなもの

ジグソー型の授業には、いくつか、協調活動を引き出すためのコツのようなものが潜んでいます。まずエキスパート活動ですが、一人ずつは部分を担当します。これについて「3つの説明を先生が5分ずつでやっても同じじゃ

ないか。自分で調べて話すとなると皆中途半端なことを言うかもしれないので、それよりも教員が３つしっかり説明して統合させた方が確実じゃないか」と思われるかもしれないのですが、実際比べてみると、３つの説明を順番に聞いて「ではこの３つを合わせてごらん」と言われたときに、合わせる活動というのは実はとても難しいものです。何が起きるかというと、「皆同じことを見ていたはずだから、私が見ていたことはとなりも見ていたよね」となって、つまり人間は自分が知っていることは他人も知っていると思いこむ傾向がありますので、いちいちもう１回先生のした説明にへ戻って吟味し直して、「どういうことだっけ？」と考えるチャンスはなくなってしまうことが多いです。それに５分ずつで出てきたりしたら、３つ全部を一気に理解するのも結構大変です。それよりは一つに15分かけて、自分のところだけを人にしっかり話す準備をしてもらうほうが、確認や再吟味、説明するためのわかり直しが起きるチャンスが増えます。そして、ジグソーという人工的に１人ずつのわかったことを組合わせるという状況を使って、「私」がそこについて、「私」の意見を伝える権利と義務があることをはっきりさせます。むこうのグループとは違うことをやっているから、他の人に説明するには、自分が説明しなければいけないということが、状況によって支えられているわけです。

このエキスパート活動は協調活動の基盤で、ここがいちばん準備が難しいところです。グループをどういう種類に分けるのかということについては、本当にプロの智慧が要ります。うまく統合できない３つに分けたらうまく行きません。原理的にはなんだって繋がりますから「問題を読みます。Wikipediaから好きな頁を引いてきて３つ繋いでごらん」という授業もやろうと思えばできないことはないですが、これは松岡正剛流の編集工学が必要なレベルです。専門領域の、しかも初年次で基礎的なことを理解してほしいという段階であれば、今述べたような形で、「この課題を解いて欲しい。理由もちゃんと話せるようになって欲しい」という時には、相手に合わせて問いに答えるために有効な部品を揃える必要がありますし、部品の数が３つなのか４つなのかも良く考えないといけません。たとえば６つでやるとうまく行きそうだという課題があったとしますと、交換するだけでかかる時間が違ってきますから、２コマかける工夫がいるかもしれません。どのような部品を組み合わせて、どんな課題に答えをださせるか、そう言う課題をいくつ、どんなタイミングで一連の授業の中に持ち込んで、全体としてどう統合させるか、という判断はプロの仕事になります。協調活動をデザインするならやはりそのコンテンツのプロがチームの中にいる必要がある、あるいはプロが、自分自身の専門領域をまずは対象にして協調的な活動をデザインすべきと私が考える根拠の一つがここにもあります。

ついでジグソー活動ですが、これは不思議と楽しいようです。エキスパート活動のときには、他の人が一所懸命議論しているのをじっと聞いていた生徒が、ジグソー活動では、1人で自分のグループについて大きな声で説明していたりする、というのは良くあることです。「自分1人が知っていて、他の2人は知らないことがある。自分が伝えることがある」という状況はものすごく人工的ですが、それがこのジグソー活動の中では保証されています。そして、このときにケチなことはせず、使った資料や道具は全部持って行って話をして良いよ、ということにしますので（実際科学者がこれをやる時に資料をケチったりはしませんから）、1人が「ここのところがよくわからなかった」と言いだすと、違う資料を読んでいた2人がその人の資料を読み直して一緒に考えるということが起きたりします。それはそれでメリットがある活動だということが、協調過程の研究からもわかっています。

ジグソー型の授業ならなんでもうまく行くような話をしましたが、この協調的に学ぶ学び方そのものは、どうも人が自然に身につけている学び方ではないようです。大学生対象にやってみると、最初からうまく行くわけではないことも多いです。「もらった資料を読んだほうが速くて正確じゃん？」みたいな疑問が起きるようで、最初の内はジグソーグループでもあまり長い説明をしないで、3人知らない同士だったりすると話をしにくいのか顔を見合わせてそれぞれもらった資料を回して読む、なんてことも起きます。しかし何回かそれをやっていくうちに、「やっぱりお前がわかったわかり方で説明してくれたほうが、いちいち紙を読むより面白いんじゃないの」となってくるものです。このあたりは少し辛抱が必要で、これを楽しくやってくれるようになるには、しばらく時間がかかります。このやり方にはどうしてもなじめない、という学生も当然います。そうなったら、その学生には別の学び方を提示できるのが大学教員の責務でもあるでしょう。でも、ジグソーですと、1人なら話さざるを得ないですし、話す中でわかってゆけることも多いです。お互いに知らないことを話していることが見えていますから、「それは何？」というのも聞きやすく、活動をしている中で自分たちの調べてきたことをもう一度確認することもできます。こういう活動は、使えれば社会に出てからも役に立つものですし、自分が得意とする領域で、コミュニケーション、コラボレーション、イノベーションと、OECDのようですが、そういう21世紀型の認知スキルを伸ばすとてもいいチャンスにもなります。

9．多様であることへの気づき

最後のクロス・トークでは先ほど話したように、各グループでジグソーした結果は多様であることへの気付きが必ず起きます。理解の多様性、いろんなわかり方があるということを、1人ひとりの学習者がわかっていきます。そのわかり方を吟味していって、その中のいいとこ取りをしていくことも起き得ます。「人はお互いにわかったことを交換しながら、自分の理解を作っていく」という理解ができあがれば、それは社会生活で役立つスキルになり得ます。協調活動と課題解決活動を組み合わせて、専門的な知識の中で、学習者が日常的に今まで持っていた知識をベースにして、科学的な概念形成に引き上げていくことが一つの教育場面の作り方なのだとすれば、私たちは自分の専門領域について、どういう部品を組み合わせてどのように積み上げて今の理解に達しているのかを検討し直してみる、というようなところがその本当の出発点になるのかもしれません。

日本における初年次教育10年を踏まえ、次の展望は

同志社大学 社会学部　山田礼子

1．初年次教育の展開の軌跡

私ども、ずっと初年次教育に携わってきたものが中心になって、2008年3月に初年次教育学会を始動させました。2008年11月に玉川大学で第一回目の学会を開催しましたが、今日の話はそのときに行った基調講演が基本になっています。初年次教育学会にお越しいただいた方は耳にした内容かもしれませんが、若干内容は変わっていますし、それ以降ずいぶん海外に行って、初年次教育が変わってきていることも実感していますので、そういうことも踏まえてお話しさせていただきます。

今日の話の構成は、初年次教育の展開の軌跡、初年次教育の現状と課題、初年次教育学会の役割と課題、初年次教育の新たな展開に向けて、という流れで進めます。学会をはじめとして、ここにいる先生方、初年次教育に携わっている方々が、どのように初年次教育の展開をしていけばいいかということを考えていきたいと思います。

今日は河合塾の調査、そしてその後に続く三重大学と名古屋商科大学の事例の話を聞いて、いろんな意味で初年次教育が急速に広がり、中身もずいぶん高度に開発されてきていることを実感しました。私が初年次教育に携わった10年以上前は、本家本元のアメリカをモデルとしましたが、そのアメリカを凌駕するような勢いで日本の初年次教育は広がっているのではないかという気がします。広がりの背景としては、大学進学率がとにかく急激に上がってきているということがあり、2008年には55％になりました。アメリカはだいたい60％～65％ですが、長い時間をかけてこれを達成してきています。日本の場合はそのスピードが非常に早いのです。そういう早いスピードで進

学率が大衆化段階を超えてきましたので、政策的側面も急激に変化しています。大学がより教育を重視する場へと変革させるような政策が存在して、それは2008年の中教審の答申で、はっきりと示されています。その中で初年次教育が「初年次教育プログラム」として言及されていることにお気づきの方も多いと思います。初年次教育のプログラムということになると、それは従来の初年次教育、あるいは初年次セミナーという単体の授業として存在していたものではなく、学士課程教育の一環の中でプログラムとして考えていくことが大事になってきているわけで、これは大きな転換点だろうと思います。そうなると当然、社会から求められる教育効果の提示ということにも繋がっていかねばなりません。そこで、ラーニングアウトカムという学習成果評価導入の動きもありますので、その中にどのように初年次教育の効果、成果を繋げていくかということが、教育現場にいる者の、また実際に研究している者にとっても、大きな課題であることは間違いないのではないでしょうか。

振り返ると、1996年当時に私が在籍していた大学で、そのときの学長先生が、「自己の実現」という、当時としては非常に斬新的な初年次教育を必修科目として、それを心理系・教育系の複数の教員が担当することになりました。日本にはほとんど先例がなく、いろいろ探した結果、アメリカのUSC（University of South Carolina）にある研究センターが先行事例を持っていました。そこでは「1st year experience あるいは Freshman　Seminar」というような担当の科目がありましたので、それを先行事例として参考にしながら、作っていくことにしました。そういうなかで2000年頃に、仲間たちと一緒に国際初年次教育学会に参加することになりました。そこでアメリカの初年次教育を構築した始祖といってもいいような方々、ジョン・ガードナー氏、ベッツィ・ベアフット氏、スチュアート・ハンター氏、ランディ・スィング氏という方々と邂逅することができました。ジョン・ガードナー氏は当時すでにUSCを離れており、ベアフット、スィング氏とともにノースカロライナに初年次教育政策研究センターを作って、そこで主に初年次教育の研究と、グッドプラクティス（良好事例）を開発して見つけて、それを全米に広げていく活動をしていました。ガードナー氏は、1978年にアメリカのUSCで初めて初年次教育を作り、実際に授業で展開していった方で、アメリカの初年次教育は個人的な活動を基盤に全米に広がっていったという歴史があります。当時アメリカが行っていた初年次教育は私にとっても衝撃的であったし、日本にまったくそういう発想がなかったものですから、非常に参考になりました。そういう状況の中で、個人的にもそして組織的にも、初年次教育の研究および実践を開始していった次第であります。

2001年から2003年にかけては、日本においてもユニバーサル化がどんどん進むなか、より多くの大学が初年次教育を導入し始めるようになってきました。しかしながらリメディアル教育は初年次教育の類型として認識されるなど、概念が未整理でした。とはいえ当時の約8割が初年次教育を（導入教育と言っているところも多かったですが）、授業として実施していました。ただし、初年次教育という言葉はもともと「初年次セミナー」という言葉になるように、少人数教育が基本ですが、当時は大きな概論クラスなども初年次教育として扱っていたことが特徴だったと思います。2004年以降は初年次教育の概念が整理されて、今日、河合塾から「初年次教育の定義づけ」という概念整理の図が提示されていましたが、それがされていくようになります。そこで、初年次教育とはいったい何かということですが、基本的には移行期支援としての初年次教育です。高校から大学に進むと、学びのスタイルも学びの到達点も変わっていきます。キャリア教育も含めて、「高校から大学の転換期あるいは移行期を支援していくのが初年次教育である」という流れが定着してきました。その急速な展開は、設置形態や学問系統を問わず、より多くの高等教育機関で普及していることからもわかります。

そして、急速な展開ということを考えると、私が最初モデルにしたアメリカはどうなのかということを考えなければなりません。昨年7月に国際初年次教育学会がモントリオールで開かれて、3年ぶりに参加しましたら、ずいぶん変化がありました。今日ここで初めて申し上げますが、河合塾の調査も含め今日のいろんな報告を聞いて新たに認識しましたが、日本のほうが教員の意識として、初年次教育に非常に期待していると同時に、そこに重点を置いています。アメリカの場合は、実は初年次教育に携わっている方々は、基本的に専任は非常に少なく、日本でいうと特任あるいは非常勤、あるいは職を持つまでの大学院生などが最初のスタートアップとして関わっていることが多いのです。日本のように多くの大学で専門学部の中で、それこそ全学出動体制とか全学部出動体制ということがあるように、教員が責任をもって取り組むということについては、日本のほうが優れているのではないかと思います。同時にもう１つ、日本とアメリカを比べたときに、高校と大学の学びの内容や接続性に大きな差がありますから、このようなことになってくるのかもしれないということも申し上げます。その辺りは後で説明します。

２．初年次教育の現状と課題

過去10年の歩みを振り返ってみます（**図表75**）。丸善から2007年に『初年次教育ハンドブック』を、私が監訳いたしましたが、たくさんの初年次教育の同胞の研究者あるいは実践者とともに訳しました。そこでの枠組みを、日本の初年次教育の過去10年間の進展にあてはめてみたいと思います。まずこのハンドブックの中には、大学初年次に関する、学内・国内・国際的規模での議論と活動が増大したことが書かれています。それを見ると、先ほど申し上げましたように、日本の中でも概念の整理と混乱の収束は、ある程度できていると思います。また初年次教育導入に関しては、「普遍化・拡大化」

『初年次教育ハンドブック』（丸善、2007）のあゆみの枠組みを日本の初年次教育にあてはめてみると、

大学初年次に関する学内、国内、国際的規模での議論と活動が増大した
- 概念の整理と混乱の収束
- 初年次教育導入の普遍化、拡大化　分野に関係なく導入
- 初年次教育は日本の高等教育界の意識に根付く
- 初年次教育に関する研究者が様々なディシプリンから参入
- 初年次教育がプログラムとして大学内に位置づけ
- 学内での初年次教育普及を支える教育系センターの増加

初年次教育の実施率（%）

	人文系	社会系	理系	その他	計	
2001年	76.1	84.9	86.7	73.2	80.9	*
2007年	96.7	96.3	98.0	96.2	97.0	

*.＜05

図表75　初年次教育過去10年間のあゆみ

ということが見られて、分野に関係なく導入されています。

2001年の調査では全体で8割が実施していますが、分野別に見ると、初年次教育の導入率には比較的差があります。しかし2007年は、これは国立教育政策研究所のグループと私どもで行った調査ですが、97%で、分野に関係なく拡大・普遍化していることがわかります。ここから、初年次教育は日本の高等教育界の意識に根付いているということが言えます。そして初年次教育に関する研究者がさまざまなディシプリンから参入しています。これも非常に特筆すべきことで、私ども初年次教育学会の会員は、本当にディシプリンがさまざまであります。理系の先生もいれば、社会科学系、心理系もいて、職員の方も入っていたりします。初年次教育に関する研究者はさまざまなディシプリンから参入していることが、この10年間の歩みの中の大きな特徴です。それから先ほど申したように、初年次教育がプログラムとして大学内に位置づけられています。これは今日の三重大学の事例を伺っても、副学長自らが発表されているわけで、つまり大学の中で、1つの学部あるいは関心のあるグループとして初年次教育を展開しているのではなく、大学の方針として展開していることがわかります。そして、学内の初年次教育普及を支える教育系センターが増加してきています。私学においては、なかなかそういうセンターが作られているところが少ないので、学部単位というようになる場合もありますが、国公立系ではやはりセンターが中心になって、教養教育と関係しながら、全学の共通教育として初年次教育を推進する体制が組織化されていることがわかります。

次の枠組みとして、「初年次生の成功を導くために考案された取り組みが導入され、改良された」という点を見ていきます。実はこの10年の間、初年次セミナーそのものが多様化しています。内容も多様化していますし、その中身の度合い、たとえばレベルに関しても多様化しています。専門教育と初年次教育の連携を考えると、これはむしろ「専門への導入」ということで、導入教育とも考えられます。または、「総合化された初年次教育」というものも、若干ですが登場しつつあります。

それから学びへの支援とアクティブ・ラーニングの導入です。日本のこの10年の中で最も進展があったのが、このアクティブ・ラーニングの部分だったのではないかと考えています。外部資金に関連する GP 関係がいろいろあり、ただしこれは昨年度の仕分けによってかなり減少しそうな感じですが、仕分け以前には GP が非常に大きな教育改革の励みになってきたところがあります。そうした今までの GP の取り組みに関連して見ると、初年次教育を競争的資金の GP に申請する大学が非常に増えました。ただし、普遍化・拡大化したために逆にレベルが上がって、採択数はそれほど多くないという特徴もあありります。これは新たな課題を提示していて、実際の個別の大学は非常に良いものを作ってきていますが、それをもとに外部資金を獲得することは、この分野では結構難しくなってきたのかという感じもします。

図表 76 は、今申し上げた GP の申請プログラムの分類です。これは実績のある GP ということで、「特色 GP」を使っています。これは実数をキーワードで分類したものなので、正確でない部分もありますが、「体験型学習」「初年次・導入教育」「キャリア教育」「外国語教育」といったところが、特色ある教育支援プログラムの申請プログラムに多いことがわかります。

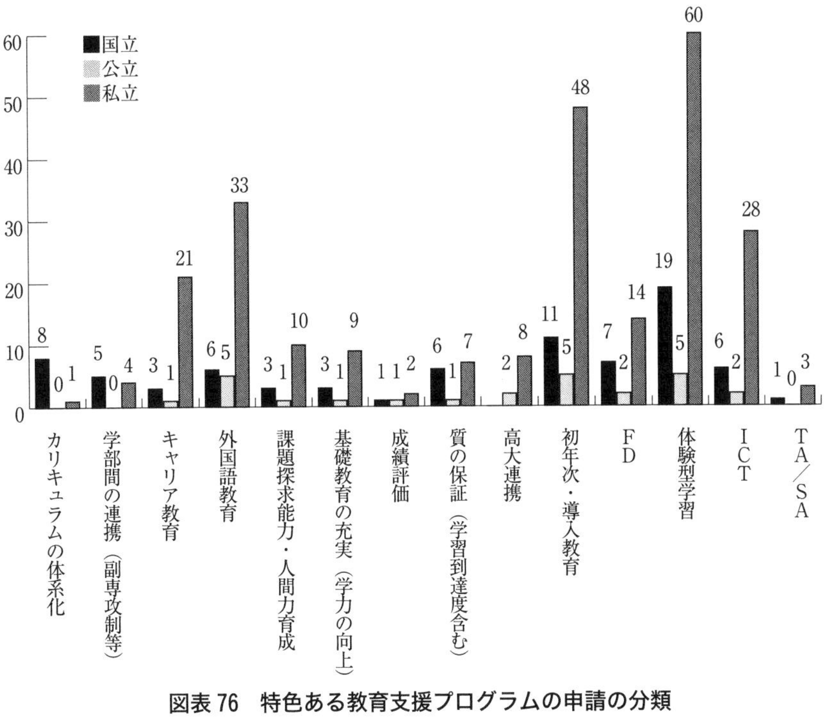

図表 76　特色ある教育支援プログラムの申請の分類

次に、「大学初年次に関する研究と学識が拡大した」という点を見てみます。これは先ほどのアクティブ・ラーニングに関わってくることですが、初年次教育に関するマクロ、ミドル、ミクロベースでの研究も蓄積されつつあります。たとえば理論、方法、評価、効果、学生の成長、適応、アイデンティティ、教授法、スタディ・スキルズの獲得といったところが、いわゆる研究の領域に入ってきますが、こうした点でのいろんな研究が徐々に蓄積されつつあります。ただ、飛躍的に増えているというような状況ではまだありません。

次に、初年次教育の教授法に関する学識が拡大しているということです。アクティブ・ラーニングの中には、PBL や体験型で使っているプレゼンテーション、プロジェクトなどが入ってきます。それから、意図的にコミュニティを作るというラーニング・コミュニティ。こういうものも大学によっては作られているかと思います。ただこれは後で申し上げますが、なぜアメリカでラーニング・コミュニティが進展してきたかということは、日本とは少し別の文脈で考えねばなりません。その辺りは私も非常に責任を感じているところですが、アメリカの学部構造について声高に言わなかったものですから、日本の中でラーニング・コミュニティという概念がそのまま使われてしまったところも若干あるかと思います。

3．授業の重視

今日の発表を聞いても、いかに大学の先生方が授業を重視しているかがわかりました。たとえば名古屋商科大学の事例ではマニュアルを使ってバラツキがないようにするなど、気を配ってきちっと授業を運営するようになってきていることがわかると思います。**図表 77** は初年次教育の中で、実際にどのようなことを重視しているかを集計したものですが、オリエンテーションやガイダンスをはじめとして、情報リテラシー、スタディ・スキル、専門分野への導入、キャリアデザイン、教養ゼミや総合演習など学びへの導入、スチューデント・スキル系、自校教育など、授業の中でこうしたものを教える大学が、国公私立を問わずに増えてきていることがわかります。

これをまとめてみると、授業としての初年次教育では、オリエンテーショ

初年次生の成功を促す取り組みにおいて、授業がより重視されるようになった

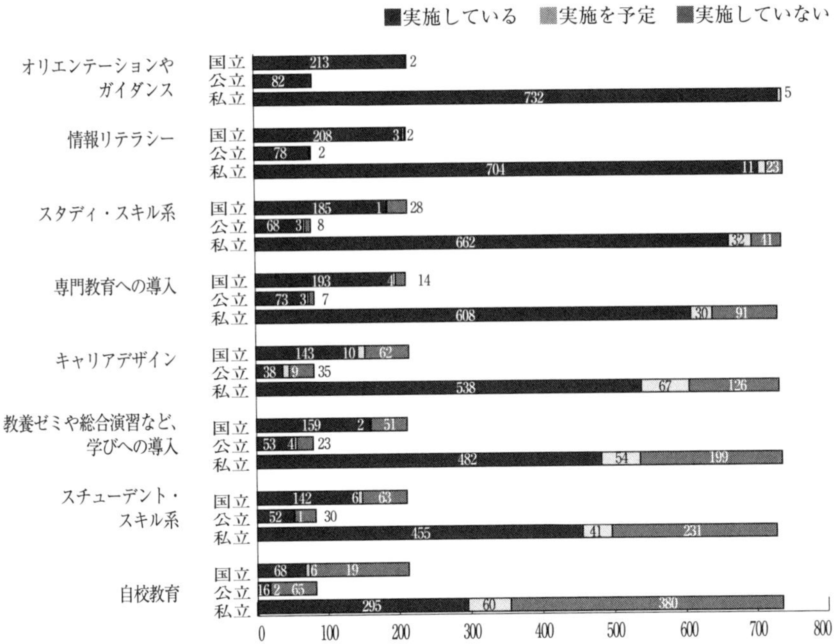

国立教育政策研究所「大学における初年次教育に関する調査」集計結果から見る実施状況

図表 77　初年次教育における実施項目の状況

ンやガイダンス、スタディ・スキル系、情報リテラシー、専門への導入などは、初年次教育の内容としてほぼ定着しています。スタディ・スキル系、情報リテラシー、専門への導入、学びへの導入なども正課内での初年次教育として位置づけられています。特に「学びへの導入」というものは、今日の名古屋商科大学の事例も、学びへの導入と非常に関連が深い内容だったと思いますが、これは特にこの５年くらいの間で増えてきた新しい領域で、そのなかでキャリアデザインにどう関連づけていくかという視点も入ってきています。ただ、まだ日本の中でも、学びへの導入を専門に研究していたり、実践してきた事例も多くはないので、これからどのように中身をさらに詰めていくかということが、多くの大学の大きな課題かもしれません。

スチューデント・スキル系は、先日も「京都大学がスチューデント・スキルを重視した初年次教育を展開していく」ということが、先にメディアで報

道されてしまいましたが、中身はまだ詰まっていないと伺いました。このスチューデント・スキル系というものも、日本の中では、どう組み立てていくかということは簡単ではありません。スチューデント・スキル系というのは、マナーや薬物の問題、精神的な問題などになってきますが、それを正課内でどう組み立てていくかということについては、正課内と正課外が連携しない限り、効果をあらわすのは難しいかもしれません。

自校教育、これについては私学は建学の理念・ポリシーにつなげて、比較的組み立てやすいところがありますが、国立大学などでも、大学の歴史などを学長や学部長などが中心になって、初年次生を対象に展開しているところも増えてきています。自校教育は、元日本教育学会長の寺﨑昌男先生がずっと言ってこられたことですが、「学生を大学というコミュニティに帰属させる意識を醸成することに効果的である」と言われています。私が 1996 年に USC の初年次教育の内容を見たときにも、それがすごく色濃く出ていましたが、その当時はわかりませんでした。「サウス・キャロリニアン・クリード」という教科書が作られていて、サウスカロライナ人としてのクリードという中身なのですが、どうしてこういうものに非常に多くの時間数を使っているのかというと、やはり「大学への帰属意識を強めることで、学生たちが学びに円滑に移行していく」という理由があったのです。大学に入学しても、その大学が嫌いだったらうまくいかないわけですから、そこを基本として作り上げていったということになります。そこで、アメリカと日本との違いですが、アメリカの場合はご存知のように、多くの専門分野はいわゆるレイト・デシジョンであります。日本はアーリー・デシジョンですから、ほとんどの大学では高校から大学に入学した段階で、所属する場が決まっています。アメリカの場合は、数学や物理、工学部などの一部を除けば、ほとんどの学生は college of letters and science などの大きな単位に所属して、いろんなものを学びながら、レイト＝3 年生・4 年生で専門分野を決めていくことになります。これはもちろんいい要素もありますが、一方で学生たちにとっては帰属場所がないので、ランダムに出席番号で学びのコミュニティを作らない限り、学生同士が出会わないのです。対して日本では、大きな学部であったとしても、たとえば語学のクラスを中心としてクラスが決まっているとか、そういう単位があるので、学生たちが顔を合わせる頻度はアメリカに比べたら非常に高いのです。アメリカはそれがないために、帰属場所を初年次教育の中で作り上げる必要があり、ラーニング・コミュニティを人為的に作って、同じグループで学ばせているということが基本にありました。その辺りは若干日本と違います。

4．河合塾の調査に関して

今日の河合塾による初年次教育の調査は、次の3つの取り組みに視点がありました。1つ目は「学生の態度変容」を促す取り組み、2つ目は「学生の自律・自立化を促す」取り組み、3つ目は「全学生に一定水準以上の初年次教育を保障する」取り組みで、これらを視点として調査をしています。

その調査結果から、「学生の態度変容」に関わる初年次ゼミは、ほとんどの大学で取り組みが遅れているということがわかりました。この部分においては、そこはちょっと言い過ぎなのですが、「進んだ大学とそうでない大学との差が大きい」ということを言っていたと思います。PBLやグループワークによる授業が標準化しているのは、医・歯・薬・保健系と農学部系などで、法・政治学部系および理学部系は低いということが出ていました。これは学問の特質性や卒業後の職業との関連性といったところに関連しているのかもしれません。

これもすでに発表されたことなので省略しますが、規模別ではそれほど大規模大学と小規模大学の差がなく、私立大学は国立大学・公立大学以上に初年次教育に注力している、ということが挙げられていました。

ヒアリングから見ると、「学生の態度変容はなかなか難しい」ということがありましたが、それに関しては、先ほどのアクティブ・ラーニングの代表例であるPBL、答えが1つではない問題にPBLとしてグループワークで取り組ませていること、そして他の科目と初年次ゼミが有機的に関連していること、縦・横・斜めの関係を導入していることが、機能しているということではないかと思います。態度変容は、学びへの転換などもそうですが、従来型の講義形式、あるいは我々教員がずっと持ってきた学問知みたいなもので初年次生を学びへ転換させようとしても、なかなか難しいのです。そこで、

PBLやアクティブ・ラーニング方式、いろいろな斜め（SA）の関係、これはいわゆる相互ラーニングだと思いますが、相互ラーニング方式を取り入れることで、効果的につなげていくという新しい考え方がここに反映されているのではないでしょうか。ということだと思います。

「学生の自律・自立化を促す取り組み」は、私自身、これは最も難しい課題かもしれないと思っています。自分の大学でも長い間初年次セミナーを担当してきましたが、そんなに簡単にいかないのがこの部分です。やはりこれは大学だけではできない。小→中→高→大という接続性の問題に関わってきますので、一気に大学だけでこれをしようと思っても、なかなか転換がしにくいということがあります。「全学生に一定水準以上の初年次教育を保証する取り組み」としては、ガイドライン、マニュアル、共通テキストというものが開発されてきています。しかし、それに頼るあまり、機械的になるという弊害が存在することもわかってきています。

5．初年次教育で重視されていること

図表78は、初年次教育内容で重視する点についての平均値です。2001年および2007年の日本での調査、そして私がアメリカの4年制大学の全大学を対象に行って、500くらいから回答を得たアメリカの2002年調査結果と比較してみました。日本の2001年と2007年を見ると、5点満点ですから、上がってきていることがわかります。一方で2002年のアメリカは、2001年の日本よりも低い項目が多いのです。そして2007年と比べても、アメリカのほうが重視する内容の期待度が低いことがわかります。とりわけ日本の場合は、「学習習慣の確立」「礼儀・マナー」「学生の自信・自己肯定感」といったような、知識ではない、もっと根の部分を、初年次教育の中で改善したいという大学の姿勢が伺えるのではないかと思います。

日米の実施状況と内容比較を見た場合、初年次教育の普及率は現在ではそれほど差がなく、むしろ日本のほうが普及しているのかもしれません。そこで内容重視度を見ると、共通要素としては学習支援と情報スキルがあり、ITの基礎的学習などは、この共通要素になります。日米の差としては、日本は学生生活の

	2007年	2001年	2002年(米)
レポート・論文の書き方などの文章作法	4.69	4.62	4.15
図書館の利用・文献探索の方法	4.57	4.36	4.22
コンピュータを用いた情報処理や通信の基礎技術	4.69	4.49	3.47
プレゼンテーションやディスカッションなど口頭発表の技法	4.43	4.43	3.90
読解・文献講読の方法	4.29	4.22	3.87
フィールド・ワークや調査・実験の方法	3.78	3.77	3.23
論理的思考力や問題発見・解決能力	4.47	4.40	4.05
新しい考えや他人の価値観を認める寛容性	4.29		
国際性や世界観	4.06		
社会的文化的多様性の理解	4.07		
自立した自己学習の基礎	4.63		
学生生活における時間管理や学習習慣の確立	*4.50*	3.66	4.00
将来の職業生活や進路選択に対する動機づけ・方向づけ	4.28	3.97	3.60
情報収集や資料整理の方法とノートの取り方	4.39	4.03	
(2001年、2002年は　情報収集とノートの取り方に分割)		3.60	3.56
学問や大学教育全般に対する動機づけ	4.45	4.40	4.19
受講態度や礼儀・マナー	*4.42*	3.93	3.14
大学への帰属意識	3.86	3.47	4.35
友人関係の拡大と充実	4.28		
教員との適切なコミュニケーション能力	4.38		
チームワークを通じての協調性	4.22	3.47	3.98
リーダーシップ	3.87		
社会の構成員としての自覚・責任感・倫理観	4.28	3.93	4.16
地域社会への理解と参加	3.89		
学生の自信・自己肯定感	*4.24*	3.95	3.79

図表78　初年次教育内容で重視する内容

スキル支援(マナーなど)を重視して実施しているところも増えてきていますが、アメリカの場合は、そういう部分は家庭やそれ以外のコミュニティに任せていて、学習スキルを組み込んだ転換期支援型で行われていることがわかります。

ではアメリカと比較してなぜこんなことが起こっているのでしょうか。全般に日本で初年次教育重視度が高いのは、レポートの書き方についての認識の違いが存在しているということがあります。つまりアメリカでは、学習の方法や教員のペダゴジー、あるいは学生たちの学びのアウトプットの方法に関しては、中等教育と高等教育に接続性があります。たとえば私どもの大学でも、学内校と呼ばれる一貫教育を受けてきた学生たちではなく、一般受験をして入学してきた学生たちに、初年次教育でレポートの書き方を教えると、やはり「非常に役に立った」と言いいます。レポートの書き方といっても、たとえばどのような課題を見つけて自分で書いていくかという方法を教えていますが、日本の多くの高校ではこれがなされていません。学内高校は受験がないぶん、そういうことばかりしているので、逆に学内高校出身者は、「なぜこんなことをしなければいけないのか」と感想を言いますが、アメリカの場合、これは中等教育で当たり前のようになされています。日本の場合は、一部の高校を除けば、小・中等教育では感想文を書くなど主観的なレポートに慣れていて、客観的な問題発見・解決型のレポートをどう書くかということは、時間がかかることもあって、あまり教えていません。このことが、初年次教育に非常に期待がかかる原因の 1 つになっています。高校まで求められる学習と大学での学習の共通要素が、比較的少ないというのが、日本の例でしょう。

6．多様化の多様化

直面する問題は、多様化の多様化です。普遍化・拡大化のなかで、「多様化の多様化」にどう対処するか。大学に進学してくる学生の多様化というものは、学力だけではなく、動機についても多様化しています。そうすると、新たなニーズが生まれてくるので、その把握をして、プログラムを開発することが、次の 10 年に必要になるでしょう。オナーズ型初年次教育プログラムというものも、そろそろ生まれざるを得ないだろうと思っています。つまり、高校時代に十分に、大学との学びに接続するような学びの方法をしてきた学生たちも存在しており、そういう学生たちは高校時代に、50 枚くらいの卒論に近いようなものを書かされたりしています。そういう学生たちが入学してくる大学もありますし、どの大学にもそのような学生はいるかもしれません。そうした学生たちをスタディ・スキルアップ型プログラムに入れると、異なる層がクラス内にできあがります。日本は平準化する、底上げする形で行ってきた部分もありますが、やはりできる学生たち、「できる」というのは「モチベーションが高く、チャレンジングなことに耐えうる」という意味で私は使わせていただきますが、そういう学生たち向けのオナーズ型というものも必要かもしれません。あるいはスタディ・スキルアップ型、もう 1 つはアイデンティティ形成型。これも最近最も増えているので、学生たちのアイデンティティを形成していくような、いわゆる心理系の視点から作り上げていくようなプログラムも必要です。それからセルフ・エスティームを向上するようなプログラム。これも大学によっては必要であるかと思います。この辺りは、舘昭先生の論文をもとに、アメリカの初年次教育で行われていることを少し日本に応用した場合はどうなるか、という視点で挙げさせていただきました。

7．中等教育との連続性

直面する問題として、「学習内容、ペダゴジーにおける中等教育との非接続問題」があります。先ほど申し上げたことですが、入試と学力という問題で、「高校までに学ぶ方法と内容の接続性は」ということを考えると、これは河合塾の今日の報告にもありましたが、高校までは知識注入型受動的学習が多い。受験への対処として、特に地方の公立進学校、中堅の公・私立進学校に多いのがこのタイプです。一方大学で要求するのは、論文にしても分析型、問題発見型、問題解決型、探求型になるわけで、そうすると高校までに学んだ、事実認識型、感想型、要約型はそれとは異なるわけで、慣れていない学生たちはすぐに転換しにくいものです。それからまた、プレゼンテーションをする機会も多くはありません。論理力涵養や問題発見・解決の機会というものが、高校までに時間的に本当に少ないということがあります。これがいわゆる非接続問題であると考えています。

アメリカの中等教育と高等教育について見ていくと、基本的に学力については置いておくとしても、教育内容やペダゴジーは前提として接続しています。とりわけ Advance Placement（AP）という科目を通じて、大学レベルの科目を高校で学ぶことができて、高校で学んだ単位は大学入学後に一般教育の科目単位として換算させることが行われています。これは K16、K12 と呼ばれるように、教育接続を確立しているからです。K というのはキンダーだから、K12 は幼稚園から高校卒業くらいが接続しています。最近では K16 だから、大学まで含めて接続するということが根本に置かれています。それがペダゴジーや教育内容に反映されるようになってきているということになります。

AP は、高校に在籍しながら大学レベルの授業を受講し、その授業を修了すれば大学レベルでの単位取得をできるプログラムで、カレッジボードが運営して、ETS という TOEFL を作っている団体が実施しています。

カレッジボードは、AP 科目を教えている教師の支援を行っています。ではAP 科目を教えている教師とは一体誰かというと高校教師です。高校教師が大学で教える内容とペダゴジーについて、セミナーを受けながら技術を磨いて、高校でも教えるわけです。そこで、高校生が大学に入学したときに、いきなり学びの違いに振り回されることがありません。成績などについても、大学との調整機能も行っているので、大学に入ってからの成績と高校までにつけられた成績にあまり違いがないということもあります。

高校生が AP 科目を履修するメリットは何かというと、早期から大学レベルの授業を履修することで、早期から大学での学習レベルに慣れることができます。とりわけ作文技能を改善して、問題解決技能を修得することができます。これは初年次教育の中の、期待度や内容重視度に反映されていると思います。そして、高次な大学の授業内容に挑戦することで、大学での学習習慣が高校に在籍しながら修得することができる、というメリットがあります。

現在の日本の状況を、初等教育、中学校、高等学校、高等教育と見ていくと、初等教育は比較的いろんなプレゼンテーションをしたり、そういう機会も意外に多いが、上に上がるにつれて、非接続的になってくるという問題があります。とりわけ高等学校がブラックボックス状態になっています。日本の中での高校教育というものは、受験のための補習を行ったり、ペダゴジーや内容の非接続が顕著になってくる時期なので、こういう分断された形のモデルになってしまうかと思います。これからは、高等教育・中等教育の接続、学力達成目標やペダゴジーにおける初等・中等教育の接続、K12 的要素の充実といったことも大事と思われます。今後 10 年においては、接続モデルというものを意識しながら、考えていかねばならないでしょう。

初年次学生の総合支援に向けて、日本の状況を考えてみると、教学担当部門と学生担当部門との協力体制がまだ緊密化していません。信頼性の高い評価研究が登場していないので、初年次生の成功をうながす取り組みの効果の合意はまだありません。いわゆる効果の評価研究は、一時点ではできません。1年生から４年生という割に長い時間がかかると同時に、それが継続して同じような結果を出さない限り効果とは言えないわけですから、長い時間がかかります。この辺りがまだ合意ができていない１つの背景だろうと思います。そして、初年次における明確な目的意識についての合意もまだありません。ますます多様化している学生に対応した初年次の取り組みを構築することが課題となります。研究および評価から政策ならびに実践に至る結びつきが依然として弱いのです。これはアメリカも同じだと言います。そしてカリキュラムのつながりと評価としては、全体的なカリキュラムとの連続性が弱いと思われます。このことも意識しながら、学士過程教育の中でつなげようとしている大学も増えてきていますが、まだ全体的にはそこまではいっていないのではないかと思います。

たとえば、「図書館」、「専攻分野別初年次教育」、「学生支援」という、正課内と正課外という要素があったとして、これが連携することでより効果が現れやすくなっていくのではないかと私自身は考えています。そうするとキーワードは職員とも言えるでしょう。大学の教員だけではなく、職員が初年次教育において果たす役割がありますし、それに期待できるところが大きいのではないかと考えます。

8．普及期の課題

最後に、初年次教育の新たな展開に向けて。黎明期が1996年から2000年代の半ばまでだったとすると、2009年くらいからは普及期に移行してきているかと思います。そのキーワードは「多様化の多様化」です。したがって、「多様化の多様化」というキーワードに備えると、まず、ニーズの把握、分類。例えば理系のニーズを把握して、理系の学生を対象とした初年次教育プログラムを作っていきます。あるいは効果的なプログラムの開発。例えばスチューデント・スキルという部分は、なかなか難しいので、心理的応援をどうするかといったようなプログラムを開発します。それから評価方法の開発とミクロなデータを集積していきます。ポートフォリオや、学生調査と成果の関係性を明らかにしていくこと。それから全体カリキュラムとの接続。学士課程教育と初年次教育をどう接続していくかということを構築していくことになります。こういうことができて、ようやく総合的な初年次生支援アプローチというものに入っていけるのではないでしょうか。また、今後の10年というのは、今までのような普及期に向けての拡大だけではなく、総合的に初年次学生を支援していくアプローチで向かっていかなければなりません。それが教員を変容させる初年次教育ではないかと考えています。

問題提起を受けて

河合塾講師（初年次教育学会理事）成田　秀夫

河合塾の調査と事例報告を受け、三人の研修者から提起された問題をまとめ、初年次教育の課題について多少の整理を試みたいと思います。

1．初年次教育の現段階

まず、山田礼子氏より、日本における初年次教育を俯瞰する問題提起がありました。その内容を簡潔に要約すると、次のようになるでしょう。

①初年次教育のアメリカ・モデルを輸入した黎明期から、初年次教育の概念整理を経て、現在、日本における初年次教育は「普遍化・拡大化」の時代を迎えている。

②同時に、大学の急速な大衆化と相まって、初年次教育は「多様化の多様化」という様相を呈している。

③また、学生の態度変容という点についていえば、大学での専門教育やキャリア教育との連動・連繋が必要である。

④さらに、初等・中等教育との接続という面からは、「高等学校がブラックボックス状態」になっている。

こうしてみると、日本における初年次教育は、初年次から専門教育やキャリア教育へとつながる大学内部における接続・連繋、高校から初年次へとつながる接続・連繋という、ふたつの大きな「接続問題」があるようです。前者については、三重大学をはじめ、多くの大学で取り組みが始まっており、今後、その成果が期待されますが、後者については、「高大接続」の取り組みがあるものの、高校の「ブラックボックス」化の一因である「大学入試」のあり方については、本格的にメスが入れられているとは言えません。この問題を抜きにして、接続問題を改善することは難しいように思われます。ただし、平成24年度より学年進行で実施される新しい「学習指導要領」では、初年次教育へとつながる質をもった教育が高校でも実施されることになっていますので、大学入試のあり方の検討も含め、今後の成り行きを見守っていく必要があるでしょう。

また、もうひとつ見過ごすことができない課題に「多様化の多様化」という問題があります。「多様化」と言うとき、「学生」の多様化について語られることはあっても、「教員」の多様化について議論されることがほとんどないように思われます。「全学出動」という言葉に代表されるように多くの大学教員が初年次教育に携わっていますが、担当する教員は、そのキャリアやバックグラウンドのみならず、教育観が異なっているはずです。こうした違いが「暗黙知」のままであるならば、共通のシラバスをつくり、共通のテキストを用いても同じ結果にならないのは必然ではないでしょうか。

2．教育観の転換

さて、二番目に、三宅なほみ氏の問題提起があります。三宅氏の提起は、まさに教員の「教育観」を対象化するものでした。「学び」の認知科学（学習科学）に基づく氏の提起の中には、「Teaching から Learning へ」という教育のパラダイム転換ともいえる指摘が含まれています。教育というと、明確な教育目標があり、そのための教育手法も整っているというイメージがあり

行動主義的教育観	認知主義的教育観	構成主義的教育観
・刺激－反応図式 ・知識を教え込む伝統的スタイル	・入力→記憶→演算→出力という認知過程（コンピュータのアナロジー）	・人と協調したり、道具を使ったりすることで人間は賢くなる
・反復学習（ドリル）・プログラム学習	・協同学習＝メンバーが協力して一定の目的を達成する	・協調学習＝答えがない問題解決 ・1＋1＞2の創発、発見
・伝統的な大学での授業	・小学校、中学校のグループ活動	・研究者の創造的な共同研究

大学教育学会第32回大会（2010年6月）・自由研究発表（中村、大島、真下、堀上、成田）

図表 79　教授者の教育観・理論・視点の分類

ますが、これは「教える側の論理」に過ぎません。氏が指摘するように、「学びのゴールは人ぞれぞれ」であり、大学に来る学生のすべてが研究者を目指しているわけでもありません。専門的な知識を習得することも大切ですが、所謂「協調学習」を通して他人と学び合い、長持ちし、修正でき、成長する知識を身につけること、別の観点から言えば、「学び方を学ぶ」ことを通して、大学を出た後も継続的に学び続ける態度を涵養することは、初年次教育のみならず、大学教育にとっても重要な課題ではないでしょうか。

こうした氏の指摘を踏まえると、「多様化の多様化」が教員の側にも起きていることが理解できます。たとえば、伝統的な教育観に基づく教員と学生の学びを支援しようとする教員が、初年次教育の同じ講座を担当したらどうでしょうか。両者の教育観の溝が学生の混乱として現われてくるのではないでしょうか。暗黙知化された教員の教育観の違いを対象化することは、初年次教育の意義を全学化する際に、避けて通れない課題のように思われます。

ちなみに、**図表 79** は、「教授者の教育観・理論・視点」について分類したものです。暫定的な分類でしかありませんが、どのような教育観に基づき、初年次教育を行うのかを対象化する一助になればと思います。

３．評価パラダイムの多様化

さて、最後の問題提起は、松下佳代氏です。概念が整い、プログラムも充実し、「普遍化・拡大」期を迎えた初年次教育で、最後に問題になるのはその成果をどのように「評価」するのかということです。この点について、松下氏は、新しい評価のパラダイムとして「パフォーマンス評価」という観点を提起されました。折しも、初年次教育の進展と併走して、「社会人基礎力」や「学士力」という概念が提起されました（**図表 80**）。「コンピテンシー」と言われるこれらの「能力」は、「知識」の定着度を測定しようとする旧来のテストでは測れないものです。そこで、多くの大学では、学生の活動や成長のエビデンスを記録した「ポートフォリオ」による評価を用いていますが、松下氏が提起する「パフォーマンス評価」は、もう一つの評価方法として、大学教育の中で取り組まれるべき「次の課題」を明示しています。松下氏が

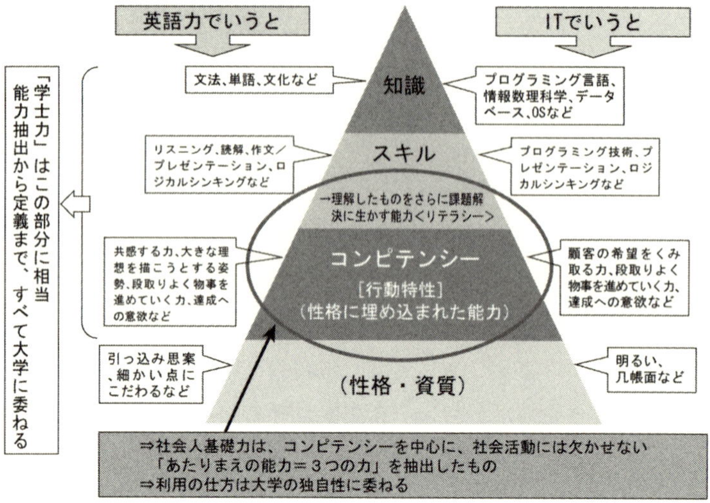

図表 80　社会人基礎力と学士力の関係

例示した取り組みは、各大学での評価法開発に多大なヒントを与えるものでした。

以上、三氏の問題提起を踏まえ、初年次教育の抱える課題を整理しましたが、今後、どのように初年次教育が発展していくか、継続的に調査を行っていきたいと思います。

巻末資料

1：アンケート（質問紙）調査票

2：2008 年度初年次教育調査アンケートによる
大学・学部別ポイント

■巻末資料1：アンケート（質問紙）調査票

学部長各位

「全国大学の2008年度初年次教育調査」へのご協力のお願い

【1】この調査は、全国の国公私立大学で現在、どのように初年次教育が行われているのかを調査し、それを受験生、高校教員および社会に伝え、また大学に還元することを目的としています。河合塾がこのような調査を行う理由は、受験生を送り出す側として、大学でどのような教育が行われているのかを正しく把握し、それを受験指導に活かすことが大切であると考えるからに他なりません。いわゆる大学の選択基準としては、主として「専門教育」の充実度と「偏差値」が挙げられますが、それ以外の「大学の教育力」も重要な選択基準になると思われます。「初年次教育」もまた、大学に適応できない学生の増加という現実に照らせば、その一つに数えられるべきであるというのが、この調査の出発点です。

【2】この調査では、初年次教育を次のように定義します。
大学の大衆化・ユニバーサル化を背景として、これまでは大学に入学してこなかった層が大量に大学に進学するようになりました。そのことを含めて全体的に学生の大学への適応不全が起こっており、これへの包括的な対応が大学入学後の最初の1年間に強く求められるようになりました。これに対応するために、具体的には以下の8点を目的とした大学1年生に対する教育を初年次教育と定義します。
①学生生活や学習習慣などの自己管理・時間管理能力をつくる（宿題、レポート提出等を通じて）
②高校までの不足分を補習する（リメディアル教育等を通じて）
③大学という場を理解する（オリエンテーション、自校教育等を通じて）
④人としての守るべき規範を理解させる（オリエンテーション、初年次ゼミ等を通じて）
⑤大学の中に人間関係を構築する（グループ学習、合宿等を通じて）
⑥レポートの書き方、文献探索方法など、大学で学ぶためのスタディスキルやアカデミックスキルを獲得する（初年次ゼミ等を通じて）
⑦クリティカルシンキング・コミュニケーション力など大学で学ぶための思考方法を身につける（初年次ゼミ等を通じて）
⑧高校までの受動的な学習から、能動的で自立的・自律的な学習態度への転換を図る（初年次ゼミ等を通じて）
なお、本調査での初年次教育とは、あくまでも「大学の教育環境への適応のための取り組み」のことを指すのであって、「専門教育への導入」については対象としていません。この点に留意してください。

【3】本アンケートは、この初年次教育調査の重要な一環を担うもので、すべての大学のすべての学部の学部長に回答をお願いするものです。ただ、大学の事情によって学部長よりも回答の適任者がいらっしゃる場合には、その適任者の方にご回答をお願いいたします。
すべての大学を対象にして広く初年次教育の現状を調査し、受験生、高校教員、大学、そして社会へと報告・還元したいと考えています。
以上の点をご理解いただき、本アンケート調査へのご協力をよろしくお願いいたします。

学校法人河合塾　教育研究部

全国大学の2008年度初年次教育に関するアンケート調査

2008年度の貴学部に該当すると思われるものを1つ選び[　]の中に○印をつけてください。「複数回答可」の場合は、それに従ってください。

1．初年次教育のための学生実態調査について。

（1）適切な初年次教育を行うためには、新入生全体の傾向を把握することが必要ですが、そのための学生実態調査（高校までの履修状況、生活環境、自己管理や学習習慣などについて）を入学後に行っていますか。

[　]すべての新入生に対して行っている
[　]一部の新入生に対して行っている
[　]行っていない

2．初年次ゼミについて。

本調査でいう「初年次ゼミ」とは、初年次に行われる①大学の教育環境への適応を主目的とした、②少人数、③双方向型の正課カリキュラムの授業のことを指します。「専門への導入」を主目的としたゼミは除外してお答えください。また「専門への導入」を兼ねている初年次ゼミについては、上記初年次ゼミの規定に該当する領域をお答えください。

（1）貴学部では初年次ゼミは設定されていますか。選択ですか。必修ですか。

[　]学部全体に必修として設定
[　]学部全体に選択として設定
→学部全体の新入生数を母数として、初年次ゼミを履修する新入生の割合は
[　]10%未満　[　]10%以上20%未満　[　]20%以上30%未満　[　]30%以上40%未満
[　]40%以上50%未満　[　]50%以上60%未満　[　]60%以上70%未満
[　]70%以上80%未満　[　]80%以上90%未満　[　]90%以上

[　]学科によって異なっている
→学部全体の新入生数を母数として、学部で初年次ゼミを履修する新入生の割合は
[　]10%未満　[　]10%以上20%未満　[　]20%以上30%未満　[　]30%以上40%未満
[　]40%以上50%未満　[　]50%以上60%未満　[　]60%以上70%未満
[　]70%以上80%未満　[　]80%以上90%未満　[　]90%以上
・必修の学科名＿＿＿＿＿＿＿＿＿＿＿＿＿＿＿＿
・選択の学科名＿＿＿＿＿＿＿＿＿＿＿＿＿＿＿＿
・設定されていない学科名＿＿＿＿＿＿＿＿＿＿＿＿

[　]初年次ゼミは設定されていない

【以下は（1）で「必修として設定」「選択として設定」「学科によって異なる」と回答の場合、お答えください】

（2）初年次ゼミは何単位ですか。

【学部全体で共通の場合はこちらに記入してください】

[ ]半期 1 単位　[ ]半期 2 単位　[ ]半期 4 単位　[ ]通年 4 単位　[ ]通年 2 単位

[ ]その他（　　　　単位）

【学科によって異なる場合はこちらに記入してください】

＿＿＿＿＿＿＿＿＿＿＿＿＿＿学科

[ ]半期 1 単位　[ ]半期 2 単位　[ ]半期 4 単位　[ ]通年 4 単位　[ ]通年 2 単位

[ ]その他（　　　　単位）

＿＿＿＿＿＿＿＿＿＿＿＿＿＿学科

[ ]半期 1 単位　[ ]半期 2 単位　[ ]半期 4 単位　[ ]通年 4 単位　[ ]通年 2 単位

[ ]その他（　　　　単位）

＿＿＿＿＿＿＿＿＿＿＿＿＿＿学科

[ ]半期 1 単位　[ ]半期 2 単位　[ ]半期 4 単位　[ ]通年 4 単位　[ ]通年 2 単位

[ ]その他（　　　　単位）

（3）1 コマ 90 分に換算して、初年次ゼミは週何コマになりますか。

【学部全体で共通の場合はこちらに記入してください】

[ ]90 分換算で週 1 コマ

[ ]90 分換算で週 2 コマ

[ ]その他（＿＿＿＿分で、週＿＿＿＿コマ）

【学科によって異なる場合はこちらに記入してください】

＿＿＿＿＿＿＿＿＿＿＿＿＿＿学科

[ ]90 分換算で週 1 コマ

[ ]90 分換算で週 2 コマ

[ ]その他（＿＿＿＿分で、週＿＿＿＿コマ）

＿＿＿＿＿＿＿＿＿＿＿＿＿＿学科

[ ]90 分換算で週 1 コマ

[ ]90 分換算で週 2 コマ

[ ]その他（＿＿＿＿分で、週＿＿＿＿コマ）

＿＿＿＿＿＿＿＿＿＿＿＿＿＿学科

[ ]90 分換算で週 1 コマ

[ ]90 分換算で週 2 コマ

[ ]その他（＿＿＿＿分で、週＿＿＿＿コマ）

（4）初年次ゼミのクラス規模はどの程度ですか。
学部平均で　[ ]10人以下　[ ]11人～20人　[ ]21人～30人　[ ]31人～40人
[ ]41人～50人　[ ]51人以上

学部内の最大で　[ ]10人以下　[ ]11人～20人　[ ]21人～30人　[ ]31人～40人
[ ]41人～50人　[ ]51人以上

（5）初年次ゼミには大学院生および学部学生による「教室に入る授業サポート」が導入されていますか。
[ ]すべての初年次ゼミで導入されている
[ ]一部の初年次ゼミに導入されている
[ ]導入されていない

（6）「教室に入る授業サポート」は大学院生ですか学部学生ですか（複数回答可）。
【（5）で「すべての初年次ゼミで導入されている」「一部の初年次ゼミに導入されている」と回答された場合のみお答えください】
[ ]大学院生　[ ]学部学生
[ ]その他（具体的に　　　　　　　　　　　　　　　　　　）

（7）「教室に入る授業サポート」を教員としてカウントした場合の教員の一人当たりの担当学生数は学部平均で何人ですか。
【（5）で「すべての初年次ゼミで導入されている」「一部の初年次ゼミに導入されている」と回答された場合のみお答えください】
[ ]10人以下　[ ]11人～20人　[ ]21人～30人　[ ]31人～40人　[ ]41人～50人
[ ]51人以上

（8）初年次ゼミのクラス編成の考え方について以下のどれが該当しますか。
[ ]学部横断型
[ ]学部内　学科・コース横断型
[ ]学科・コース内型
[ ]その他（具体的に　　　　　　　　　　　　　　）

（9）初年次ゼミの授業時間内に扱われる項目の有無と頻度についてお聞きします。

項目	必須の有無	頻度（必須の場合のみ回答）
日本語表現としての レポートの書き方	[ ]学部の全講座で必須　[ ]学科により全講座で必須 [ ]教員の裁量　[ ]教育課題としていない	
アカデミックスキルとしての レポートの書き方	[ ]学部の全講座で必須　[ ]学科により全講座で必須 [ ]教員の裁量　[ ]教育課題としていない	
図書館の使い方	[ ]学部の全講座で必須　[ ]学科により全講座で必須 [ ]教員の裁量　[ ]教育課題としていない	
グループ学習	[ ]学部の全講座で必須　[ ]学科により全講座で必須 [ ]教員の裁量　[ ]教育課題としていない	[ ]基本的に毎回（頻度大） [ ]2～3回に1回程度（頻度中） [ ]時々（頻度小） [ ]最後の発表時のみ
ディベート	[ ]学部の全講座で必須 [ ]学科により全講座で必須 [ ]教員の裁量 [ ]教育課題としていない	[ ]基本的に毎回（頻度大） [ ]2～3回に1回程度（頻度中） [ ]時々（頻度小）
フィールドワーク	[ ]学部の全講座で必須 [ ]学科により全講座で必須 [ ]教員の裁量 [ ]教育課題としていない	[ ]基本的に毎回（頻度大） [ ]2～3回に1回程度（頻度中） [ ]時々（頻度小）
プレゼンテーション	[ ]学部の全講座で必須 [ ]学科により全講座で必須 [ ]教員の裁量 [ ]教育課題としていない	[ ]基本的に毎回（頻度大） [ ]2～3回に1回程度（頻度中） [ ]時々（頻度小） [ ]最後の発表時のみ
レポート提出	[ ]学部の全講座で必須 [ ]学科により全講座で必須 [ ]教員の裁量 [ ]教育課題としていない	[ ]基本的に毎回（頻度大） [ ]2～3回に1回程度（頻度中） [ ]時々（頻度小） [ ]最後の発表時のみ
振り返りシート （学習の記録・ポートフォリオなど）	[ ]学部の全講座で必須 [ ]学科により全講座で必須 [ ]教員の裁量 [ ]教育課題としていない	[ ]基本的に毎回（頻度大） [ ]2～3回に1回程度（頻度中） [ ]時々（頻度小） [ ]最後の発表時のみ

（１０）初年次ゼミの授業時間外に学習課題・宿題を学生に与えていますか。

	必須の有無	頻度（必須の場合のみ回答）
授業外の学習・宿題	[ ]学部の全講座で必須 [ ]学科により全講座で必須 [ ]教員の裁量 [ ]与えないことにしている	[ ]基本的に毎回（頻度大） [ ]2～3回に1回程度（頻度中） [ ]時々（頻度小） [ ]最後の発表時のみ

（１１）その学習課題・宿題にはグループで取り組むものがどの程度含まれていますか。
【（１０）で「学部の全講座で必須」「学科の全講座で必須」と回答された場合にお答えください】
[ ]基本的に宿題のすべてがグループ宿題である
[ ]宿題の 2～3 回に 1 回程度がグループ宿題である
[ ]宿題のうち時々がグループ宿題である
[ ]最後の発表時のみの宿題がグループ宿題である
[ ]グループ宿題は教員の裁量によっている

（１２）初年次ゼミで必須とされる項目については、どのように徹底されますか。
①シラバスが
[ ]ある（学部共通）　[ ]ある（学科共通）　[ ]ある（教員ごと）　[ ]ない
②共通テキストが
[ ]ある　[ ]ない
③内容のガイドラインまたは共通マニュアルが
[ ]ある（全教員必須で使用）　[ ]ある（教員ごとの裁量で使用）　[ ]ない
④初年次ゼミの平準化・質の向上のための FD 研修が
[ ]ある（担当の全教員に参加が義務付けられている）
[ ]ある（新任の全教員に参加が義務付けられている）
[ ]ある（自由参加）
[ ]ない
⑤初年次ゼミの平準化・質の向上を目的とし、科目主務者が複数の教員間のばらつきを無くすためのコーディネーター制度が
[ ]ある　[ ]ない

（１３）初年次ゼミの提供組織はどこですか。
[ ]自学部ですべて提供
[ ]学部ではない組織が提供（提供組織名　　　　　　　　　　　　　）
[ ]学部と学部でない組織との両者で提供
[ ]その他（具体的に　　　　　　　　　　　　　　　）

以下の質問では<u>初年次教育全般</u>についてお聞きします。

3．初年次教育における先輩学生の活用について。

（1）2 年次以上の先輩学生を初年次教育に活用されていますか。先輩学生が活用される場面、活用の有無、活用規模、活用にあたっての研修時間についてお答えください。

活用場面	活用の有無	活用規模	研修時間
オリエンテーション	[ ]活用している [ ]活用していない	全体で______人 1年生___人程度に対し1人の割合	____時間程度
履修指導・相談	[ ]活用している [ ]活用していない	全体で______人 1年生___人程度に対し1人の割合	____時間程度
初年次ゼミ	[ ]活用している [ ]活用していない [ ]教員裁量	全体で______人 1年生___人程度に対し1人の割合	____時間程度
その他 （具体的に　　　　　　）	活用している	全体で______人 1年生___人程度に対し1人の割合	____時間程度

4．初年次教育の効果測定等について。

（1）初年次教育の効果測定はどのような方法で行われていますか（複数回答可）。

[ ]学生の授業評価を基に行っている

[ ]学生調査を基に行っている

[ ]学生の成績を基に行っている

[ ]教員が記入するここの学生カルテまたは類似のものを基に行っている

[ ]学生が自ら記入する、成長を促す「振り返りシート」や「ポートフォリオ」を基に行っている

[ ]その他（具体的に　　　　　　　　　　　　　　　　　　　　　　　　）

[ ]行っていない

（2）初年次において担当教員（アカデミックアドバイザーや担任など）の学生への面談は行われていますか。また行われている場合、その時間および回数はどのように決められていますか。

[ ]行われている

→1 回________分程度を 1 年に________回

[ ]面談を行うとは決められていない（教員裁量による）

[ ]学生ごとの担当教員が決められていない

（3）初年次教育では「新入生を自学部の教育についていける水準にまで引き上げる」ことが目標と考えられますが、もし目標水準にまで達しない学生がいた場合の基本スタンスについて伺います。敢えて、どちらかを選ぶとすると、どちらが近いかでご回答ください。

[ ]自学部の教育についていける水準にまで引き上げることができなくても、すべての新入生の面倒を見る（水準をある程度犠牲にしてでも脱落を出さないことを重視する）

[ ]自学部の教育についていける水準に達しない新入生はやむを得ないと考える（脱落が出ても水準を守るほうを重視する）

[ ]どちらかを重視するとは言えない

5．初年次教育の計画・実施組織について

（1）初年次教育を計画するのはどの組織ですか。

[ ]学部・学科（またはコース）などのライン上にある組織（組織の名称　　　）

[ ]教学会議・運営会議などの全学組織（組織の名称　　　）

[ ]付置組織（組織の名称　　　）

（2）初年次教育を実施するのはどの組織ですか。

[ ]学部・学科（またはコース）などのライン上にある組織（組織の名称　　　）

[ ]教学会議・運営会議などの全学組織（組織の名称　　　）

[ ]付置組織（組織の名称　　　）

（3）初年次教育の計画・実施組織の活動評価を行っていますか（複数回答可）。

[ ]第三者評価の中で行われている

[ ]自己評価を行っている

[ ]学内の他者評価機関によって行われている

[ ]評価は行われていない

[ ]その他（具体的に　　　）

（4）教員が初年次教育を担当することで、何かの面でインセンティブの一部とされていますか（複数回答可）。

[ ]昇任の際の評価の一部としている

[ ]FD 活動上の評価の一部としている

[ ]その他（具体的に　　　）

[ ]ない

6．リメディアル教育（ここでは、いわゆる補習教育ではなく、専門教育を受ける前提となる学習のフォローと定義します）について。

（1）開設されている科目名、必要性、開設の有無、受講者の決定方法、単位付与についてお答えください。

科目名	必要性	開設の有無	受講者決定方法	単位付与
数学ⅠA	[　]感じている [　]感じていない	[　]開設している [　]開設していない	[　]大学による指定（以下から選択） ①[　]プレースメントテスト ②[　]入試成績 ③[　]高校履修状況から決定 [　]希望者 [　]指定と希望の併用	[　]付与している ＿＿＿単位 [　]付与していない
数学ⅡB	[　]感じている [　]感じていない	[　]開設している [　]開設していない	[　]大学による指定（以下から選択） ①[　]プレースメントテスト ②[　]入試成績 ③[　]高校履修状況から決定 [　]希望者 [　]指定と希望の併用	[　]付与している ＿＿＿単位 [　]付与していない
数学ⅢC	[　]感じている [　]感じていない	[　]開設している [　]開設していない	[　]大学による指定（以下から選択） ①[　]プレースメントテスト ②[　]入試成績 ③[　]高校履修状況から決定 [　]希望者 [　]指定と希望の併用	[　]付与している ＿＿＿単位 [　]付与していない
物理Ⅰ・Ⅱ	[　]感じている [　]感じていない	[　]開設している [　]開設していない	[　]大学による指定（以下から選択） ①[　]プレースメントテスト ②[　]入試成績 ③[　]高校履修状況から決定 [　]希望者 [　]指定と希望の併用	[　]付与している ＿＿＿単位 [　]付与していない
化学Ⅰ・Ⅱ	[　]感じている [　]感じていない	[　]開設している [　]開設していない	[　]大学による指定（以下から選択） ①[　]プレースメントテスト ②[　]入試成績 ③[　]高校履修状況から決定 [　]希望者 [　]指定と希望の併用	[　]付与している ＿＿＿単位 [　]付与していない

科目名	必要性	開設の有無	受講者決定方法	単位付与
生物Ⅰ・Ⅱ	[ ]感じている [ ]感じていない	[ ]開設している [ ]開設していない	[ ]大学による指定（以下から選択） ①[ ]プレースメントテスト ②[ ]入試成績 ③[ ]高校履修状況から決定 [ ]希望者 [ ]指定と希望の併用	[ ]付与している ______単位 [ ]付与していない
英語	[ ]感じている [ ]感じていない	[ ]開設している [ ]開設していない	[ ]大学による指定（以下から選択） ①[ ]プレースメントテスト ②[ ]入試成績 ③[ ]高校履修状況から決定 [ ]希望者 [ ]指定と希望の併用	[ ]付与している ______単位 [ ]付与していない
その他 （科目名）	[ ]感じている [ ]感じていない	[ ]開設している [ ]開設していない	[ ]大学による指定（以下から選択） ①[ ]プレースメントテスト ②[ ]入試成績 ③[ ]高校履修状況から決定 [ ]希望者 [ ]指定と希望の併用	[ ]付与している ______単位 [ ]付与していない

■2008年度の貴学部についてお答えください

大学名____________________　学部名____________________

学部の１年生の定員________人　学部設置年度（西暦________年度）

■ご回答くださった方についてお答えください

ご回答者	所属 役職		(ﾌﾘｶﾞﾅ) お名前	（　　　　　　　）
ご連絡先	TEL		e-mail	
	FAX			
	住所	〒(　　　―　　　)		

＊ご記入いただいた個人情報は、ご回答内容に関する問い合わせ、及び、調査報告書の発送、及び、今回調査報告に関する案内のためのみに使用いたします。

ご協力ありがとうございました。

■巻末資料2

【2008年度初年次教育調査アンケートによる大学・学部別ポイント】

※以下の表はp.271のアンケート（質問紙）の各大学・学部の回等内容をp.10の**図表2**の評価基準に従ってポイント化した一覧となります。各記号の意味は下記の通り。（国立大はp.282～290、公立大はp.290～293、私立大はp.293～326に掲載）

初年次ゼミの授業時間内に扱われる項目に関して

【A】G学習：グループワークの有無と頻度

【B】G宿題：グループ宿題の有無と頻度（初年次ゼミの授業時間外）

【C】プレゼン：プレゼンテーションの有無と頻度

【D】レポート提出：レポートの有無と頻度

【E】フィールドワーク：フィールドワークの有無と頻度

【F】ディベート：ディベートの有無と頻度

【G】ふり返り：ふり返りシート（学習の記録・ポートフォリオなど）の活用の有無と頻度

【H】初期把握：新入生の実態調査の有無

【I】ゼミカバー率：初年次ゼミの学生カバー率

【J】ゼミボリューム：初年次ゼミの時間数（ボリューム）

【K】担当学生数：初年次ゼミで教員一人あたりの担当学生数（教室に入る授業サポーターも考慮）

【L】効果測定：初年次教育の効果測定の有無

【M】平準化・レベル向上：初年次ゼミの平準化・質の向上のための施策の有無（シラバス、共通テキスト、共通マニュアル、FD研修、コーディネータ制度）

【N】活動評価：初年次教育の計画・実施組織の活動評価の有無

【O】インセンティブ：初年次教育を担当することの教員に対するインセンティブの有無

ゼミSA活用ポイント：初年次ゼミに入るスチューデントアシスタントの導入の有無

※( )は満点値

大学名	学部名 ※一部全学、学科、専攻としての回答を含む	1年生定員	設置年度	初年次ゼミの設定なし=×	【A】G学習(4)	【B】G宿題(4)	【C】プレゼン(4)	【D】レポート提出(4)	【E】フィールドワーク(4)	【F】ディベート(4)	【G】ふり返り(4)	【A~G】計(28)	【H】初期把握(2)	【I】ゼミカバー率(4)	【J】ゼミボリューム(4)	【K】担当学生数(4)	【H~K】計(14)	【L】効果測定(6)	【M】平準化・レベル向上(4)	【N】活動評価(2)	【O】インセンティブ(2)	【L~O】計(14)	ゼミSA活用ポイント(2)	合計(58)
旭川医科	医学部	100			1	2	1				1	5		2	1	3	6	1	4	2		7		18
	看護学部	60			1	2	1				1	5		2	1	3	6	1	4	2		7		18
小樽商科	商学部	515	1949										2	2	1	3	8	2	1	2		5		13
帯広畜産	畜産学部	250	1949		4		3	2		4		13	1	4	1	1	7	2	3	2	2	9		29
北見工業	工学部	410	1960				1	1				2			1	4	5	4	3			7		14
北海道	理学部	300	1930											2	1	3	6	2	2			4		10
	水産学部	215																						
	薬学部	80			4	1	4	4		4	2	19	2	4	1	4	11	3	2	2		7		37
室蘭工業	工学部	600	1949	×																				
弘前	教育学部	240			3		3	3				9	2	4	1	3	10	1	3	2		6		25
	理工学部	300	1998											4	1	3	8	1	1	2		4		12
岩手	工学部	400					2	2				4	2	4	1	4	11	2	4	2		8		23
	農学部	210	1949					2				2		4	1	2	7	1	2		2	5		14
	人文社会科学部	215	1977										2	4	1	3	10	1	3			4		14
東北	法学部	160													1	4	5	1	2	2		5		10
	経済学部	260	1949											3	2	3	8	1	3	2		6		14
	理学部	324	1907										2	4	1	4	11	1	2	2		5	2	18
	工学部	810	1949	×																				
	農学部	150	1947	×														1		2		3		3
	薬学部	80	1890	×																				
	全学教育企画	2363	1907												1	4	5	2	2			4		9
宮城教育	教育学部	345	1965	×																				
秋田	工学資源学部	460	1998		1	3	1	1	1	1	1	9	2	4	1	4	11	1	4	2	2	9	2	31

山形	人文学部	300	1967				1	3				4		4	1	3	8	1	2			3		15
	地域教育文化学部	240	2005			2	1	1		1		5		1	2	3	6	2	2	2		6		17
	理学部	185	1967	×														1				1		1
	工学部	650	1949	×																				
	農学部	155	1949		1	3	1	1	1	1		8		1	1	3	5	1	4	2		7		20
	医学部	180	1973	×																				
福島	人間発達文化学類	270	2005				2	2				4	2	4	1	3	10	2	2	2		6		20
茨城	人文学部	395	1949			3	2	2				7		4	2	2	8	1	3	2		6		21
	理学部	205	1967											4	1	4	9	3	1	2	2	8		17
	農学部	115	1952	×																				
筑波技術	保健科学部	40	2005	×														2		2		4		4
筑波	人間学群	120	2007					2				2		4	2	4	10	2	1	2		5	2	19
	人文・文化学群	240	2007								2	2		4	1	2	7		4			4		13
	社会・国際学群	160	2007		2	4	2		2	2	2	14		4	1	2	7	1	3	2		6	2	29
	生命環境学群	250	2007		1	3	1	1	1	1		8	1	4	1	2	8	1	4	2		7		23
	理工学群	520	2007											4	1	3	8	1	3	2		6		14
	情報学群	230	2007								4	4	2	4	1	2	9	3	3	2	2	10	2	25
	医学群	210	2007		1		1	1			1	4	2	4	1	3	10	2	3	2	2	9	2	25
	芸術専門学群	100	1975								2	2		4	1	1	6		4		2	6	2	16
	体育専門学群	240	1973											4	1	3	8		1			1		9
宇都宮	国際学部	100	1994											4	1	3	8	1				1		9
群馬	工学部	510											1	4	1	1	7	1	1	2		4		11
	医学部	95			1	2	1	1				5	2		2	4	8	1	3	2		6		19
千葉	文学部	180	1981		4	3	3	4		4	2	20	2	4	2	3	11	2	3	2		7		38
	法経学部	370	1981					1				1		4	1	3	8	2	2	2	2	8		17
	工学部	630	1951		1	2	1	1	1	1	1	8	1	3	1	4	9	1	1	2		4		21
	園芸学部	200	1949						1			1		4	1	3	8		1			1		10
	医学部	95	1949		4	3	4	4	4	4	4	27		4	2	4	10	2	4	2		8		45
	薬学部	80	1949	×																				

※（）は満点値

大学名	学部名 ※一部全学、学科、専攻としての回答を含む	1年生定員	設置年度	初年次ゼミの設定なし=×	【A】G学習（4）	【B】G宿題（4）	【C】プレゼン（4）	【D】レポート提出（4）	【E】フィールドワーク（4）	【F】ディベート（4）	【G】ふり返り（4）	【A～G】計（28）	【H】初期把握（2）	【I】ゼミカバー率（4）	【J】ゼミボリューム（4）	【K】担当学生数（4）	【H～K】計（14）	【L】効果測定（6）	【M】平準化・レベル向上（4）	【N】活動評価（2）	【O】インセンティブ（2）	【L～O】計（14）	ゼミSA活用ポイント（2）	合計（58）
お茶の水女子	文教育学部	202	1950										2	3	1	3	9	2		2		4	2	15
	理学部	125	1950										2	3	1	4	10	2		2		4	2	16
	生活科学部	138	1993										2	3	1	3	9	2		2		4	2	15
電気通信	電気通信学部	870	1949		1			1				2		3	1		4	2	1	2		5		11
東京学芸	教育学部	1065	1949	×																				
東京工業	理学部	185	1967					2				2		2	1	3	6	1	1			2		10
	生命理工学部	150											2	4		4	10		1			1		11
東京海洋	海洋工学部	175	2004											4	1	3	8	1	1	2		4		12
	海洋科学部	275	2004		3		2	2	2		4	13		4	4	4	12	1	2	2		5	2	32
東京農工	工学部	521	1962											4	1	1	6	1	1	2		4		10
	農学部	300	1949											4	1		5	1	1	2		4		9
一橋	社会学部	235		×																				
横浜国立	経営学部	307	1967	×																				
長岡技術科学	工学部	80	1977	×														1		2		3		3
新潟	人文学部	225	1980			2						2		4	2	3	9	1	2	2		5		16
	法学部	180	1980		3	1	3	3				10	2	4	2	2	10	1	4	2		7		27
	経済学部	305	1980		3	3	3	2				11			1	2	3	1	2			3		17
	教育学部	370	2008										2	4	1	4	11	3	2	2		7	2	20
	理学部	190	1949		1		1	1	1	1		5	1	4	1	3	9		1			1		15
	工学部	480	1949		4		1	2				7		3	1	4	8	2	2	2		6	2	23
	農学部	155	1949		4	3	3	3		3		16		4	1	4	9	1	2	2		5	2	32
	歯学部	60	1965	×														3		2		5		5
上越教育	学校教育学部	160	1978		3	2	2			2		9	2	4	1	4	11		1	2		3		23

富山	人間発達科学部	170	2006											4	1	1	6	1	3			4		10
	人文学部	185	1977		4	2						6		4	1	3	8	2	3	2		7		21
	理学部	230	1977			3	1	1				5		4	1	4	9	3	4	2		9		23
	医学部	150	1975	×									1				1			2		2		3
金沢	理工学域	589	2008		1	3	1	3	1			9	2	4	2	2	10	1	4	2		7		26
	医薬保健学域保健学類	200	1996				2					2	2	4	1		7	1	3	2		6		15
福井	教育地域科学部	160	1949		1	3	1	1	1		1	8	1	4	1	4	10	4	2	2		8	2	28
	工学部	525	1949		1	3	1	1	1		1	8	1	4	1	4	10	2	4	2		8		26
	医学部	155	1978		1		1	1		1	1	5	2		2	4	8	2	4	2	2	10		23
山梨	教育人間科学部	200	1998		3	4	1	3	1	1	1	14	2	4	1	4	11	1	1	2	2	6	2	33
	工学部	440	1949		1		1	1		1		4	1	4	1	4	10	1	1	2		4		18
	医学部	170	1980												1	1	2		2			2		4
信州	経済学部	185	1978				2	2			2	6		3	2	2	7	1	3	2		6		19
	教育学部	280	1949					2				2		4	1	2	7	2	4	2	2	10		19
	理学部	210											1	4	1	2	8	1	3			4		12
	工学部	470	1949		1		1	1		1	1	5	2	4	2	1	9	3	3	2		8		22
	繊維学部	273			1	4	1	3	1	1	1	12	2	4	1	4	11	2	3	2	2	9		32
	農学部	175	1949		1	2	1	4	1	1	2	12	2	4	1	2	9	2	2	2		6		27
	医学部医学科	105	1951		4	3	2	2			4	15		4	1	3	8	1	3			4		27
	人文学部	155	1978											4	1	3	8	1	2	2		5		13
静岡	教育学部	400	1949										2	3	1	3	9		3		2	5		14
	工学部	535	1949		2			2		2		6		4	1	3	8		1			1		15
	農学部	150	1951		2		2	2		2		8		3	1	3	7		2	2		4		19
	情報学部	200	1995										2		1	3	6	1	3	2		6		12
愛知教育	教育学部	875	1949										2	1	1	3	7	1	3	2		6		13
豊橋技術科学	工学部	80	1976	×									2				2							2

※( )は満点値

大学名	学部名 ※一部全学、学科、専攻としての回答を含む	1年生定員	設置年度	初年次ゼミの設定なし=×	【A】G学習(4)	【B】G宿題(4)	【C】プレゼン(4)	【D】レポート提出(4)	【E】フィールドワーク(4)	【F】ディベート(4)	【G】ふり返り(4)	【A~G】計(28)	【H】初期把握(2)	【I】ゼミカバー率(4)	【J】ゼミボリューム(4)	【K】担当学生数(4)	【H~K】計(14)	【L】効果測定(6)	【M】平準化・レベル向上(4)	【N】活動評価(2)	【O】インセンティブ(2)	【L~O】計(14)	ゼミSA活用ポイント(2)	合計(58)
名古屋	教育学部	65	1949		4	3	3	3		4		17	2	4	2	4	12	2	2	2		6		35
	理学部	270	1942											4	1	3	8		2	2		4		12
	工学部	740	1942										2	4	2	4	12	1	3	2		6		18
	農学部	170	1951				2	2				4		4	1	4	9	2	2	2	2	8		21
	医学部	303	1949											4	2	4	10	2	2	2		6		16
	情報文化学部	75	1993										2	4	2	3	11	1	2	2	2	7		18
岐阜	地域科学部	100	1996					3	1	4		8		4	1	3	8	1	2	2		5		21
	工学部	510			1							1		4	1	3	8		2			2		11
三重	人文学部文化学科	100	1983											4	1	3	8	1	1	2		4		12
	人文学部法律経済学科	165	1983				1	1				2		4	1	3	8	1	3	2		6		16
	教育学部	200			4	4	4	4	2	2	4	24		3	1	1	5	3	3	2		8		37
	工学部	400	1969			2	1	1				4	1	3	2	4	10	2	3	2		7	2	23
	生物資源学部	240	1987		4	4	3	3	2	4	4	24	1	4	2	1	8	5	4	2	2	13	2	47
	医学部	200	1972	×																				
	全学部	1305			4	4	4	4	2	2	4	24		3	1	1	5	3	3	2		8		37
滋賀	経済学部	550	1949				3			3		6		4	1	3	8	1	3	2		6		20
	教育学部	240	1949				1			2	2	5		4	1	2	7		3			3		15
滋賀医科	医学部	145	1974	×									2				2	2		2		4		6
京都	理学部	311	1919											2	1	4	7		1	2		3		10
	工学部	955	1897											3	1	1	5	1	1			2		7
	医学部	248	1899		1	4						5		3	2	4	9	1	3			4		18
	総合人間学部	120	1992												1	4	5							5

京都教育	教育学部	300	1949				3	3				6		4	1	2	7	1	1			2		15
京都工芸繊維	工芸科学部	645	2006											3	1	4	8		2			2		10
大阪	文学部	165												2	1	4	7		3			3		10
	理学部	255	1931											3	2	4	9	2	2	2		6		15
	基礎工学部	435	1961											2	1	3	6	1	2	2		5		11
	医学部	250	1869	×																				
	人間科学部	140	1972	×														1		2		3		3
神戸	国際文化学部	140	1992				2	2				4		4	1	3	8	2	3	2		7		19
	海事科学部	200	2004	×																				
	工学部	540	1949											3	1	3	7	1	2			3	2	12
	農学部	150	1966	×																				
	発達科学部	280			4		4					8		4	1	4	9	1	3	2		6		23
奈良教育	教育学部	255	1949		1	3	1	1		1		7		4	2	2	8	1	2	2		5		20
奈良女子	文学部	160				1	2	2				5		3	1	3	7	1	3			4		16
	理学部	175	1953	×									1				1			2	2	4		5
和歌山	観光学部	110	2008		3		2	3		3		11	2	4	2	4	12	2	4	2		8		31
	教育学部	185	1949		1		1	1		1		4		1	1	1	3	1	1			2		9
	システム工学部	285	1995		2	2	2	3				9	2		1	4	7	2	3	2		7		23
鳥取	地域学部	190	2004				2	2			2	6	2	4	1	4	11	2	3	2	2	9		26
島根	法文学部	225	1978		1	3	1		1	1		7	2	4	2	3	11	3	3			6		24
	教育学部	170		×									2				2	3		2	2	7		9
	総合理工学部	400	1995		1		1	1	1	1		5		3	1	3	7	1	2			3		15
岡山	文学部	175					2	2				4				4	4	2	4	2		8		16
	教育学部	280	1949			1		1				2		4	1	3	8	1	3	2		6		16
	理学部	140	1949	×									2				2	1				1		3
	工学部	460		×																				
	農学部	120	1949	×									2				2	1				1		3
	歯学部	55	1979	×									2				2	3		2		5		7
	薬学部	80			3		2		1			6	2	4	2	4	12	3	3	2		8		26

※( )は満点値

大学名	学部名 ※一部全学、学科、専攻としての回答を含む	1年生定員	設置年度	初年次ゼミの設定なし=×	【A】G学習(4)	【B】G宿題(4)	【C】プレゼン(4)	【D】レポート提出(4)	【E】フィールドワーク(4)	【F】ディベート(4)	【G】ふり返り(4)	【A~G】計(28)	【H】初期把握(2)	【I】ゼミカバー率(4)	【J】ゼミボリューム(4)	【K】担当学生数(4)	【H~K】計(14)	【L】効果測定(6)	【M】平準化・レベル向上(4)	【N】活動評価(2)	【O】インセンティブ(2)	【L~O】計(14)	ゼミSA活用ポイント(2)	合計(58)
広島	文学部	140	1949											4	1	4	9	1	1			2		11
	法学部	140											2	4	1	2	9		1			1		10
	経済学部	210	1977											4	1	3	8	1	3		2	6		14
	教育学部	495	2000		3	3	3	2		3		14		4	1	3	8	1	1			2		24
	理学部	230	1949		4							4	2	4	1	3	10	1	2	2		5		19
	工学部	490	1949		1		1	2				4		4	1	4	9	4	2	2		8		21
	生物生産学部	90	1979			1		2				3	2	4	1	4	11	1	3	2		6		20
	医学部	100	1953											4	2	3	9		1			1		10
	総合科学部	130	1974											4	1	3	8	1	3	2		6		14
山口	人文学部	195	1949											4	2	1	7	2	2	2		6		13
	教育学部	240	1949		1	2	1	1				5		4	1	3	8	2	1	2		5		18
	理学部	220	1978			2		2				4	2	4	2	1	9	2	2	2	2	8		21
	工学部	530	1949										2	4	1	2	9	1	3			4		13
	農学部	130	1949				1	1				2		4	1	2	7	1	2	2		5		14
徳島	薬学部	80	1951										2	4	1	4	11	1	2	2		5		16
	総合科学部	265	1986		4		2	2				8	2	4	1	3	10	1	3	2		6		24
鳴門教育	学校教育学部	100	1981										2	4	1	4	11	1	1	2		4		15
香川	法学部	160	1981											3	1	4	8	1	1	2		4		12
	経済学部	300	1949			2	4	2		3		11		3	1	3	7	2	3	2		7		25
	教育学部	200	1949												1	4	5	1	3	2		6		11
	工学部	260	1998										1	3	1	2	7	1	2	2	2	7		14
	農学部	150	1955											3	1	3	7	3	1	2		6		13
	医学部	150	1978	×																				

愛媛	教育学部	220	1949		4		2	4	2	3		15	1	4	1	2	8	2	3	2	2	9		32
	農学部	170	1954			2	3	2		4		11		4	1	3	8	1	3	2		6		25
	医学部	160	1973		4	3	2	3			4	16	2	4	2	4	12	2	4	2	2	10		38
高知	人文学部	295	1977				1	1				2		4	1	3	8	1	3	2		6		16
	教育学部	170	大昔		3		2	3	2		2	12	2	4	4	3	13	1	3	2		6		31
	農学部	180	1949		4		3	3		3	3	16		4	4	3	11	4	3	2	2	11		38
九州	理学部	277	1939					1				1	1	4	1	4	10	2	2			4	2	17
	歯学部	55	1967		2		2	4			2	10	1	4	4	1	10	1	3	2		6		26
九州工業	工学部	531	1909	×														2		2		4		4
	情報工学部	410	1986										1	2	1	1	5		1	2		3		8
福岡教育	教育学部	630	1949			1						1		4	1	2	7	4	2	2		8		16
佐賀	経済学部	275	1966										2	4	1		7	1	2			3		10
	理工学部	490	1966	×														1		2		3		3
	医学部	160	1976	×														1		2	2	5		5
長崎	経済学部	355	1949				3					3	2	4	1	3	10		3	2		5		18
	工学部	400	1966		4		2	2				8	2	4	1	3	10	5	3	2	2	12		30
	歯学部	50	1979	×																				
	薬学部	80					2	2				4		4	1	4	9	1	3		2	6		19
熊本	教育学部	290	1949											4	1	3	8	1	3	2		6		14
	理学部	90	1949											4	1	3	8	1	3	2		6		14
	工学部	513	1949										2	4	1	3	10	1	3	2		6		16
	医学部	254	1949											4	1	3	8	1	3	2		6		14
大分	工学部	370	1972	×																				
	医学部	155	1978	×														1				1		1
宮崎	教育文化学部	230	1999				2					2	2	4	1	4	11	2	2	2		6		19
	農学部	265	1949		1	3	4	2		4	1	15	2	4	4	4	14	2	3	2	2	9		38
鹿児島	法文学部	395	1965											2	1	3	6	2	1	2		5		11
	教育学部	275	1949	×																				
	農学部	235	1949											1	1	1	3	1				1		4
鹿屋体育	体育学部	170	1984				2	2				4		4	1	3	8	1	3			4		16

※( )は満点値

大学名	学部名 ※一部全学、学科、専攻としての回答を含む	1年生定員	設置年度	初年次ゼミの設定なし=×	【A】G学習(4)	【B】G宿題(4)	【C】プレゼン(4)	【D】レポート提出(4)	【E】フィールドワーク(4)	【F】ディベート(4)	【G】ふり返り(4)	【A〜G】計(28)	【H】初期把握(2)	【I】ゼミカバー率(4)	【J】ゼミボリューム(4)	【K】担当学生数(4)	【H〜K】計(14)	【L】効果測定(6)	【M】平準化・レベル向上(4)	【N】活動評価(2)	【O】インセンティブ(2)	【L〜O】計(14)	ゼミSA活用ポイント(2)	合計(58)
琉球	工学部	350	1979				1	2	1		2	6	1	3	4	1	9	2	1	2		5		20
	医学部	102	1981	×																				
札幌医科	医学部	105																						
	保健医療学部	90	1993	×																				
公立はこだて未来	システム情報学部	240	2000	×									2				2	3		2	2	7		9
名寄市立	保健福祉学部	140	2006				2	2				4		4	1	4	9	1	2	2		5		18
山形県立保健医療	保健医療学部	90	2000	×																2		2		2
岩手県立	社会福祉学部	90	1998		2		2	2		3		9		4	2	4	10	2	1	2		5		24
	ソフトウェア情報学部	160	1998		4	3	2	4		4	4	21		4	2	3	9	2	3	2		7		37
	看護学部	90	1998											4	2		6	1	1	2		4		10
	総合政策学部	100	1998											4	2	4	10	1	2	2		5		15
宮城	食産業学部	120	2005										2	4	1	4	11		1			1		12
青森県立保健	健康科学部	210	1999		4	3	2	2				11		4	2	3	9	1	3	2		6		26
秋田県立	システム科学技術学部	240	1999	×									2				2	1		2	2	5		7
	生物資源科学部	150	1999					2				2		4	1	1	6	1	4	2		7		15
会津	コンピュータ理工学部	260	1993	×														3				3		3
茨城県立医療	保健医療学部	170	1995																					
国際教養	国際教養学部	150	2004	×									2				2	1			2	3		5
前橋工科	工学部	222		×																				

群馬県立女子	文学部	140	1980											4	1	3	8	1	3	2		6		14
	国際コミュニケーション学部	60	2005				2	2				4		4	1		5	1	3	2		6		15
埼玉県立	保健医療福祉学部	370	1999		3			3				6		4	1	4	9	1	3	2		6		21
首都大学東京	都市教養学部	900	2005										1	4	1	3	9	1	4	2		7	2	18
	システムデザイン学部	270	2005																					
	都市環境学部	200	2005										1	4	1	3	9	1	4	2		7	2	18
	健康福祉学部	200	2005										1	4	1	3	9	1	4	2		7	2	18
	全学部	1570	2005										1	4	1	3	9	1	4	2		7	2	18
横浜市立	医学(医学科)	90	1952		1		1	1		1		4	1	2	1	4	8		1			1		13
	医学部(看護学科)	80	2005	×									1				1							1
新潟県立看護	看護学部	100	2002	×																				
石川県立	生物資源環境学部	120	2005											1	1	4	6	1		2	2	5		11
福井県立	生物資源学部	40	1992				2	2		3		7	2	4	1	3	10	1	3	2	2	8		25
	看護福祉学部	80	1999				2	2		3		7	2	4	1	3	10	1	3	2	2	8		25
山梨県立	人間福祉学部	80	2005			3	1	3			4	11	1	4	2	1	8	2	2	2		6		25
岐阜薬科	薬学部	120	1949	×																				
静岡県立	国際関係学部	180	1987	×														1			2	3		3
	経営情報学部	100	1987											1	1	4	6	1	1	2	2	6		12
	看護学部	55	1997		4	2	3	2				11		4	1	4	9	3	1	2		6		26
	薬学部	120	1987													4	4	1		2	2	5		9
	食品栄養科学部	50	1987		3		2			2		7	1	4	1	4	10	1	2	2		5		22
愛知県立	外国語学部	340	2009				2	2		2		6		4	1	2	7		1			1		14
	日本文化学部	100		×																				
	文学部	90		×																				
名古屋市立	看護学部	80	1999		4	3	2	2	3	3	4	21	2	4	2	3	11	2	3	2		7		39
三重県立看護	看護学部	100	1997	×														2		2		4		4

※( )は満点値

大学名	学部名 ※一部全学、学科、専攻としての回答を含む	1年生定員	設置年度	初年次ゼミの設定なし=×	【A】G学習(4)	【B】G宿題(4)	【C】プレゼン(4)	【D】レポート提出(4)	【E】フィールドワーク(4)	【F】ディベート(4)	【G】ふり返り(4)	【A~G】計(28)	【H】初期把握(2)	【I】ゼミカバー率(4)	【J】ゼミボリューム(4)	【K】担当学生数(4)	【H~K】計(14)	【L】効果測定(6)	【M】平準化・レベル向上(4)	【N】活動評価(2)	【O】インセンティブ(2)	【L~O】計(14)	ゼミSA活用ポイント(2)	合計(58)
滋賀県立	人間文化学部	70	1995		2	1		1	2			6	2	4	1	3	10		3	2		5		21
	人間看護学部	60	2003			2		2				4		4	1	4	9	2	3	2		7		20
大阪市立	文学部	170	1953											1	1	3	5	2	3	2		7		12
	生活科学部	130		×																				
	法学部	150	1953				2	2				4	2	3	1	1	7	1	3	2		6		17
	経済学部	200	1949			1		2				3	1	4	1	3	9	1	2			3		15
	理学部	144	1959		1			1				2	1	1	1	1	4	1	2	2		5		11
大阪府立	経済学部	250	1954			2		3				5		3	2	3	8	2	3	2		7		20
	生命環境科学部	165	2005	×									1				1			2		2		3
	総合リハビリテーション学部	75	2003	×														1				1		1
神戸市看護	看護学科	80	1996		4		2	2				8		4	1	4	9	1	2			3		20
神戸市外国語	外国語学部	320		×																				
兵庫県立	経営学部	230	1929										2	4	2	3	11		4	2		6		17
	経済学部	200	2004			2	4	2		2		10		4	2	3	9	2	4	2	2	10		29
	工学部	352	1949					4				4		4	1	1	6	1	1	2		4		14
	看護学部	100	2004	×																				
奈良県立	地域創造学部	150	2001					2				2		4	2	4	10		1			1		13
和歌山県立医科	保健看護学部	80	2004		4		3	2		4		13		4	2	4	10	1	3	2	2	8		31
島根県立	総合政策学部	220	2000				2	2				4		4	2	3	9		2	2		4		17
岡山県立	情報工学部	140	1993		1	4	2	2	2			11	2	4	1	4	11	2	4	2		8	2	32
	保健福祉学部	140	1993											2	1	4	7		1			1		8

尾道	経済情報学部	200	2001				4					4		4	1	4	9	3	2	2	2	9		22
県立広島	生命環境学部	165	2005			1		2				3	2	4	1	3	10	1	1	2	2	6		19
広島市立	国際学部	100	1994		4	2		2		2		10		4	2	4	10	1	3	2		6		26
	情報科学部	210	1994	×														1		2	2	5		5
下関市立	経済学部	450	1962				2	2				4		4	1	3	8	1	2	2		5		17
香川県立保健医療	保健医療学部	90	2004		4		2					6		4	1	3	8	2	1			3		17
高知女子	看護学部	45			3			2				5		2	1	4	7	1	1			2		14
	生活科学部	60		×									1				1	2		2		4		5
北九州市立	文学部	222	1966	×																2		2		2
	外国語学部	250	1946				1	2				3		4	1	1	6	1	2	2		5		14
九州歯科	歯学部	95		×																				
福岡県立	看護学部	100	2003		4	3	2	3	2	3	4	21	2	4	1	4	11	2	4	2		8		40
福岡女子	人間環境学部	90	1995	×									2				2	2				2		4
長崎県立	国際情報学部	145	1999					3			2	5		4	1	2	7	1	3	2	2	8		20
	経済学部	450	2008				2					2		4	2	3	9	2	2	2		6		17
熊本県立	文学部	90	1980		3			4				7		4	1	3	8	2	3	2		7		22
沖縄県立芸術	音楽学部	40	1990	×														1				1		1
	美術工芸学部	65	1986	×																				
旭川	経済学部	100	1968		4		2	3		4	4	17	2	4	2	4	12	3	4	2		9		38
	保健福祉学部	120	2008		1	4	1	1	1	1	1	10	2	4	1	4	11	2	4	2		8	2	31
札幌	外国語学部	110	1967		1	2	1	1		1	1	7		3	1	3	7	3	3	2		8		22
	文化学部	230	1997		4							4		4	1	4	9	1	3			4		17
	法学部	220	1989		3	1		3		4		11		4	2	3	9	1	3	2		6		26
	経営学部	350	1968											4	1	3	8		2	2		4		12
	経済学部	300	1967					2		4		6		3	1	4	8	1	3	2		6		20
札幌学院	法学部	200	1984				4	2				6		3	2	3	8		3	2		5		19
	経済学部	200	1991				4					4		4	1	3	8	2	2	2		6		18
	商学部	200	1968		4		4	3				11	2	4	2	4	12	2	2	2		6	2	31
	社会情報学部	150	1991				2					2	2	4	1	3	10	1	3	2		6		18
	人文学部	340	1977											4	2	3	9	1	2			3		12

※( )は満点値

大学名	学部名 ※一部全学、学科、専攻としての回答を含む	1年生定員	設置年度	初年次ゼミの設定なし=×	【A】G学習(4)	【B】G宿題(4)	【C】プレゼン(4)	【D】レポート提出(4)	【E】フィールドワーク(4)	【F】ディベート(4)	【G】ふり返り(4)	【A~G】計(28)	【H】初期把握(2)	【I】ゼミカバー率(4)	【J】ゼミボリューム(4)	【K】担当学生数(4)	【H~K】計(14)	【L】効果測定(6)	【M】平準化・レベル向上(4)	【N】活動評価(2)	【O】インセンティブ(2)	【L~O】計(14)	ゼミSA活用ポイント(2)	合計(58)
道都	社会福祉学部	120	1978											4	1	3	8		1			1		9
	経営学部	120	2001				3	3			4	10		4	2	3	9	3	3	2	2	10		29
函館	商学部	200	1965					2				2		4	2	3	9	1	2			3		14
藤女子	文学部	240	1961												2	3	5	2	1	2	2	7		12
	人間生活学部	240	1992	×														2		2		4		4
北星学園	文学部	203											1	2	1	3	7	1	3	2		6		13
	社会福祉学部	234		×														1				1		1
	経済学部	364	1965					1				1		3		3	6		1			1		8
北海学園	人文学部	265	1993					3				3		4	2	3	9	2	3	2		7		19
	法学部	255		×																				
	経営学部	300	2003	×																				
	経済学部	300	1952											3	2	3	8	1	2	2	2	7		15
	工学部	260																						
北海商科	商学部	150	2006											3	1	3	7	1	1			2		9
北海道情報	経営情報学部	220	1989				2	2	2			6		4	2	2	8	3	3	2		8		22
	情報メディア学部	160	2001				2	2	2			6		4	2	2	8	3	3	2		8		22
北海道薬科	薬学部	210	1974		3		2	2			2	9	2	4	1	4	11	2	3			5		25
北海道工業	医療工学部	100	2008		3		2	2	2	3	2	14	2	4	2	4	12	2	3	2		7	2	35
	空間創造学部	220	2008		3	3	2	4	2			14	2	4	2	3	11	3	2	2		7		32
	創生工学部	330	2008		1		1	4			2	8	2	4	4	3	13	1	3	2		6		27
	未来デザイン学部	150	2008							1	3	4		4	2	4	10	2	3	2	2	9		23

北海道医療	心理科学部	110	2002	×									1				1	1		2		3		4
	看護福祉学部	180			1							1	2	2	1	4	9	1	3	2		6		16
	歯学部	96	1978	×									2				2							2
	薬学部	150	1974										2	4	1	2	9	1	1			2		11
千歳科学技術	総合光科学部	240	1998	×																				
天使	看護栄養学部・看護学科	80	2000		3	1	2	2		3		11		4	1	3	8	1	3	2		6		25
	看護栄養学部・栄養学科	85	2000			1	2	2				5		4		3	7	1	3	2		6		18
稚内北星学園	情報メディア学部	70	2000		3	2	2	3				10		4	2	3	9		2			2		21
八戸工業	工学部	430	1972					2		2	2	6	2	3	2	1	8		3	2		5		19
八戸	ビジネス学部	80	1981				2	2				4	1	4	2	4	11	2	3	2		7		22
岩手医科	医学部	90	1901	×									2				2	2		2	2	6		8
	歯学部	80	1965	×									2				2	2		2	2	6		8
	薬学部	160	2007	×									2				2	2		2	2	6		8
石巻専修	経営学部	240	1989										2	4	2	3	11	1	1			2		13
	理工学部	200	1989										2	4	2	4	12	2	2			4		16
東北学院	文学部	410	1964	×																2		2		2
	経営学部	310	2009					1				1	2	3	1	3	9	2	2	2		6		16
	経済学部	570	1964				3	2				5	2	4	2	3	11		2	2		4		20
	工学部	440	1962		1		1	1			1	4	2		1	1	4		3			3		11
	教養学部・情報科学科	100	1988	×		1		3				4	2		1	1	4	1	1	2		4		12
東北工業	工学部	540	1964		1	3	1	1	1	1		8		4	1	4	9	1	2			3		20
	ライフデザイン学部	220	2000				1	1	1		1	4	2	4	2	4	12		2			2		18
東北福祉	子ども科学部	150	2006											4	2	2	8		3			3		11
	総合福祉学部	520	1962		3	2	3	2	1	1	1	13	2	4	1	2	9	2	3	2	2	9	2	33
	総合マネジメント学部	200	2008		3	2	2	2	1	2	1	13	2	4	1	2	9	2	3	2	2	9	2	33
	健康科学部	230	2006					2	2		2	6	2	4	2	3	11	2	3	2	2	9		26

※( )は満点値

大学名	学部名 ※一部全学、学科、専攻としての回答を含む	1年生定員	設置年度	初年次ゼミの設定なし=×	【A】G学習(4)	【B】G宿題(4)	【C】プレゼン(4)	【D】レポート提出(4)	【E】フィールドワーク(4)	【F】ディベート(4)	【G】ふり返り(4)	【A~G】計(28)	【H】初期把握(2)	【I】ゼミカバー率(4)	【J】ゼミボリューム(4)	【K】担当学生数(4)	【H~K】計(14)	【L】効果測定(6)	【M】平準化・レベル向上(4)	【N】活動評価(2)	【O】インセンティブ(2)	【L~O】計(14)	ゼミSA活用ポイント(2)	合計(58)
仙台白百合女子	人間学部・国際教養学科	70	1996					1				1	2	2		3	7	3				3		11
	人間学部・人間発達学科	70	1996			1		1				2	2	2	1	3	8	3	4			7		17
	人間学部・総合福祉学科	70	1996			2		1				3	2	2	2	3	9	3	1			4		16
	人間学部・健康栄養学科	70	1996					1				1	2	2		3	7	3				3		11
東北文化学園	医療福祉学部	400	1999		1		1	1	1		1	5		2	1	3	6	1	1	2		4		15
	総合政策学部	175	1999										2	4	1	4	11	1	1			2		13
東北芸術工科	デザイン工学部	446	1992										2	4	1	3	10	2	3	2	2	9		19
	芸術学部	446	1992										2	4	1	3	10	2	3	2	2	9		19
東北公益文科	公益学部	240	2001											4	2	4	10		1			1		11
流通経済	社会学部	270	1988		4		1			2		7	2	4	2	4	12	3	3	2		8		27
	法学部	200	2001		4		1			2		7	2	4	2	4	12	3	3	2		8		27
	経済学部	400	1965		4		1			2		7	2	4	2	4	12	3	3	2		8		27
	流通情報学部	160	1996		4		1			2		7	2	4	2	4	12	3	3	2		8		27
	スポーツ健康科学部	200	2006		4		1			2		7	2	4	2	4	12	3	3	2		8		27
つくば国際	産業社会学部	150	1994										2	4	2	2	10	3	1			4		14
筑波学院	情報コミュニケーション学部	250	2005			3		1			1	5		1	2	4	7	3	2	2		7	2	21
足利工業	工学部	500	1967		1		3		1			5	2	4	2	4	12	2	2	2	2	8	2	27

国際医療福祉	医療福祉学部	160	1997			1		1				2	2	4	2	3	11	2	4	2	2	10		23
	小田原保健医療学部	130	2006	×									2				2	2			2	4		6
	福岡リハビリテーション学部	160	2005		2		2	2	2			8	1	4	1		6	1	3			4		18
	保健医療学部	480	1955		2	3		2				7	1	4	2	1	8	1	1			2		17
	薬学部	180	2006	×									2				2							2
宇都宮共和	シティライフ学部	200	1999	×																				
群馬パース	保健科学部	120	2004		3	3		3		2	4	15	2	4	1	1	8	3	2	2		7		30
共愛学園前橋国際	国際社会学部	200	1999		1	1	3	2			1	8		4	2	4	10	2	4	2		8		26
高崎健康福祉	健康福祉学部	250	2001					4			3	7	2	4	2	4	12	2	1	2		5		24
	看護学部	80		×																				
	薬学部	90	2006	×									2				2	2		2	2	6		8
群馬社会福祉	社会福祉大学	130	2002		2	1		2		3	2	10	2	4	2	3	11	1	3	2		6	2	29
了徳寺	健康科学部	160	2006	×																				
	芸術学部	40	2006	×																				
跡見学園女子	文学部	570	1965					2				2		4	2	1	7	1	2		2	5		14
	マネジメント学部	295	2002					2				2		4	2	1	7	1	2		2	5		14
東京国際	言語コミュニケーション学部	125	2004		3	3	3	4		2	3	18		4	2	3	9	3	4	2		9	2	38
	国際関係学部	230	1995											4	2	2	8		1			1		9
	人間社会学部	270	1995				2					2		4	2	3	9	1	4			5		16
	経済学部	300	1989				4					4		4	1	3	8	2	3	2		7		19
	商学部	450	1965											4	2	3	9		1			1		10
埼玉工業	人間社会学部	190	2002				2	2				4	2		1	3	6		2			2		12
	工学部	310	1976											3	2	4	9	1	2	2		5		14
明海	外国語学部	350	1988	×																				
	経済学部	400	1988			2		3				5	1	4	2	2	9	1	3		2	6		20
	不動産学部	250	1992	×														1				1		1
城西	経済学部	300	1965											4	2	2	8	1	1			2		10
	理学部化学科	80	1965				1	1				2	2	4	2	3	11	2	4	2		8		21
	理学部数学科	80	1965										1	3	2	3	9	2	4			6		15

※( )は満点値

大学名	学部名 ※一部全学、学科、専攻としての回答を含む	1年生定員	設置年度	初年次ゼミの設定なし=×	【A】G学習（4）	【B】G宿題（4）	【C】プレゼン（4）	【D】レポート提出（4）	【E】フィールドワーク（4）	【F】ディベート（4）	【G】ふり返り（4）	【A~G】計（28）	【H】初期把握（2）	【I】ゼミカバー率（4）	【J】ゼミボリューム（4）	【K】担当学生数（4）	【H~K】計（14）	【L】効果測定（6）	【M】平準化・レベル向上（4）	【N】活動評価（2）	【O】インセンティブ（2）	【L~O】計（14）	ゼミSA活用ポイント（2）	合計（58）
駿河台	現代文化学部	160	1997			2	3	3	2		2	12	2	4	2	3	11	2	4	2		8		31
	法学部	285	1987				2	2				4		4	2	3	9	2	3	2		7		20
	経済学部	240	1990		2	3	2	3	2		2	14	2	4	2	3	11	4	4	2	2	12		37
	文化情報学部	230	1994		3	3	3	2				11	2	4	1	3	10	1	4	2		7		28
獨協	外国語学部	565	1964	×																				
	国際教養学部	150	2007			3		3	2			8	2	4	2	3	11	1	4	2	2	9		28
	経済学部	780	1964		2	3	2	2				9		4	1	1	6	2	4	2		8		23
日本工業	工学部	1000	1967				1	2	2			5	2	4	1	3	10		3		2	5		20
文教	教育学部	220	1969				2	2				4	2	4	1	1	8		2			2		14
	文学部	360	1987											4	2	2	8	1	2			3		11
	国際学部	300	1991		3		3	2	2	2	4	16	2	4	1	2	9	1	4	2	2	9	2	36
	情報学部	150			1			1				2	2	4	1	3	10		2			2		14
	人間科学部	400	1976											4	1	1	6	1	2	2		5		11
文京学院	外国語学部	200	2001	×														2		2	2	6		6
	人間学部	400	1997					1				1	1	4	1	3	9	2	4	2	2	10		20
	経営学部	200	1991		2	3	2	2			2	11	1	4	1	3	9	3	4	2		9		29
	保健医療技術学部	200	2006	×									1				1	1		2	2	5		6
平成国際	法学部	300	1996					3				3		4	2	3	9	1	4	2		7		19
西武文理	サービス経営学部	280	1999	×									2				2	1		2	2	5		7
日本薬科	薬学部	320	2004		1		1	1	1			4	2	4	2	1	9	2	2	2		6		19

川村学園女子	教育学部	200	1991		4	3	1	3		1	1	13	2	4	1	3	10	3	3	2		8		31
	人間文化学部	200	2000				3	2		3		8	2	4	1	4	11	1	3	2		6		25
	文学部	200	1988		3	3	3	3				12	2	4	1	3	10	2	3	2		7		29
神田外語	外国語学部	800	1987		4		3	3				10	2	4	1		7	1	3	2		6		23
国際武道	体育学部	440	1984	×																				
淑徳	総合福祉学部	575	1965		2		2	3		2		9		4	1	2	7	1	2			3		19
	看護学部	100	2007		2		2	3		2		9		4	1	2	7	1	2			3		19
	国際コミュニケーション学部	425	1996		3	3	4	4	2			16	2	4	1	4	11	4	3	2		9		36
聖徳	人文学部	605								2		2	2	4	1	1	8	1	2	2		5		15
	児童学部	600								2		2	2	4	1	1	8	1	2	2		5		15
千葉工業	工学部	1435	2001										2		1		3			2		2		5
	情報科学部	280	2001										2		1		3	1	1	2	2	6		9
千葉商科	商経学部	1000	1955		3	1	2	2		2		10		4	2	3	9	1	4	2		7	2	28
	政策情報学部	200	2000		2	1	2	2				7	2	4	2	4	12	2	3	2		7		26
中央学院	法学部	300	1985				1	1	1			3		4	2	3	9		3			3		15
	商学部	420	1966											4	2	3	9		3			3		12
東京情報	総合情報学部	504	2001											4	1	4	9		2			2		11
東洋学園	人文学部	420	1992		4	2	2	2	2	2	4	18	2	4	1	2	9	3	4	2	2	11		38
和洋女子	人文学群	620	2008					3				3		4	1	2	7	1	2	2		5		15
	家政学群	620	2008					3				3		4	1	2	7	1	2	2		5		15
東京成徳	人文学部	150	1993		3		3	3	3	4	4	20	2	4	1	2	9	1	4	2		7		36
東京富士	経営学部	230	2002					2				2	2	4	2	3	11	3	3	2		8		21
亜細亜	国際関係学部	250	1990		4			2				6	2	4	1	3	10		4			4		20
	法学部	350	1967					2				2	2	4	1	3	10	1	2	2		5		17
	経営学部	430				2						2	2	4	1	3	10	2	4	2	2	10		22
	経済学部	250	1964											4	1	3	8	1	3	2		6		14
大妻女子	比較文化学部	150	1999											4	1	2	7	1	2			3		10
	文学部	300	1967					1				1	1	2	2		5	2	4	2		8		14
	人間関係学部	250	1999		2	2	1	1	1		1	8			1	3	4		2			2		14
	家政学部	400	1949	×																				
	社会情報学部	300	1992				1	3				4	2	4	1	2	9	3	1			4		17

※( )は満点値

大学名	学部名 ※一部全学、学科、専攻としての回答を含む	1年生定員	設置年度	初年次ゼミの設定なし=×	【A】G学習(4)	【B】G宿題(4)	【C】プレゼン(4)	【D】レポート提出(4)	【E】フィールドワーク(4)	【F】ディベート(4)	【G】ふり返り(4)	【A~G】計(28)	【H】初期把握(2)	【I】ゼミカバー率(4)	【J】ゼミボリューム(4)	【K】担当学生数(4)	【H~K】計(14)	【L】効果測定(6)	【M】平準化・レベル向上(4)	【N】活動評価(2)	【O】インセンティブ(2)	【L~O】計(14)	ゼミSA活用ポイント(2)	合計(58)
桜美林	リベラルアーツ学群	950	2007			1	3	2				6		4	1	3	8	2	4	2		8		22
	健康福祉学群	200		×																				
	ビジネスマネジメント学群	400	2006		4		4					8		4	1	3	8		3			3		19
	総合文化学群	250	2005	×																				
学習院	文学部	625	1949				1	1				2		4	4	1	9	1	3	4		8		19
	法学部	480	1964												1	3	4		1			1		5
	経済学部	500	1964											3	1	3	7	1	1	2		4		11
	理学部	210	1949			2	1					3			1	4	5		1	2		3		11
共立女子	国際学部	250	1990				4	2				6		4	1	2	7	1	3	2		6		19
	文芸学部	350	1953		3		2					5		4	1	2	7	1	3			4		16
	家政学部	375	1949											4	1	1	6		3			3		9
杏林	外国語学部	260	1988					2				2		4	2	2	8	2	2			4		14
	医学部	90	1970	×																				
	保健学部	280	1979	×														1		2		3		3
	総合政策学部	300	1984	×																2		2		2
国立音楽	音楽学部	450	1950					2				2		4	1	1	6	1	4	2		7		15
恵泉女学園	人間社会学部	205	2005				2	2				4		4	2	3	9	1	2	2		5		18
	人文学部	205	1988		4		4	2				10		4	1	3	8	1	3	2		6		24

国士舘	文学部	390	1966	×															2			2		2
	21世紀アジア学部	400	2002					2				2	1	4	2	2	9	2	2			4		15
	政経学部	805	1961											4	2	1	7		4			4		11
	法学部	400	1966										2	4	1	3	10		4	2	2	8		18
	理工学部	320	2007										1	4	1	1	7	1	3			4		11
	体育学部	505	1958	×																				
駒澤	グローバルメディア・スタディーズ学部	300	2006	×																				
	仏教学部	180	1949										2		1	1	4	2	2	2	2	8		12
	法学部	650	1946											3	1	2	6							6
	経済学部	730	1949											3	1	1	5		2			2		7
	医療健康科学部	60	2003										2		1	3	6	1	2	2		5		11
杉野服飾	服飾学部	240	2002	×									2				2							2
昭和	医学部	580	1946		4	3	4	4		3	4	22	2	4	1	4	11	3	4	2		9		42
	歯学部	580	1946		4	3	4	4		3	4	22	2	4	1	4	11	3	4	2		9		42
	保健医療学部	580	1946		4	3	4	4		3	4	22	2	4	1	4	11	3	4	2		9		42
	薬学部	580	1946		4	3	4	4		3	4	22	2	4	1	4	11	3	4	2		9		42
昭和女子	人間社会学部・現代教養学科	80	2003			3		2		4		9		4	1	2	7	4	3	2	2	11		27
	人間社会学部・初等教育学科	100			1	2	1	1			1	6			2	1	3	2	4			6		15
	人間社会学部・心理学科	60			1	1		1			1	4		3	2		5		3			3		12
	人間文化学部・英語コミュニケーション学科	160				2	1	1				4		4	1	2	7	3	4	2		9		20
	人間文化学部・日本語日本文学科	120			1	2	1	1		1		6			1	3	4	1	4	2		7		17
	人間文化学部・歴史文化学科	75		×									2				2	1				1		3
	生活科学部・環境デザイン学科	160		×									2				2	1				1		3
	生活科学部・生活科学科	117		×									2				2	2				2		4

※( )は満点値

大学名	学部名 ※一部全学、学科、専攻としての回答を含む	1年生定員	設置年度	初年次ゼミの設定なし=×	【A】G学習(4)	【B】G宿題(4)	【C】プレゼン(4)	【D】レポート提出(4)	【E】フィールドワーク(4)	【F】ディベート(4)	【G】ふり返り(4)	【A~G】計(28)	【H】初期把握(2)	【I】ゼミカバー率(4)	【J】ゼミボリューム(4)	【K】担当学生数(4)	【H~K】計(14)	【L】効果測定(6)	【M】平準化・レベル向上(4)	【N】活動評価(2)	【O】インセンティブ(2)	【L~O】計(14)	ゼミSA活用ポイント(2)	合計(58)
成蹊	文学部	403	1965											4	1	2	7	1	2	2		5		12
	法学部	390	1968											1	2	3	6	1	3	2		6		12
	経済学部	435	1968											4	1	3	8	2	2	2		6		14
	理工学部	360	2005										2	4	1	3	10	1	1	2		4		14
聖心女子	文学部	450	1948		4		4	2				10	2	4	1	2	9	2	3	2		7		26
清泉女子	文学部	390	1950		4	3	3	2	4			16		4	1	4	9	1	4	2		7	2	34
大東文化	外国語学部	400	1972											3	2	2	7	1	1			2		9
	国際関係学部	200	1986		4	2	3	3		2		14	2	4	2	3	11	3	4	4		11		36
	法学部	150	1990												2	1	3	1	2			3		6
	経営学部	360	2000										2	4	2	3	11	2	3	2	2	9		20
	経済学部	360	1962											4	2	3	9	2	3	2		7		16
	スポーツ・健康科学部	200	2005		1		1	1			1	4		2	2		4		2	2		4		12
	環境創造学部	165	2001		1		1					2		4	2	3	9	2	1	2	2	7		18
大正	文学部	825	1949		3	2	2					7	2	4	2	1	9	1	4	2		7		23
	人間学部	825	1992		3	2	2					7	2	4	2	1	9	1	4	2		7		23
多摩	グローバルスタディーズ学部	150	2007	×																				
	経営情報学部	320	1989		4	3		3		3	3	16		4	1	4	9	2	3	2		7	2	34

玉川	リベラルアーツ学部	160			4	2	1	1	1	4	4	17		4		1	5	1	4	4		9		31
	教育学部	290	2002		2	3		2			2	9	2	4	2	1	9	3	4	2	2	11		29
	経営学部	220			4	2	1	1	1	4	4	17		4		1	5	1	4	4		9		31
	工学部	240	1962		1		2	4			1	8	2	4	2	2	10	2	4	2	2	10		28
	農学部	250			4	2	1	1	1	4	4	17		4		1	5	1	4	4		9		31
	芸術学部	270	2002		4	2	2	2			4	14		4	1	1	6	4	4	2	2	12		32
	文学部	210	1947		3		3	2			2	10	1	4	1	1	7	3	4	2	2	11		28
中央	文学部	900	1951											4	2	3	9	1	1	2		4		13
	法学部	1370	1949										2	3	2	3	10	1	2	2		5		15
	経済学部	945	1905										2	4	1	3	10	2	2	2		6		16
	商学部	1200	1909											2	2	3	7							7
	理工学部	860	1949	×									2				2	3		2		5		7
	総合政策学部	250	1993				4					4		4	1	4	9	1	3	2		6		19
津田塾	学芸学部	580	1948	×														1				1		1
東京家政	文学部	215	1986	×														3		2		5		5
	家政学部	782	1949	×																				
東京経済	コミュニケーション学部	200	1994											4	1	3	8	1	3	2	2	8		16
	経営学部	2000	1964											4	1	3	8	2	3	2		7		15
	経済学部	455	1949											4	1	3	8	1	3	2	2	8		16
東京工科	コンピュータサイエンス学部	480	2003					4				4	2	4	1	3	10	1	1	2		4		18
	応用生物学部	240	2003				4	2		2		8	2	4	1	3	10	1	1	2		4		22
	メディア学部	400	1999		2							2	2	4	1	3	10	1	1	2		4		16
東京女子	現代文化学部	275	1988			4						4		3	2	2	7	2	2	2		6		17
	文理学部	615	1961												2	2	4	2	2	2		6		10
東京神学	神学部	25	1949	×																				
東京電機	工学部	610	2007	×																				
	未来科学部	350	2007	×																				
	理工学部	600											2	3	1	2	8	1	3	2		6		14
	情報環境学部	240	2001	×														1				1		1

※( )は満点値

大学名	学部名 ※一部全学、学科、専攻としての回答を含む	1年生定員	設置年度	初年次ゼミの設定なし=×	【A】G学習(4)	【B】G宿題(4)	【C】プレゼン(4)	【D】レポート提出(4)	【E】フィールドワーク(4)	【F】ディベート(4)	【G】ふり返り(4)	【A〜G】計(28)	【H】初期把握(2)	【I】ゼミカバー率(4)	【J】ゼミボリューム(4)	【K】担当学生数(4)	【H〜K】計(14)	【L】効果測定(6)	【M】平準化・レベル向上(4)	【N】活動評価(2)	【O】インセンティブ(2)	【L〜O】計(14)	ゼミSA活用ポイント(2)	合計(58)
東京薬科	薬学部	420					2			4	4	10	1	4	1	4	10	1	4	2		7		27
東京理科	経営学部	240	1993	×																2	2	4		4
	理学部	600	1949	×																				
	基礎工学部	300	1987	×									2				2	4				4		6
	工学部	450	1962	×														3		2		5		5
	理工学部	1115	1967	×									1				1	2		2		4		5
	薬学部	180		×																2	2	4		4
東邦	理学部	490	1950	×																				
	医学部	110	2002	×														2		2		4		4
	薬学部	220	1930		4		2					6	2	4	2	4	12	1	1			2		20
日本	文理学部	1750	1958	×																				
	国際関係学部	650	1979		1	3	1	1	1			7	2	2	2	3	9	1	4	2		7		23
	法学部	1700	1949	×																				
	経済学部	1500	1949				3	2				5	2	3	1	3	9	2	1	2		5		19
	商学部	1200	1957	×																				
	理工学部	2020	1949			3		4				7	2	4	2	1	9	2	1	2	2	7		23
	工学部	1030	1949	×									2				2							2
	生産工学部	1400	1966	×																				
	生物資源科学部	1410	1996										1	1	2	1	5	2	3	2	2	9		14
	医学部	120	1952		3	2	3	3	3			14	2	4	4	4	14	1	2			3		31
	歯学部	160	1947	×									2				2	1				1		3
	松戸歯学部	160	1976		4		2	3			4	13	2	4	1	4	11	2	2		2	6		30
	薬学部	240	1988	×																				
	芸術学部	840	1949	×														1				1		1

日本社会事業	社会福祉学部	150	1958		4			2		4	2	12		4	2	2	8	5	3	2	2	12		32
日本獣医生命科学	応用生命科学部	160	2003	×									1				1			2	2	4		5
	獣医学部	160	2003	×														2		2		4		4
日本女子	人間社会学部	400	1990											3	2	2	7	2	1	2		5		12
	文学部	310	1948											4	2	2	8		1			1		9
	理学部	155	1992	×																				
	家政学部	375	1948	×														2		2		4		4
日本赤十字看護	看護学部	130	1986		3		4	2	4	4		17	2	4	1	3	10	1	2	2		5		32
ルーテル学院	総合人間学部	100	1964		3		2	2			3	10	2	4	1	3	10	3	2	2		7		27
文化女子	現代文化学部	130	2004		4		2	2	4			12		4	1	1	6	1	1			2		20
	服装学部	500	2000		4		2	2	4			12		4	1	1	6	1	1			2		20
	造形学部	260	2000		4		2	2	4			12		4	1	1	6	1	1			2		20
法政	国際文化学部	240	1999		2	1	2	2				7		4	1	3	8	2	3	2		7		22
	現代福祉学部	220	2000											3	2	2	7	2	3			5		12
	社会学部	700	1952				4					4	2	3	2	3	10		2	2	2	6		20
	法学部	760	1920											1	2	2	5	1	3	2		6		11
	経営学部	735	1959										1	1	2	3	7	1	1			2		9
	経済学部	840	1920											4	2	1	7		3	2		5		12
	デザイン工学部	80	2007		1			1	1	1		4	2	4	1	4	11		2			2		17
	生命科学部	200	2008		1			1				2		3	2	3	8	3				3		13
	スポーツ健康学部	150	2009										2	4	2	3	11	1	2	2		5		16
	キャリアデザイン学部	280	2003		3	3	2	2			2	12	2	4	2	4	12	2	4	2	2	10	2	36
	情報科学部	150	2000					3				3	2	3	1	4	10	3	2	2		7	2	22
	人間環境学部	320	1999				2	2		4		8		4	1	3	8	1	2			3		19
武蔵	人文学部	300	1969				2	2				4		4	2	3	9	2	2	2	2	8		21
	社会学部	230	1998										2	4	2	3	11	1	2			3		14
	経済学部	400	1949											4	2	3	9	1	1			2		11

※（）は満点値

大学名	学部名 ※一部全学、学科、専攻としての回答を含む	1年生定員	設置年度	初年次ゼミの設定なし=×	【A】G学習（4）	【B】G宿題（4）	【C】プレゼン（4）	【D】レポート提出（4）	【E】フィールドワーク（4）	【F】ディベート（4）	【G】ふり返り（4）	【A～G】計（28）	【H】初期把握（2）	【I】ゼミカバー率（4）	【J】ゼミボリューム（4）	【K】担当学生数（4）	【H～K】計（14）	【L】効果測定（6）	【M】平準化・レベル向上（4）	【N】活動評価（2）	【O】インセンティブ（2）	【L～O】計（14）	ゼミSA活用ポイント（2）	合計（58）
東京都市	都市生活学部	150	2009		3		3	3		3		12	2	4	2	3	11	1	3			4		27
	工学部	590	1929	×																				
	知識工学部	225	2007	×																				
	人間科学部	100	2009		3		3	2		3		11	2	4	1	4	11	1	2	2		5		27
	環境情報学部	390	1997	×									2				2							2
武蔵野美術	造形学部	986	1962	×									1				1			2		2		3
武蔵野	文学部（英語・英米文学科）	150	1966								1	1		4		1	5	3	3			6		12
	文学部（日本語・日本文学科）	150	1966			2	1	1				4	1	4		1	6	2	3			5		15
	人間関係学部（社会福祉学科）	100	1998		1	3	1	1		1		7		4		2	6	1	1			2		15
	政治経済学部	150	2008			2	3	3		2		10		4		2	6	1	4			5		21
	看護学部	110	2006		2	3		2			4	11		4	1	1	6	1	1			2		19
	薬学部	145	2004	×														1		2		3		3
	人間関係学部（環境学科（住環境専攻））	50	2003			2	1	1	1		1	6		4		3	7	1	4			5		18
	人間関係学部（児童学科）	100	2002		2	2	2	2	1			9	2	4		2	8	1	3	2		6		23
	人間関係学部（環境学科（環境アメニティ専攻））	50	2003		1					1		2		4		1	5		2			2		9
	人間関係学部（人間関係学科）	150	1994		1	2	1	1	1	1	1	8		4		2	6	2	4	2	2	10		24

明治	国際日本学部	300	2008	×														3				3		3
	文学部	928	1906					2				2	1	4	2	2	9	3	1	2		6		17
	政治経済学部	1070	1904	×																				
	経営学部	650	1953											2	1	3	6	1				1		7
	商学部	1020	1905											4	1	3	8		1			1		9
	理工学部	925		×																				
	農学部	520	1949		1	1		1	1	1		5		1	1		2	1	2			3		10
	情報コミュニケーション学部	400	2004											3	2	4	9		1			1		10
立正	心理学部	250	2002	×																				
	地球環境科学部	230	1998	×									2				2	2		2		4		6
	仏教学部	105	1949					1				1		2	2	1	5	1	2	2		5		11
	文学部	510	1949		2		2			2		6		4	1	1	6	1	1			2		14
	社会福祉学部・社会福祉学科	200	1996										2	4	2	2	10		1			1		11
	社会福祉学部・人間福祉学科	100	1996				1	1		1		3	2	4	2	2	10		1			1		14
	法学部	300	1981			2		3			2	7	1	4	1	1	7	4	3	2		9		23
	経営学部	300	1967	×														1				1		1
	経済学部	360	1958										1	4	2	3	10	2	3		2	7		17
早稲田	オープン教育センター（全学）	8840			4		4	4		4		16	2	1	1	3	7	5	4	2		11		34
駒沢女子	人文学部	450	1993				1	1				2		4	2	3	9	1	3	2		6		17
学習院女子	国際文化交流学部	340	1998	×																				
東京工芸	工学部	400	1966		4		1	3				8	2	4	1	4	11	2	2	2		6	2	27
	芸術学部	585	1994	×																2		2		2
嘉悦	経営経済学部	300	2001		4	2	3	3		2	2	16	2	4	2	3	11	2	3	2		7	2	36
東京聖栄	健康栄養学部	160	2005	×																				
白梅学園	子ども学部	120	2005											4	2	3	9	2	2			4		13
麻布	獣医学部	240	1957		1		1	1		1		4	2		1		3	1	3			4		11
	生命・環境科学部	240	2008										2	3	1	4	10	1	2			3		13

※（）は満点値

大学名	学部名 ※一部全学、学科、専攻としての回答を含む	1年生定員	設置年度	初年次ゼミの設定なし=×	【A】G学習（4）	【B】G宿題（4）	【C】プレゼン（4）	【D】レポート提出（4）	【E】フィールドワーク（4）	【F】ディベート（4）	【G】ふり返り（4）	【A～G】計（28）	【H】初期把握（2）	【I】ゼミカバー率（4）	【J】ゼミボリューム（4）	【K】担当学生数（4）	【H～K】計（14）	【L】効果測定（6）	【M】平準化・レベル向上（4）	【N】活動評価（2）	【O】インセンティブ（2）	【L～O】計（14）	ゼミSA活用ポイント（2）	合計（58）
神奈川	外国語学部	450			4		3	3		2	2	14		4	1	2	7	2	4	2		8		29
	経営学部	530			4		3	3		2	2	14		4	1	2	7	2	4	2		8		29
	法学部	600			4		3	3		2	2	14		4	1	2	7	2	4	2		8		29
	経済学部	1100			4		3	3		2	2	14		4	1	2	7	2	4	2		8		29
	理学部	380			4		3	3		2	2	14		4	1	2	7	2	4	2		8		29
	工学部	870			4		3	3		2	2	14		4	1	2	7	2	4	2		8		29
	人間科学部	300			4		3	3		2	2	14		4	1	2	7	2	4	2		8		29
	全学部	4230	1949		4		3	3		2	2	14		4	1	2	7	2	4	2		8		29
湘南工科	工学部	500	1963		4				4	4		12	2	4	1	1	8	1	2		2	5		25
産業能率	経営学部	265	2000		4	4	3	3	2		3	19	2	4	2	2	10	2	4	2	2	10		39
	情報マネジメント学部	315	1979		4	4	3	3	2		3	19	2	4	2	2	10	2	4	2	2	10		39
洗足学園音楽	音楽学部	330	1967	×									2				2	2		2	2	6		8
鶴見	文学部	300	1963					1				1			2	2	4		3	2		5		10
	歯学部	128	1970		1	2	1	1		1		6		4	1	1	6	2	4	2		8		20
横浜商科	商学部	300	1968		2	1	3	2				8	2	4	4	1	11	1	4	2		7		26
新潟医療福祉	社会福祉学部	120	2001							1		1		4	1	4	9	1	2	2	2	7		17
	医療技術学部	200	2001							1		1		4	1	4	9	1	2	2	2	7		17
	健康科学部	220	2007							1		1		4	1	4	9	1	2	2	2	7		17
長岡	経済経営学部	160	2001		2	2		2			2	8		4	1		5	3	4	2		9		22
敬和学園	人文学部	200	1991					2				2	2	4	1	3	10		4	2		6		18
新潟薬科	応用生命科学部	120	2002	×									2				2			2		2		4
	薬学部	180	1977	×									1				1							1

長岡造形	造形学部	200	1994	×																				
新潟国際情報	情報文化学部	250	1994											4	1	3	8		1			1		9
金沢医科	医学部	110	1972		4			2				6		4	1	4	9	1	3	2	2	8		23
	看護学部	60	2007	×																				
金沢星稜	経済学部	300	1967			2						2	2	4	2	3	11	2	4	2		8		21
	人間科学部	100	2007			2						2	2	4	2	3	11	2	4	2		8		21
金沢工業	バイオ・化学部	160	2008		3	3	2	3	2	3	4	20	2	4	2	4	12	5	4	2	2	13	2	47
	環境・建築学部	300	2004		3	3	2	3	2	3	4	20	2	4	2	4	12	5	4	2	2	13	2	47
	工学部	580	1965		3	3	2	3	2	3	4	20	2	4	2	3	11	5	4	2	2	13	2	46
	情報学部	440	2004		3	3	2	3	2	3	4	20	2	4	2	4	12	5	4	2	2	13	2	47
北陸学院	人間総合学部	180	2008		1			1				2		4	1	4	9		3			3		14
北陸	未来創造学部	200				2		3				5		4	1	3	8	2	3	2	2	9		22
	薬学部	306	1975	×									2				2	2		2		4		6
松本	総合経営学部	160	2002		2		2	3		2		9	2	4	2	1	9		4	2		6		24
松本歯科	歯学部	80	1972										2	4	2	4	12	3	3	2	2	10		22
岐阜経済	経済学部	140	1967										2	4	2	3	11	2	1	2		5		16
朝日	歯学部	140	1971		4		3	4	3	3	4	21		4	1	4	9	2	3	2		7		37
岐阜女子	文化創造学部	110	2005			2	2	2				6		4	1		5	2	3			5		16
	家政学部	220	1968											1	2	4	7	1	1			2		9
岐阜聖徳学園	外国語学部	150	1990				2	2	2			6		4	1	3	8	1	3	2		6		20
	教育学部	300	1972											4	1	2	7		2			2		9
	経済情報学部	200	1998											4	1	2	7		1			1		8
東海学院	人間関係学部	370	2002										2	4	1	2	9		2			2		11
	健康福祉学部	370	2008										2	4	1	2	9		2			2		11
岐阜医療科学	保健科学部	240	2006		2		2	2				6		4	2	4	10	1	1	2		4		20
浜松学院	現代コミュニケーション学部	200	2004		4		2		2	4		12		4	2	4	10	1	2	2		5		27
静岡理工科	総合情報学部	140	2008		1		1					2		4	1	4	9		2	2		4		15
	理工学部	220	1991		1		1					2		4	1	4	9		2	2		4		15

※( )は満点値

大学名	学部名 ※一部全学、学科、専攻としての回答を含む	1年生定員	設置年度	初年次ゼミの設定なし=×	【A】G学習(4)	【B】G宿題(4)	【C】プレゼン(4)	【D】レポート提出(4)	【E】フィールドワーク(4)	【F】ディベート(4)	【G】ふり返り(4)	【A~G】計(28)	【H】初期把握(2)	【I】ゼミカバー率(4)	【J】ゼミボリューム(4)	【K】担当学生数(4)	【H~K】計(14)	【L】効果測定(6)	【M】平準化・レベル向上(4)	【N】活動評価(2)	【O】インセンティブ(2)	【L~O】計(14)	ゼミSA活用ポイント(2)	合計(58)
浜松	ビジネスデザイン学部	300	2007		1							1	1	4	1	3	9	1	4	2		7		17
	健康プロデュース学部	250	2005				1	1	1	1		4	1	4	1	3	9	1	1	2		4		17
静岡文化芸術	文化政策学部	200	2000											4	2	3	9		2			2		11
	デザイン学部	119	2000		4		2	2	2	3		13	2	4	2		8	2	2			4		25
修文	健康栄養学部	80	2008	×																				
星城	経営学部	300	2002			2	2	4	3		4	15		4	4	2	10	3	4	2		9		34
	リハビリテーション学部	80	2002	×														1		2		3		3
名古屋学芸	ヒューマンケア学部	160	2005		4			3				7		4	1	3	8	2	2			4		19
	管理栄養学部	180	2002	×																				
	メディア造形学部	250	2002	×														1		2		3		3
愛知	現代中国学部	180	1997										2	4	1	2	9		4			4		13
	国際コミュニケーション学部	230	1998				1	1				2	2	4	1	3	10	2	2	2		6		18
	文学部	325	1949	×																				
	法学部	315	1989				2	2				4	2	3	1	3	9	1	3	2		6		19
	経営学部	375	1989										2	2	1	3	8	1	2	2	2	7		15
	経済学部	375	1989				2	2	1	2		7	2	4	1	2	9	4	4	2	2	12	2	30

愛知学院	心身科学部	380						1				1	1	3	2	3	9	1	3	2	2	8		18
	文学部	530	1970		1		1	1				3	2	1	3	3	9	2	2	2		6		18
	法学部	345	1957							4		4		3	1	3	7	1	3	2		6		17
	経営学部	450						3				3		4	2	1	7	1	3	2		6		16
	商学部	330	1953										2	3	2	2	9	1	3	2		6		15
	薬学部	150	2005	×																				
	総合政策学部	245	1998		3		3	2		3	2	13		4	2	2	8	2	4	2	2	10		31
愛知工業	経営学部	220												4	1	3	8	1	3			4		12
	経営情報科学部	350	2000											4	1	3	8	1	3			4		12
	情報科学部	210												4	1	3	8	1	3			4		12
	工学部	900												4	1	3	8	1	3			4		12
愛知産業	経営学部	150	2000				2					2		4	2	4	10	1	1			2		14
	造形学部	160	1992	×																				
愛知淑徳	コミュニケーション学部	270	2000	×																2		2		2
	文化創造学部	250				3	1	3			1	8		4	1	3	8	3	4	2		9		25
	文学部	360	1975		2	3	2	2			4	13		4	1	2	7	1	3	2		6		26
	現代社会学部	300		×																2		2		2
	ビジネス学部	230	2004	×																				
	医療福祉学部	200	2004		4	2	3	3	1			13		4	1	3	8	2	3	2		7		28
金城学院	文学部	240	1954			2	1	1			1	5	2	4	2	3	11	3	4	2		9		25
	現代文化学部	245	1997			1	2	4			4	11		4	1	3	8	4	4			8		27
	薬学部	150	2005		4		3	3	4	4	3	21		4	4	4	12		2			2	2	37
	人間科学部	280	2002											4	1	2	7	1	1			2		9
	生活環境学部	230	2002		1	2	1	2				6	1	3	1	3	8	3	4	2	2	11		25

※( )は満点値

大学名	学部名 ※一部全学、学科、専攻としての回答を含む	1年生定員	設置年度	初年次ゼミの設定なし=×	【A】G学習(4)	【B】G宿題(4)	【C】プレゼン(4)	【D】レポート提出(4)	【E】フィールドワーク(4)	【F】ディベート(4)	【G】ふり返り(4)	【A~G】計(28)	【H】初期把握(2)	【I】ゼミカバー率(4)	【J】ゼミボリューム(4)	【K】担当学生数(4)	【H~K】計(14)	【L】効果測定(6)	【M】平準化・レベル向上(4)	【N】活動評価(2)	【O】インセンティブ(2)	【L~O】計(14)	ゼミSA活用ポイント(2)	合計(58)
椙山女学園	教育学部	147	2007		3	1	2	2	3	2	2	15		4	1	2	7	2	3	2		7		29
	国際コミュニケーション学部	256	2002											4	1	3	8	1	1	2		4		12
	人間関係学部	220	1987											4	1	4	9		1			1	2	12
	文化情報学部	200	2000											4	1	3	8		3			3		11
	現代マネジメント学部	170	2006											4	1	3	8		1			1		9
	生活科学部	252	1949					1	1			2	2	4	2	4	12	1	1			2		16
大同	工学部	505	1964		2	3	2	2				9	2	4	1	3	10	1	4	2		7		26
	情報学部	725	1964		2	3	2	2				9	2	4	1	3	10	1	4	2		7		26
中京	国際英語学部	160	2001	×														2		2		4		4
	国際教養学部	100	2008		3	3	3	2		4		15	1	1	2	3	7	3	3	2	2	10		32
	心理学部	160	2000	×																				
	現代社会学部	250	1986	×														1		2	2	5		5
	法学部	315	1966											2	2	3	7	2	1			3		10
	経営学部	315	1991											3	1	2	6		2			2		8
	経済学部	315	1987											4	1	3	8	1	3			4		12
	情報理工学部	360	2006	×														2		2	2	6		6
	体育学部	460	1959	×									2				2	2		2	2	6		8
	総合政策学部	200	2004	×																				
中京女子	人文学部	120				2	1	3				6		4	2	3	9	2	2	2		6		21
	健康科学部	300					1					1	2	4	2	3	11	1		2		3		15

中部	現代教育学部	160	2008				2	2				4	1	3	1	4	9	2	3	2		7		20
	人文学部	400	1998			1	1					2		3	2	3	8	1	3	2		6		16
	国際関係学部	140	1984		1	1	1					3	2	4	1	3	10	4	3	2		9		22
	経営情報学部	240	1984											4	2	3	9		2			2		11
	応用生物学部	240	2001	×																				
	工学部	670	1964		1		1	1				3		2		3	5	2	2	2		6		14
	生命健康科学部	200		×									1				1	3		2	2	7		8
同朋	文学部	70	1961						2			2	2	4	2	3	11	2	2			4		17
	社会福祉学部	190	1984											4	1	4	9	3	2	2		7		16
豊田工業	工学部	80	1981	×									1				1	5		2		7		8
名古屋学院	外国語学部	240	1989											4	1	3	8	2	3	2		7		15
	経済学部	450	1964											4	1		5	4	4	2	2	12		17
	商学部	300	1992										1	4	1	3	9	1	3	2		6		15
	人間健康学部	200	2006					1				1		2	2	3	7	2	2	2		6		14
名古屋商科	外国語学部	827			3	2	2	2	2	3	2	16	2	4	1	3	10	2	4	2		8	2	36
	マーケティング学部	827			3	2	2	2	2	3	2	16	2	4	1	3	10	2	4	2		8	2	36
	会計ファイナンス学部	827			3	2	2	2	2	3	2	16	2	4	1	3	10	2	4	2		8	2	36
	経営学部	827			3	2	2	2	2	3	2	16	2	4	1	3	10	2	4	2		8	2	36
	経済学部	827			3	2	2	2	2	3	2	16	2	4	1	3	10	2	4	2		8	2	36
藤田保健衛生	医学部	110	1972											4	1	4	9	2	3			5		14
	医療科学部	395	1968	×																				
名城	法学部	530	1950												1	3	4	1	3		2	6		10
	経済学部	285	2000					2				2			2	3	5	3	1			4		11
	理工学部	1105	1950										2	1	2	4	9		2			2		11
	農学部	300	1950	×																4	2	6		6
	薬学部	250	1954	×														1				1		1
	人間学部	200	2003				2					2		4	1	3	8	1	2			3		13
	都市情報学部	200	1995	×																				
東海学園	人文学部	300	2000		3		3					6	1	4	1		6	3	2	2		7		19
	経営学部	230	1995											4	2	3	9	1	4			5		14
	人間健康学部	330	2004										2	4	1	3	10	3	2	2		7		17

※( )は満点値

大学名	学部名 ※一部全学、学科、専攻としての回答を含む	1年生定員	設置年度	初年次ゼミの設定なし=×	【A】G学習(4)	【B】G宿題(4)	【C】プレゼン(4)	【D】レポート提出(4)	【E】フィールドワーク(4)	【F】ディベート(4)	【G】ふり返り(4)	【A~G】計(28)	【H】初期把握(2)	【I】ゼミカバー率(4)	【J】ゼミボリューム(4)	【K】担当学生数(4)	【H~K】計(14)	【L】効果測定(6)	【M】平準化・レベル向上(4)	【N】活動評価(2)	【O】インセンティブ(2)	【L~O】計(14)	ゼミSA活用ポイント(2)	合計(58)
豊橋創造	保健医療学部	140	2009		1	1		2				4			1	4	5	1	1	2		4		13
	情報ビジネス学部	76	2006		1	1		2				4			1	4	5	1	1	2		4		13
桜花学園	人文学部	150	1998						1			1	1	4	2	3	10	2	1	2	2	7		18
	保育学部	145	2002					2				2	2	4	2	3	11	1	2	2		5		18
名古屋文理	健康生活学部	150	2003					1				1		3	2	3	8		4			4		13
	情報文化学部	180	1999		1		1	1			1	4	1	3	2	4	10	2	4		2	8		22
愛知工科	工学部	225	2000	×																2		2		2
名古屋産業	環境情報ビジネス学部	220	2000											4	2	3	9	1	3	2	2	8		17
人間環境	人間環境学部	200	2000				2	2				4	2	4	2	2	10	1	3	2		6		20
皇學館	教育学部	198	2008					3			2	5		4	1	3	8	2	3	2		7		20
	文学部	310	1962					3			2	5		4	1	1	6	2	3	2		7		18
	社会福祉学部	168	1998						2		4	6		4	1	4	9	2	4	2		8	2	25
鈴鹿医療科学	医用工学部	80	1991										2	4	2	1	9	2	3	2		7	2	18
	薬学部	100	2008										2	4	1	4	11	2	2			4		15
	鍼灸学部	60	2004																2			2	2	4
	保健衛生学部	240	1991															2			2	4		4
四日市	経済学部	100	1988				4	3		4		11		4	1	4	9	1	3	2	2	8		28
四日市看護医療	看護学部	95	2007											4	1	4	9	1	2			3		12
長浜バイオ	バイオサイエンス学部	238		×														2		2		4		4
びわこ成蹊スポーツ	スポーツ学部	270	2003	×																				
京都医療科学	医療科学部	80	2007										2				2	3				3		5
大谷	文学部	760	1949		4	1	2	2			2	11	2	4	2	2	10	3	3			6		27

京都産業	文化学部	200	2000	×								2				2	1				1		3
	経営学部	610	1967		2		2				4		4	1	2	7	1	2			3		14
	経済学部	570	1965										3	1	2	6	1				1		7
	理学部	90	1965	×													1				1		1
	コンピュータ理工学部	180	2008	×								2				2	2		2	2	6		8
京都学園	人間文化学部	248	1999		1		3	1	1		6		3	1	4	8		2			2		16
	法学部	135	1989									1	4	1	4	10		4	2		6		16
	経営学部	192	1991									2	4	1	4	11	1	3	2		6		17
	経済学部	185	1969			3	2	2		4	11		4	1	3	8	2	4	2		8		27
	バイオ環境学部	200	2006				2			2	4		4	1	4	9		2	2		4		17
京都女子	発達教育学部	265	2004	×																			
	文学部	345	1949										4	2	2	8							8
	現代社会学部	220	2000										4	1	3	8	1	1			2		10
	家政学部	280	1949	×																			
京都薬科	薬学部	360	1949		2		2	2		2	8		4	2	3	9		1			1	2	20
京都光華女子	人間科学部	400	2001									1	4	1	2	8	2	2	2	2	8		16
	文学部	140	1964									1	4	1	2	8	2	2	2	2	8		16
種智院	人文学部	150	1949					3			3		4	2	3	9	2	3	2		7		19
京都橘	文学部	340	1967					2			2		4	2	3	9	3	2	2		7		18
	現代ビジネス学部	250	2001					1			1		4	2	3	9		1			1		11
	看護学部	90	2005										4	2	3	9	1	3	2	2	8	2	19
同志社	神学部	60	1948		3		3	3	2		11		4	1	2	7	1	2	2		5		23
	文学部	682	1920				1	1		1	3			2	3	5	2	2	2		6		14
	法学部	850			4	3	3	3		3	16	2	4	1	2	9	1	3	2		6		31
	経済学部	850	1948		4		3			2	9		4	2	2	8	1	2	2		5		22
	商学部	850	1949				3	2		2	7		3	1	4	8	1	3	2		6		21
	生命医科学部	240	2008	×													2				2		2
	理工学部	730	2008											1	4	5	1	2			3	2	10
	スポーツ健康科学部	150	2008		2		2			3	7	1	4	1	3	9	2	3	2		7		23
	政策学部	427	2004									2	3	1	4	10		1			1		11

※( )は満点値

大学名	学部名 ※一部全学、学科、専攻としての回答を含む	1年生定員	設置年度	初年次ゼミの設定なし=×	【A】G学習(4)	【B】G宿題(4)	【C】プレゼン(4)	【D】レポート提出(4)	【E】フィールドワーク(4)	【F】ディベート(4)	【G】ふり返り(4)	【A~G】計(28)	【H】初期把握(2)	【I】ゼミカバー率(4)	【J】ゼミボリューム(4)	【K】担当学生数(4)	【H~K】計(14)	【L】効果測定(6)	【M】平準化・レベル向上(4)	【N】活動評価(2)	【O】インセンティブ(2)	【L~O】計(14)	ゼミSA活用ポイント(2)	合計(58)
同志社女子	現代社会学部	400	2000		2		2	2		2		8	2	4	2	3	11	1	2			3	2	24
	薬学部	120		×									2				2	1				1		3
	生活科学部	215						1				1	2		1	2	5	1	2	2		5		11
	学芸学部	605			2		1			1		4	2	1	1	2	6	1	1			2		12
京都ノートルダム女子	心理学部	160	2005	×														2		2		4		4
	人間文化学部	170	2000		1		1	1	1			4	2	2	1	4	9	3	3	2		8		21
	生活福祉文化学部	100	2007		4	3	4	4		4	4	23	2	4	2	1	9	4	4	2		10		42
龍谷	国際文化学部	420	1996			1	3	2	2			8	1	4	2	3	10	1	4	2		7		25
	文学部	810	1949											4	2	1	7	1	3	2		6		13
	社会学部・コミュニティマネジメント学科	100	1989		1		1	1	1			4		4	1	3	8	1	4	2		7		19
	社会学部・社会学科	165	1989					1	1			2		4	1	3	8	1	3	2		6		16
	社会学部・地域福祉学科	125	1989											4	2	3	9	1	2	2		5		14
	社会学部・臨床福祉学科	120	1989											4	2	3	9	1	2	2		5		14
	法学部	450	1968											4	1	4	9	2	3	2	2	9	2	20
	経営学部	445	1966											3	1	2	6		3			3		9
	経済学部	500	1961		3			3				6		4	1	3	8							14
	理工学部	569	1989		1	4	1	1		1	1	9		1	1	3	5	2	3	2		7	2	23
京都文教	人間学部	200	1996		2	3	2	2	1	2	2	14	2	4	1	3	10	2	3	2		7	2	33
	臨床心理学部	200	2008		2	2	2	2	1	2	2	13	2	4	1	3	10	2	3	2		7	2	32

京都創成	経営情報学部	100				2		4	2			8	1	4	1	3	9	2	3	2	2	9		26
大阪青山	健康科学部	160	2005		1	3	1	1	1		1	8	2	1	3	3	9	1	1	2		4	2	23
大阪成蹊	現代経営情報学部	200	2003		4		2	3	3		4	16	2	4	1	3	10	1	3	2		6		32
	芸術学部	220	2003					3				3		3	1	4	8	2	4	2		8	2	21
羽衣国際	人間生活学部	170	2005		1		1	3	1			6	2	4	2	3	11	2	3		2	7		24
	産業社会学部	200	2002		1	3	4	3	1	1	2	15	2	4	1	4	11	4	3	2	2	11		37
大阪医科	医学部	100	1927											4	2	4	10		1			1		11
大阪音楽	音楽学部	210	1958			2				3		5		4	1	2	7		2			2		14
大阪経済	経営学部	465	1964											2	1	4	7	1	1	2		4		11
	経営情報学部	250	1997											2	1	3	6	1	1	2		4		10
	経済学部	600	1949							4		4		3	1	3	7	1	2	2		5		16
	人間科学部	175	2002											3	1	3	7	1	1	2		4		11
大阪経済法科	法学部	200	1971					2				2	2	3	2	4	11	2	3	2		7	2	22
	経済学部	200	1971					2				2	2	3	2	4	11	2	3	2		7	2	22
大阪工業	知的財産学部	140	2003												1	3	4	2	1	2		5		9
	工学部	1000	1949										2	3	1	3	9	2	1	2		5		14
	情報科学部	380	1996											3	1	3	7	1	2			3		10
大阪国際	国際コミュニケーション学部	160	2007				2	3				5		4	2	3	9	1	3	2	2	8		22
	人間科学部	320					3	3				6	1	4	2	3	10	1	3	2	2	8		24
	ビジネス学部	230	208			2	2	2	2		2	10	1	4	2	3	10	2	4	2	2	10	2	32
	現代社会学部	210	2008			2	2	2	2		2	10	1	4	2	4	11	2	4	2	2	10	2	33
大阪産業	人間環境学部	395	2001		1				4			5	2	4	1	3	10	3	3	2	2	10	2	27
	経営学部	465	1965				3	2				5	2	4	1	3	10	1	1	2		4		19
	経済学部	515	1988										2	4	1	3	10	2	3	2	2	9		19
	工学部	645	1965										2	4	1	3	10		1			1		11
大阪樟蔭女子	児童学部	150						2				2		2	2	3	7		1			1		10
	心理学部	110						2				2		2	2	3	7		1			1		10
	学芸学部	520						2				2		2	2	3	7		1			1		10
大阪商業	経済学部	380	2000		4	1	4	3			4	16	2	4	2	3	11	2	3	2		7	2	36
	総合経営学部	620	2000		4	1	4	3			4	16	2	4	2	3	11	2	3	2		7	2	36

※( )は満点値

大学名	学部名 ※一部全学、学科、専攻としての回答を含む	1年生定員	設置年度	初年次ゼミの設定なし=×	【A】G学習（4）	【B】G宿題（4）	【C】プレゼン（4）	【D】レポート提出（4）	【E】フィールドワーク（4）	【F】ディベート（4）	【G】ふり返り（4）	【A～G】計（28）	【H】初期把握（2）	【I】ゼミカバー率（4）	【J】ゼミボリューム（4）	【K】担当学生数（4）	【H～K】計（14）	【L】効果測定（6）	【M】平準化・レベル向上（4）	【N】活動評価（2）	【O】インセンティブ（2）	【L～O】計（14）	ゼミSA活用ポイント（2）	合計（58）
大阪電気通信	医療福祉工学部	190													2	4	6	1	1	2		4		10
	工学部	400													2	4	6	1	1	2		4		10
	情報通信工学部	240													2	4	6	1	1	2		4		10
	総合情報学部	300													2	4	6	1		2		3		9
大阪大谷	教育福祉学部	240	1970											4	1	3	8	1	1	2		4		12
	文学部（文化財学科）	50	1966					1				1			1		1		2			2		4
	文学部（英米語学科）	50	1966												1		1		1			1		2
	文学部（日本語日本文学科）	50	1966					1			1	2				2	2	2	4	2		8		12
	人間社会学部	120	2005											4	1	4	9		1			1		10
	薬学部	140	2006	×														1				1		1
追手門学院	国際教養学部	230	2007				2	2				4		4	1	2	7	3	2			5	2	18
	心理学部	20	2005		1	1	1	1	1	1	1	7	2	4	1	2	9	2	2	2	2	8		24
	社会学部	150	2006										1	4	1	3	9	1	1		2	4		13
	経営学部	400	1995											4	1	2	7	1	1	2		4		11
	経済学部	340	1966											4	1	2	7		1			1		8
関西医科	医学部	100	1928										2	4	4	3	13		1		2	3		16
関西外国語	外国語学部	1450	1966	×																				
	国際言語学部	700	1996	×																				

近畿	法学部	680	1925											4	1	3	8	1	2	4		7		15
	経営学部	1160	2003		2	2					2	6	1	4	2	3	10	2	3	2		7		23
	経済学部	650	2003								2	2		4	1	3	8	1	1	2		4		14
	工学部	510	1959		1	3	1	3	1	1		10	2	4	1	4	11	2	2	2		6		27
	生物理工学部	430	1993		4	2	2					8	2	4	1	4	11	3	1	2		6		25
	理工学部	1280	1949		3	3	3	3	1	3	1	17	2	4	4	4	14	1	2	2		5		36
	農学部	620	1958			2	3	3		1		9	2	4	1	3	10	1	2			3		22
	医学部	95	1974		4		4				4	12	2	4	2	4	12	1	2	2		5		29
	薬学部	180			4	3	2	4				13	2	4	1	4	11	2	3	2		7		31
	文芸学部	495	1989											4	1	4	9	2	1			3		12
四天王寺	教育学部	180	2008		1	1	1	1		1		5		2	2	3	7		3	2		5		17
	人文社会学部	480	1967	×																2		2		2
	経営学部	160	2008			2		2				4		4	1	3	8		3	2		5		17
摂南	外国語学部	220	1982					2				2	2	4	1	3	10		2			2		14
	法学部	200	1988					3				3	2	4	1	3	10		2	2		4		17
	経営情報学部	230	1982										2	4	1	3	10	2	2			4		14
	工学部	400	1975																					
	薬学部	220	1983		3		3	4		2		12	2	4	4	1	11	1	4	2	2	9		32
帝塚山学院	文学部	200	2009		2		2	2				6		4	1	3	8	2	4	2		8		22
桃山学院	国際教養学部	270	2008				2	2				4	2	3	2	2	9	1	1	2		4		17
	社会学部	350	1966		3		2	2	1			8		3	2	3	8		3			3		19
	法学部	200	2002										2	4	2	2	10							10
	経営学部	265	1973				2					2	2	3	1	3	9		2			2		13
	経済学部	360	1959											3	2	2	7		2			2		9
プール学院	国際文化学部	240	1996		3		3	4		1	3	14	1	4	2	4	11	3	2	2		7		32
太成学院	人間学部	240	2003		1		1	3			2	7	2	4	1	3	10	1	3	2	2	8		25
	経営学部	40	1998		1		1	3			2	7	2	4	1	3	10	1	3	2	2	8		25
	看護学部	80	2007		1		1	3			2	7	2	4	1	3	10	1	3	2	2	8		25
大阪河崎リハビリテーション	リハビリテーション学部	160	2006		3		3			3	4	13		3	1	4	8	1	3	2	2	8		29

※( )は満点値

大学名	学部名 ※一部全学、学科、専攻としての回答を含む	1年生定員	設置年度	初年次ゼミの設定なし=×	【A】G学習(4)	【B】G宿題(4)	【C】プレゼン(4)	【D】レポート提出(4)	【E】フィールドワーク(4)	【F】ディベート(4)	【G】ふり返り(4)	【A~G】計(28)	【H】初期把握(2)	【I】ゼミカバー率(4)	【J】ゼミボリューム(4)	【K】担当学生数(4)	【H~K】計(14)	【L】効果測定(6)	【M】平準化・レベル向上(4)	【N】活動評価(2)	【O】インセンティブ(2)	【L~O】計(14)	ゼミSA活用ポイント(2)	合計(58)
関西学院	神学部	30	1889			2	2	2				6	2	4	1	3	10	2	2	2		6		22
	文学部	770	1934											4	2	1	7	1	3	2		6		13
	社会学部	650	1960		2		2	2		2		8		4	1	2	7	3	3			6		21
	人間福祉学部	300	2008					2				2		4	1	3	8	1	1	2		4		14
	法学部	680	1948											4	2	2	8		2			2		10
	経済学部	680	1934					2		3		5		4	2	1	7		3			3		15
	商学部	650	1961											3	2	2	7							7
	理工学部	360	2002		1	2	1					4	2	1	1	4	8	1	3	2		6		18
	総合政策学部	480	1995					2				2		4	2	4	10	1	1			2	2	16
甲南	文学部	400	1957		1		1	1	1	1		5		4	1	3	8		1			1		14
	法学部	350	1960											4	1	3	8		2	2		4		12
	経営学部	345	1960										2		1	2	5	2	1	2		5		10
	経済学部	350	1952		2						4	6		4	1	2	7	1	1	2		4		17
	理工学部	195	1957				1			1		2	1			4	5	2				2		9
	知能情報学部	120	2008		3		2	2		3		10	2	4	1	4	11	1	3	2		6		27
甲子園	人文学部	100	1997		4		2	2				8		4		4	8	2	1	2		5	2	23
	現代経営学部	130	1986										2	4	2	4	12		1			1		13
	栄養学部	200	1967					4			4	8		4	2	2	8	3	3	4		10		26
甲南女子	人間科学部	370	2001										2	4	1	3	10	1	2	2		5		15
	文学部	330	1964				1		1		1	3		4	2	3	9	1	2	2		5		17
	看護リハビリテーション学部	145	2007		1		1	1	1	1	1	6	2		2	4	8	1	2	2		5		19

神戸学院	人文学部	510	1990			1	1	2			1	5		4	2	4	10		4			4		19
	法学部	475	1967								2	2		4	1	3	8	1	1	2		4		14
	経営学部	300	2004		2						2	4	2	4	1	2	9	1	4	2		7		20
	経済学部	350	1967								2	2		3	1	3	7	1	3	2	2	8		17
	総合リハビリテーション学部	200	2006	×									2				2							2
	薬学部	250	2006		4	4	4	3	2	2	4	23	1	4	4	3	12	3	3	2		8	2	45
	栄養学部	95		×														1				1		1
神戸女学院	人間科学部	150	1993										2	4	1	3	10	1	1	2		4		14
	文学部	320												4	1	3	8	2	1	2		5		13
	音楽学部	47	1906	×																				
園田学園女子	人間教育学部	95	2008	×														1			2	3		3
	未来デザイン学部	30	2006				2	3				5		4	1	3	8	2	2			4		17
	人間健康学部	255	2002	×									2				2							2
姫路獨協	外国語学部	150	2008		2		2	2	2	2		10		4	1		5	2	3	2		7		22
	法学部	180	1987										1	4	1	4	10	3	3	2	2	10		20
	経済情報学部	200	1989											4	1	3	8	1	3	2		6		14
	医療保健学部	190	2006											4	2	1	7	1	2	2		5	2	14
	薬学部	120	2007	×														2			2	4		4
兵庫医科	医学部	100	1973		4	4	4	4				16		4	1	4	9		3			3		28
神戸国際	経済学部	300	1968				2			2		4	2	4	2	3	11		4	2		6		21
武庫川女子	薬学部	250	1962	×									2				2							2
	生活環境学部	510	1994		1	1	1	1				4	2	4	2	1	9	1	3	2	2	8		21
	音楽学部	50	1959		1			1				2	2	4	2	2	10	1	3	2		6		18
	文学部	865	1958											4	2	1	7	1	3	2		6		13
流通科学	サービス産業学部	250	2001											4	2	3	9	1	2	2	2	7		16
	商学部	400	1988											4	2	3	9	1	2	2	2	7		16
	情報学部	250	1992											4	2	3	9	1	2	2	2	7		16
神戸親和女子	発達教育学部	410	1966					2				2	2	4	1	3	10		4			4		16
	文学部	410	1966					2				2	2	4	1	3	10		4			4		16

※( )は満点値

大学名	学部名 ※一部全学、学科、専攻としての回答を含む	1年生定員	設置年度	初年次ゼミの設定なし=×	【A】G学習(4)	【B】G宿題(4)	【C】プレゼン(4)	【D】レポート提出(4)	【E】フィールドワーク(4)	【F】ディベート(4)	【G】ふり返り(4)	【A~G】計(28)	【H】初期把握(2)	【I】ゼミカバー率(4)	【J】ゼミボリューム(4)	【K】担当学生数(4)	【H~K】計(14)	【L】効果測定(6)	【M】平準化・レベル向上(4)	【N】活動評価(2)	【O】インセンティブ(2)	【L~O】計(14)	ゼミSA活用ポイント(2)	合計(58)
関西国際	人間科学部	265	2007		4		1	1	1		3	10	2	4	2	4	12	4	1	2		7	2	31
神戸夙川学院	観光文化学部	200	2007		3		2		2	2		9	2	4	1	3	10	1	3	2		6		25
近大姫路	教育学部	36	2008												1	3	4	1	1	2		4		8
	看護学部	100	2007		4		2	2				8			2	4	6		2	2		4		18
帝塚山	心理福祉学部	160	2004											4	2	4	10	1	2			3		13
	人文科学部	210	2009						1			1		4	2	3	9		2			2		12
	法政策学部	190	1997											4	1	3	8		1			1		9
	経営情報学部	245	1998			1	2	2				5	2	3	1	3	9		4			4		18
	経済学部	230	1997											4	2	3	9		2	2		4		13
	現代生活学部	290	2004		1			1		1		3	2	4	2	3	11	1	1			2		16
天理	国際文化学部	350	1992			1	2	4				7		4	2	2	8	1	4	2		7		22
	人間学部	160	1992			1	2	4				7		4	2	2	8	1	4	2		7		22
	文学部	90	1949		3	2	2	3	2	2		14	2	4	2	2	10	1	4	2		7		31
	体育学部	170	1955			1	2	4				7		4	2	3	9	1	4	2		7		23
奈良	社会学部	180	1988		2	2	2	2		2	2	12		4	2	1	7	3	3			6		25
	文学部	420	1969		2	2	2	2		2	2	12		4	2	1	7	3	3			6		25
岡山商科	法学部	120	2005											4	2	4	10	2	2	2		6		16
	経営学部	400						2				2	1	4	2	3	10	3	2	2	2	9		21
	経済学部	120												4	2	3	9	3	2			5		14
川崎医科	医学部	110	1970	×																2	2	4		4
川崎医療福祉	医療福祉マネジメント学部	250	2005				1	1				2		1	2	3	6		3			3		11
	医療技術学部	286	1991				1	1				2		1	2	3	6		3			3		11
	医療福祉学部	320	1991				1	1				2		1	2	3	6		3			3		11

くらしき作陽	子ども教育学部	80	2008		4			3			4	11		4	1	4	9	3	3	2	2	10		30
	食文化学部	160	1997		4					4		8		4	2	2	8	3	3	2	2	10		26
	音楽学部	130	1966											3	1	4	8	2	3	2	2	9		17
就実	薬学部	150	2003	×																				
倉敷芸術科学	生命科学部	215	1995	×									1				1							1
	産業科学技術学部	105	1995			1		1				2		3	1	4	8		2			2		12
	芸術学部	100	1995	×									1				1							1
中国学園	現代生活学部	80	2002		3	2	2	2	2	4		15		4	2	4	10	1	1			2		27
環太平洋	次世代教育学部	300	2006					4	4	3		11	2	4	4	1	11	1	4		2	7		29
	体育学部	300	2006					4	4	3		11	2	4	4	1	11	1	4		2	7		29
エリザベト音楽	音楽学部	140	1963	×														1			2	3		3
広島経済	経済学部	1000	1967		2		2	2			4	10		4	2	3	9	1	4			5		24
広島工業	工学部	550	1963					2			4	6	2	4	1	3	10		2			2	2	20
	情報学部	280	2006		2	1		2			3	8	2	4	1	1	8		4	2		6	2	24
	環境学部	250	1993		1	3	1	3	1	1	1	11	2		1	1	4	2	4	2		8		23
広島文教女子	人間科学部	390	2000		1	2	1	1	1	1	1	8		4	1	3	8	2	1	2		5		21
比治山	現代文化学部	300	1994			2	2	2	1	1		8	2	4	2	3	11	1	4	2		7		26
福山平成	経営学部	100	1994					2				2		4	1	4	9	1	3	2		6		17
	看護学部	80	2007	×									2				2	2		2		4		6
	福祉健康学部	210	2004						1			1		4	2	3	9		1			1		11
広島国際	心理科学部	240	2001					2				2		4	1	1	6	2	2			4		12
	医療福祉学部	210	1998		4		2	2		3	2	13		4	1	4	9	1	3			4		26
	工学部	250	2007		4				1			5		4	1	4	9		2			2		16
	看護学部	100	2003		4							4		4	1	4	9	2	4			6		19
	保健医療学部	190	1998		4		2	2		3	2	13		4	1	4	9		4			4		26
	薬学部	160	2004		4		2	2		4	2	14		4	1	4	9	4	3			7		30
梅光学院	国際言語文化学部	110	2005					4			4	8	2	4	2	3	11	2	4	2		8		27
	文学部	80	1967				2	2				4	1	4	2	2	9	2	3	2		7		20
	子ども学部	80	2005		4	3	3	3	4	3	3	23		4	1	3	8	3	4			7		38

※ ( )は満点値

大学名	学部名 ※一部全学、学科、専攻としての回答を含む	1年生定員	設置年度	初年次ゼミの設定なし=×	【A】G学習（4）	【B】G宿題（4）	【C】プレゼン（4）	【D】レポート提出（4）	【E】フィールドワーク（4）	【F】ディベート（4）	【G】ふり返り（4）	【A～G】計（28）	【H】初期把握（2）	【I】ゼミカバー率（4）	【J】ゼミボリューム（4）	【K】担当学生数（4）	【H～K】計（14）	【L】効果測定（6）	【M】平準化・レベル向上（4）	【N】活動評価（2）	【O】インセンティブ（2）	【L～O】計（14）	ゼミSA活用ポイント（2）	合計（58）
山口東京理科	基礎工学部	200	1995		3	2	2	3		3	2	15	2	3	1	1	7	5	4	2	2	13		35
山口学芸	教育学部	50	2007	×									2				2							2
高松	発達科学部	80	2006		1		1	1		1		4		4	1	4	9	1	2			3		16
	経営学部	115	1996		3	2		2		3	2	12	2	4	2	3	11	2	3	2		7		30
松山	人文学部	220	1974		2	2		2				6	2	4	2	3	11	1	3	2		6		23
	法学部	210	1988											3	2	3	8	2		2		4		12
	薬学部	160	2006	×																				
高知工科	マネジメント学部	460	2008		4		3			3		10		3	1	3	7	2	2	2		6		23
	システム学群	460	2009		4		3			3		10		3	1	3	7	2	2	2		6		23
	環境理工学群	460	2009		4		3			3		10		3	1	3	7	2	2	2		6		23
	情報学群	460	2009		4		3			3		10		3	1	3	7	2	2	2		6		23
九州産業	国際文化学部	200	1994				3	2		3		8	2	4	2	4	12	1	2	2		5		25
	経営学部	400	1968		3	3	2	3			3	14	2	3	1	3	9	2	4	2		8		31
	経済学部	400	1993											4	1	3	8	2	2	2		6		14
	商学部	600	1960					2				2		3	1	3	7		3			3		12
	工学部	525			1	2	1	1	1	1	1	8		4	1	4	9	3	3	2		8	2	27
	芸術学部	340	1966		2	1	2	2	2	2	2	13	2	3	1	2	8	1	4	2		7	2	30
	情報科学部	160	2002				2	2				4	2	4	2	4	12	2	1	2		5		21
九州女子	人間科学部	180	2005		3	3		3				9	2	4	2	4	12	2	3	2	2	9		30
	家政学部	130	1965	×																				
久留米	文学部	345	1992											3	2	3	8	1		2		3		11
	法学部	300	1987											4	2	3	9	2		2		4		13
	経済学部	300	1994		3	1	3	2				9		4	1	2	7	2	4	2		8		24

福岡経済	経済学部	800												4	2	2	8	1	3	2		6		14
筑紫女学園	文学部	600	1988		2	2	2	2		1		9		4	1	3	8	2	1	2		5		22
中村学園	流通科学部	220	2000					2				2	2	4	1	1	8	1	1	6		8		18
	栄養科学部	200	1965	×														2		2	2	6		6
	人間発達学部	200					2	3				5	2	4	1	2	9	2	2	2		6		20
西日本工業	デザイン学部	150	2006				2	3				5	2	4	1	1	8	1	3	2	2	8		21
福岡	法学部	600	1959											3	1	3	7		4	2		6		13
	経済学部	600	1959				4	4	4	4		16		1			1		2			2		19
	商学部	570	1949					1		1		2		2	1	3	6		2			2		10
	理学部・応用数学科	60	1970			2	1	1				4	1	3	2	4	10	3	3	2		8		22
	理学部・化学科	60	1970		1	4	1	1		1		8	1	3	2	4	10	3	3	2	2	10	2	30
	理学部・物理科学科	60	1970		1	1						2	1	3	2	4	10	3	3	2		8		20
	工学部	640			1	1	1	1	1	1	1	7	1	3	1	3	8	2	3	2		7		22
	医学部 医学科	110	1972	×																2	2	4		4
	薬学部	230	1960		4		4	4	4	4		20		3		3	6	3	2	2		7		33
	スポーツ科学部	270	1969					4				4		4	2	1	7	1	4		2	7	2	20
福岡工業	工学部	340	1963		1	3	1	1	1	1	1	9	1	3	4	3	11	6	4	2	2	14	2	36
	情報工学部	340					1					1	2	2	1	4	9	4	2			6		16
	社会環境学部	150	2001		4		4			4		12	2	4	2	3	11	1	2			3		26
九州情報	経営情報学部	180											2	4		3	9	1	2			3		12
福岡国際	国際コミュニケーション学部	150	1998		1	4		1	1	1	1	9	2	4	2	3	11	4	4	2		10	2	32
福岡医療福祉	人間社会福祉学部	300			3	2	2	2	1		1	11	2	4	2	4	12	2	4	4		10		33
保健医療経営	保健医療経営学部	24	2008	×																	2	2		2
西九州	健康福祉学部	250	1968		2		1	1				4	1	4	1	3	9	2	2	2		6		19
	リハビリテーション学部	80	2007	×																				
長崎総合科学	工学部	170	1965				3	3	3	2		11	2	2	1	1	6	1	3	2		6		23
	情報学部	90	2005	×									2				2							2
長崎純心	人文学部	300	1994			2	3	3				8		4	4	3	11	1	4	2		7		26

※( )は満点値

大学名	学部名 ※一部全学、学科、専攻としての回答を含む	1年生定員	設置年度	初年次ゼミの設定なし＝×	【A】G学習(4)	【B】G宿題(4)	【C】プレゼン(4)	【D】レポート提出(4)	【E】フィールドワーク(4)	【F】ディベート(4)	【G】ふり返り(4)	【A～G】計(28)	【H】初期把握(2)	【I】ゼミカバー率(4)	【J】ゼミボリューム(4)	【K】担当学生数(4)	【H～K】計(14)	【L】効果測定(6)	【M】平準化・レベル向上(4)	【N】活動評価(2)	【O】インセンティブ(2)	【L～O】計(14)	ゼミSA活用ポイント(2)	合計(58)
長崎国際	薬学部	120	2006		4		4	3	2		2	15	2	4	1		7	3	3	2	2	10		32
	健康管理学部	80	2002		1		1	1			1	4	2	4	1		7	1	2	2		5		16
崇城	工学部	390	1967										2	4	1	3	10	1	2	2	2	7		17
	生物生命学部	160	2006										2	4	1	3	10	1	2	2	2	7		17
	薬学部	120	2006										2	4	1	3	10	1	2	2	2	7		17
	芸術学部	90	2001										2	4	1	3	10	1	2	2	2	7		17
	情報学部	200	2006										2	4	1	3	10	1	2	2	2	7		17
尚絅	文化言語学部	100	2006											4	1	4	9	1	2			3	2	14
	生活科学部	70	2006											4	1	4	9	1	1			2		11
熊本保健科学	保健科学部	280	2003				2					2	2	4	1	3	10	3	3			6		18
日本文理	経営経済学部	300	2003		3	2	2	2	3		3	15	2	4	2	3	11	2	4	2	2	10		36
	工学部	300	1967		3	2	2	2	3		3	15	2	3	2	4	11	2	4	2	2	10		36
立命館アジア太平洋	アジア太平洋学部	1250	2000		4	3	3	2	2	3		17	1	4	1	4	10	3	4	2	2	11	2	40
	国際経営学部	1250	2000		4	3	3	2	2	3		17	1	4	1	4	10	3	4	2	2	11	2	40
南九州	健康栄養学部	100	2003					2				2	2	4	1	1	8		1		2	3	2	15
宮崎産業経営	法学部	100	1998											4	2	3	9	2	3	2	2	9		18
	経営学部	100	1988		2	3	2	4	2	2	4	19	2	4	2	3	11	2	4	2		8		38
鹿児島国際	国際文化学部	240	2000											3	1	3	7	1	1	2		4		11
	社会福祉学部	390	1982											3	1	3	7	1	1	2		4		11
	経済学部	410	1950											3	1	3	7	1	1	2		4		11
沖縄国際	総合文化学部	465	2001					2	1			3	2	4	2	3	11		1		2	3		17
	経済学部	150	2004											4	2	2	8	2	3			5		13
沖縄キリスト教学院	人文学部	120	2004	×																				

あとがき

本書は、河合塾の「初年次教育調査」とシンポジウムの成果をまとめたものです。特に編集に当たっては、シンポジウムに参加されなかった方々に読んでいただくことを念頭に、わかりやすくすることに留意し、シンポジウムの実際の順序にこだわることなく再構成しました。このため、「第1部　河合塾からの初年次教育調査報告」には、会場で配布した「初年次教育調査報告書」の中に紹介されている「グッドプラクティスの事例集」を「参考」として転載しています。各視点から見たグッドプラクティスの実例が参照しやすくなるようにとの考えからです。

また、実際のシンポジウムでは、「大学事例報告」→「問題提起」→「総括討議」の順に進行しましたが、本書では「第2部　大学事例報告と総括討議」とし、その後で「第3部　問題提起」の順で採録することにしました。このことにより、読者は大学事例をめぐる質疑応答を通じて、よりリアルな初年次教育の現場実践を立体的に把握できるようになるとともに、初年次教育が直面する次の課題を「問題提起」を通じて概観できるのではないかと思われます。

さらに問題提起のあとに「問題提起を受けて」も掲載し、本プロジェクトとしての問題提起の受け止めと整理を試みています。併せて、ご一読いただければ幸いです。

この調査とシンポジウムを行った当事者として少し感想を記すならば、実際に33大学に足を運んで担当者から聞かせていただいた内容には、質問紙には現れていない、初年次教育に携わることへの喜びや意気込み、期待と迷い、そして時には悲痛な声すらもありました。その貴重な体験は、私たちの調査活動を継続させる力になったとも思われます。

また、シンポジウムにご参加いただいた方のアンケートからは

「現状の初年次への取り組みのフレームとそれを支える項目が明示されたことは、大きなサポートになった。自校の取り組みの再チェックに活用、とにかく、モチベーションが上がった」

「初年次教育に対して、これほど先進的な試みを行っている大学が多いことに衝撃を受けた。『制度化』が本学において重要なポイントであることに気づいた」

「命題知から活用知・能動知へ、ということに、多くの大学教員自身が気づいていないことが、大学教育の根本的な問題があるのではないかと普段から考えている。ここに大学教育改革のポイントがあるのではないか」

「『学生を変える』ために『教員を変える』ことが必要、もしくは同値であることを改めて確認した」

などの声も聞かれました。今後も河合塾が取り組む大学の教育力調査の推進力にも繋がった思いです。

最後になりましたが、本書は多くの方々のご協力により発行に漕ぎつけることができました。

まず、質問紙にご回答をいただいた1092学部の学部長ならびにその関係者の方々に感謝申し上げます。

そして、私たちの訪問ヒアリングに応じていただいた30数大学の関係者の方々には、さらに多くのご協力をいただきました。わけても、シンポジウムでの事例発表を行っていただいた6大学の方々には多大なご負担をお願いすることになりました。問題提起を快諾してくださった、松下佳代、三宅なほみ、山田礼子の3氏、および本調査にアドバイスを送り続けるとともに司会を引き受けてくださった中村博幸氏と併せて、ここに記して御礼申し上げます。

本書の発行により、本調査がシンポジウムで終わりではなく、継続的な力を得ることができたと考えています。本書が各大学で初年次教育に取り組まれている関係者への参考書籍として長く活用されることを願うとともに、高校の関係者や企業の人事ご担当の方にとっても大学の教育力を見る新しい一つの尺度としてご活用いただけたら幸いに存じます。

河合塾

執筆者紹介

◆シンポジウムの問題提起者

松下　佳代（まつした・かよ）

1991年京都大学大学院教育学研究科博士後期課程学修認定退学。博士（教育学）。

群馬大学教育学部助教授などを経て、2004年より京都大学高等教育研究開発推進センター教授。

専門は教育方法学（能力論、学習論）、大学教育学。人はいかに学ぶのか、能力はどのように形成され、評価されるのかという問題を研究。

著書：『パフォーマンス評価』（日本標準、2007年）、「学びの評価」『「学び」の認知科学事典』（佐伯胖監修、大修館書店、2010年）他。

三宅なほみ（みやけ・なほみ）

1972年お茶の水女子大学文教育学部卒業 1982年 カリフォルニア大学サンディエゴ校心理学科博士課程修了。

東京大学大学院教育学研究科教授、大学発教育支援コンソーシアム副機構長。

研究テーマは認知科学を基礎とする学習科学。協調による理解深化過程を解明し、一人一人が賢くなれる協調的な学習活動場面の設計を通して、分散・協調型の学習理論の構築を目指す。

著書：「学び方を学ぶ工夫としての協調学習―その理論的背景と具体的な実践例―」『日本語教育年鑑2007年版』（独立行政法人国立国語研究所（編）、くろしお出版、2007年）他。

山田　礼子（やまだ・れいこ）

1991年カリフォルニア大学ロサンゼルス校教育学大学院博士課程修了。

1993年カリフォルニア大学ロサンゼルス校よりPh.D.　プール学院大学助教授を経て現職

現在　同志社大学社会学部教授・同大学高等教育・学生研究センター長。中央教育審議会専門委員、初年次教育学会会長、日本高等教育学会理事、日本教育社会学会理事、大学教育学会常任理事等。

研究テーマは高等教育論、継続教育論（教育社会学）。

著書：『一年次（導入）教育の日米比較』（東信堂、2005年）他。

◆シンポジウムの総括討議司会者

中村　博幸（なかむら・ひろゆき）

1945年生まれ。1968年静岡大学文理学部理学科卒業。

京都文教大学教授、初年次教育学会理事、大学教育学会理事。

研究テーマは大学教育、教育工学。短大・大学教員を通じて、基礎教育の実践及び実践研究を行う。

著書：『初年次教育－歴史・理論・実践と世界の動向－』（濱名篤・川嶋太津夫編著、丸善、2006年）他。

◆シンポジウムの大学事例発表者

岩崎　貢三（いわさき・こうぞう）
高知大学 農学部教授 農学部副学部長（学務担当）

藤本　元啓（ふじもと・もとひろ）
金沢工業大学 教授 学生部長 基礎教育部 修学基礎教育課程主任
ライティングセンター長

平林　公男（ひらばやし・きみお）
信州大学 繊維学部教授 繊維学部長補佐・生物資源・環境科学課程長

宇佐美久尚（うさみ・ひさなお）
信州大学 繊維学部准教授

杉田　一真（すぎた・かずま）
嘉悦大学 経営経済学部専任講師 キャリア委員長兼キャリアセンター長

中川　　正（なかがわ・ただし）
三重大学 副学長（教育担当）人文学部教授

原田　義久（はらた・よしひさ）
名古屋商科大学 経営学部教授 教務委員会委員長

◆シンポジウムの河合塾報告者

谷口　哲也（たにぐち・てつや）
河合塾教育研究開発本部 教育研究部 統括チーフ

友野伸一郎（ともの・しんいちろう）
ライター・ジャーナリスト（河合塾初年次教育調査プロジェクトメンバー）

初年次教育でなぜ学生が成長するのか―全国大学調査からみえてきたこと―

2010年6月10日　初　版第1刷発行　〔検印省略〕
2015年6月30日　初　版第3刷発行

*定価はカバーに表示してあります

編著者©河合塾　発行者　下田勝司　印刷・製本　中央精版印刷

東京都文京区向丘1-20-6　郵便振替　00110-6-37828
〒113-0023　TEL 03-3818-5521(代)　FAX 03-3818-5514
E-Mail tk203444@fsinet.or.jp

発行所　株式会社 東信堂

Published by TOSHINDO PUBLISHING CO.,LTD.
1-20-6, Mukougaoka, Bunkyo-ku, Tokyo, 113-0023, Japan

ISBN978-4-7989-0003-2　C3037 Copyright©Kawaijuku

東信堂

転換期を読み解く―潮木守一時評・書評集	潮木守一	二六〇〇円
大学再生への具体像〔第２版〕	潮木守一	二四〇〇円
フンボルト理念の終焉？―現代大学の新次元	潮木守一	二五〇〇円
いくさの響きを聞きながら―横須賀そしてベルリン	潮木守一	二四〇〇円
「大学の死」、そして復活	絹川正吉	二八〇〇円
大学教育の思想―学士課程教育のデザイン	絹川正吉	二八〇〇円
国立大学法人の形成	大﨑仁	二六〇〇円
国立大学・法人化の行方―自立と格差のはざまで	天野郁夫	三六〇〇円
大学は社会の希望か―大学改革の実態からその先を読む	江原武一	二〇〇〇円
転換期日本の大学改革―アメリカと日本	江原武一	三六〇〇円
大学の管理運営改革―日本の行方と諸外国の動向	江原武一・杉本均 編著	三六〇〇円
新自由主義大学改革―国際機関と各国の動向	細井克彦編集代表	三八〇〇円
新興国家の世界水準大学戦略―世界水準をめざすアジア・中南米と日本	米澤彰純監訳	四八〇〇円
東京帝国大学の真実―日本近代大学形成の検証と洞察	舘昭	四六〇〇円
原理・原則を踏まえた大学改革を―場当たり策からの脱却こそグローバル化の条件	舘昭	二〇〇〇円
改めて「大学制度とは何か」を問う	舘昭	一〇〇〇円
原点に立ち返っての大学改革	舘昭	一〇〇〇円
大学の責務	D・ケネディ著 立川明・坂本辰朗・井上比呂子訳	三八〇〇円
大学の財政と経営	丸山文裕	三二〇〇円
私立大学マネジメント	㈳私立大学連盟編	四七〇〇円
私立大学の経営と拡大・再編―一九八〇年代後半以降の動態	両角亜希子	四二〇〇円
大学事務職員のための高等教育システム論〔新版〕―より良い大学経営専門職となるために	山本眞一	一六〇〇円
高等教育における視学委員制度の研究―認証評価制度のルーツを探る	林透	三八〇〇円
戦後日本産業界の大学教育要求―経済団体の教育言説と現代の教養論	飯吉弘子	五四〇〇円
イギリスの大学―対位線の転移による質的転換	秦由美子	五八〇〇円

〒113-0023 東京都文京区向丘 1-20-6 TEL 03-3818-5521 FAX03-3818-5514 振替 00110-6-37828
Email tk203444@fsinet.or.jp URL:http://www.toshindo-pub.com/

※定価：表示価格（本体）＋税